N° 38 | 2012

POLITIQUE EUROPÉENNE

Les attitudes à l'égard de l'Union européenne dans les nouveaux États membres

SOUS LA DIRECTION DE TANIA GOSSELIN

Revue publiée avec le soutien de l'Institut des sciences humaines et sociales du CNRS, du laboratoire Pacte Grenoble et de la Fondation nationale des sciences politiques.

Politique européenne
Centre d'études européennes de Sciences Po
28, rue des Saints-Pères
F - 75 007 Paris
Tél. (+ 33 1) 45 49 83 52
Fax (+ 33 1) 45 49 83 60
politique.europeenne@sciences-po.fr
<www.portedeurope.org/>

5-7, rue de l'école polytechnique 75005 Paris
<www.librairieharmattan.com>
diffusion.harmattan@wanadoo.fr
Harmattan@wanadoo.fr
ISBN 978-2-343-00280-4
EAN 9782343002804
ISSN 1623-6297

Dossier

Les attitudes à l'égard de l'Union européenne dans les nouveaux États membres

POLITIQUE EUROPÉENNE
N° 38 | 2012
Tania Gosselin
[p. 8-41]

Introduction

Le soutien à l'intégration européenne dans les nouveaux États membres : *L'Union européenne à travers le prisme de la transition*

Tania Gosselin
Université du Québec à Montréal

L'Union européenne est aujourd'hui en crise, crise économique certes mais aussi crise de légitimité mise en lumière par le rejet du Traité constitutionnel par référendum en France et aux Pays-Bas. L'intégration européenne et la globalisation génèrent des tensions qui favorisent la politisation de questions européennes au cours des années 1990, marquant ainsi la fin du « consensus permissif » des citoyens (Hooghe et Marks, 2008). C'est donc dans un contexte où le processus d'intégration est de plus et plus sujet à débat que les Pays d'Europe centrale et orientale (PECO) sont devenus membres de l'UE.

Plutôt enthousiastes à l'origine, les citoyens des PECO se montrent aujourd'hui aussi sinon plus critiques à l'égard de l'Union et de l'intégration que les citoyens de l'Europe des Quinze. Alors qu'à la veille de l'adhésion de leur pays ils étaient 57 % à considérer que l'appartenance de leur pays à l'Union serait une bonne chose, ils n'étaient en 2011 plus que 43 % (voir Schlenker dans ce numéro). En 2003, les taux de participation aux référendums d'adhésion de la première vague de pays post-communistes à l'UE se sont révélés relativement modestes (Doyle et Firdmuc, 2006)[1]. De même, les taux de participation enregistrés lors des premières et secondes élections européennes dans la région sont restés faibles. Ils n'ont pas dépassé les 30 % dans six des dix PECO en 2009[2], alors que les plus bas taux chez les Quinze ont été observés au Royaume-Uni (34,7 %) et aux Pays-Bas (36,75 %) la même année (Parlement européen, 2013).

1 La Hongrie, la Slovaquie, la Pologne et la République tchèque enregistrent des taux de participation inférieurs à 60 %. Sauf en Lituanie et en Slovénie, moins de 50 % des électeurs inscrits ont exprimé leur soutien à l'adhésion en 2004 (Doyle et Fidrmuc, 2006, 528).

2 C'était le cas de sept pays en 2004 (en 2007 pour la Bulgarie et la Roumanie).

Du côté des élites, l'euroscepticisme « *soft* » manifesté par quelques partis importants et un rejet plus clair de l'UE (*hard euroscepticism*) par une poignée de petits partis situés aux franges des systèmes (Taggart et Szczerbiak, 2004) cohabitent avec un discours qui présente le « retour à l'Europe » (Neumayer, 1999) comme aussi souhaitable qu'inévitable. Cependant, certains partis aux positions pro-UE durant les années précédant l'adhésion se montrent plus critiques depuis 2004 et 2007 (Vachudova, 2008 ; Rohrschneider et Whitefield, 2010).

Comme le notent Robert Rohrschneider et Stephen Whitefield (2006), nous avons peu de connaissances relatives à la manière dont la « seconde transition », qui a remplacé une partie du cadre national existant par des éléments supranationaux, est perçue par les individus. La libéralisation de l'économie, l'ouverture aux acheteurs et investisseurs étrangers, la lutte contre la corruption, l'adoption de l'Euro dans certains cas, de même que les modifications des politiques à l'égard des minorités ethniques ainsi que des politiques régionales, ont pu jouer un rôle. La « combinaison de mythes, de préjugés, d'espoir et d'anxiété » (Millard, 1999) générée par les préparatifs à l'adhésion s'est probablement transformée à la faveur de l'expérience de l'appartenance à l'Union. Enfin, les crises successives ont, quant à elles, sans doute modifié le contexte général.

Ces changements suggèrent qu'un examen du rôle des perceptions depuis l'intégration contribuerait à faire avancer la compréhension des attitudes vis-à-vis l'UE chez les nouveaux membres post-communistes. Les analyses quantitatives récentes mettent à profit la disponibilité de données de sondage comparables dans vingt-cinq, puis vingt-sept pays depuis 2007 (notamment grâce à l'intégration des PECO devenus membres dans les enquêtes de l'Eurobaromètre standard). Cependant, ces travaux n'explorent pas systématiquement la possibilité que les attitudes varient selon la région[3]. Les études s'intéressant spécifiquement aux développements chez les nouveaux pays membres, que ce soit à l'aide de données d'enquête ou par le biais d'études de cas, demeurent peu nombreuses. Pourtant, il est peu probable que la fin du paradigme de la « conditionnalité » se soit traduite par la disparition de toute spécificité des PECO.

Ce numéro spécial vise à explorer les éléments de convergence et de divergence des attitudes à l'égard de l'UE dans les PECO qui ont récemment rejoint l'Union et les autres pays membres, de même qu'avant et après leur adhésion.

---

3 Nous ne remettons pas en cause pour autant le but – souhaitable – de nommer ou d'identifier les facteurs à l'œuvre au lieu d'inclure les pays sous forme de variables dummy dans les analyses quantitatives (Green, 2007).

Deux des articles de ce numéro spécial posent l'hypothèse que le soutien pourrait répondre à des facteurs différents à travers le temps. Focalisant sur les PECO de la première vague d'adhésion, Abel François, Cal Le Gall et Raul Magni-Berton comparent l'influence de l'économie sur le soutien des citoyens des PECO avant et après l'adhésion. Pour sa part, Andrea Schlenker évalue le poids des considérations instrumentales, normatives (performance des institutions) et identitaires dans les évaluations des citoyens au cours de cette même période charnière. Le troisième article, signé par Ramona Coman, analyse les discours sur la nature de l'UE tenus par les élites des quatre premiers pays post-communistes à avoir occupé la présidence tournante du Conseil de l'UE. Dans cette introduction nous proposons tout d'abord un bref descriptif des perceptions des citoyens des PECO à l'égard de l'UE, tel qu'il ressort des données d'enquêtes. Nous présentons ensuite un état de l'art des travaux examinant les attitudes à l'Est à l'aide de trois types d'explication mobilisées dans les anciens pays membres : l'instrumentalité, les institutions politiques et les identités. Si les trois grilles de lecture des attitudes s'avèrent pertinentes dans les nouveaux pays membres[4] elles semblent s'y combiner de manière un peu différente, suggérant que la spécificité des PECO pourrait perdurer au moins un certain temps.

Le soutien à l'UE : perceptions et mesures multiformes

L'UE est perçue de bien des manières, et notamment à travers ses principes, ses institutions, ou ses politiques (Loveless et Rohrschneider, 2011). La plupart des travaux qui se sont intéressés au soutien à l'UE ont fondé leurs analyses sur un certain nombre d'indicateurs « *trends* » des Eurobaromètres, et donc de données produites par la Commission européenne[5]. La perception de l'appartenance comme étant une bonne (ou moins bonne) chose pour le pays du répondant, les bénéfices que le pays tire de son appartenance, l'image de l'UE, de même que la vitesse et le degré d'intégration européenne souhaité figurent parmi les mesures de l'opinion les plus fréquemment utilisées afin de jauger le soutien accordé à l'Union par ses citoyens.

4 L'expression « nouveaux pays membres » est employée pour désigner les PECO dans cet article. Bien qu'ils aient fait leur entrée dans l'UE en 2004 et que plusieurs analyses ne les distinguent pas des PECO, nos remarques ne concernent pas Chypre et Malte.

5 Voir Philippe Aldrin (2010, 99) pour une lecture du développement des enquêtes Eurobaromètres comme un outil utilisé par la Commission pour faciliter « la gestion de l'agenda et [l]'aide à la décision politique ».

À travers ces données, les citoyens des PECO apparaissent en moyenne moins convaincus que l'adhésion de leur pays à l'UE est une bonne chose (voir tableau 1)[6], ils ont une image de l'Union plus positive que celle des habitants des Quinze (voir tableau 2). En 2012, parmi ces derniers, les Luxembourgeois étaient les plus nombreux à avoir une image positive (41 %). À l'Est, les Bulgares (54 %) et les Roumains (48 %) avaient l'image la plus positive de l'UE, suivis des Polonais (41 %).

Tableau 1 - Le soutien à l'Union européenne, moyenne 2004-2011

	Une bonne chose	Une mauvaise chose	Ni bonne ni mauvaise	Ne sait pas
Moyenne 15 *Écart type*	56 % *13*	15 % *6*	25 % *7*	3 % 2
Moyenne PECO (sans BG ni RO) *Écart type*	51 % (50 %) *10*	10 % (11 %) *4*	35 % (37 %) *7*	3 % (3 %) *2*

Question : « *D'une façon générale, pensez-vous que le fait pour notre pays de faire partie de l'Union européenne est ... ?* »

Sources : Enquêtes Eurobaromètres Standards 1962 à 1975.

Tableau 2 - L'image de l'UE

	En 2012			Écart 2008/2012	
	Très ou assez négative	Image neutre	Image très ou assez positive	Image très ou assez négative	Image très ou assez positive
Moyenne 15 *Écart type*	30,2 % *7,1*	38,5 % *5*	29,5 % *7,2*	+13,2 % 6,9	-14,5 % *7,1*
Moyenne PECO (sans BG ni RO) *Écart type*	19,4 % (20,6 %) 8,6	43 % (45,7 %) 8,9	36 % (32,3 %) 10,1	+8,4 % (8,5 %) 5,6	-13,8 % (-13,6) 5,5

Question : « *En général, l'Union européenne évoque-t-elle pour vous une image très positive, assez positive, neutre, assez négative ou très négative ?*

Sources : Enquêtes Eurobaromètres Standards 1970 et 1977.

6 La proportion de citoyens percevant l'appartenance comme une bonne chose varie entre 76 % (Luxembourg), et 33 % (Royaume-Uni) chez les Quinze ; du côté des PECO, entre 64 % Roumanie et 33 % (Lettonie). Un écart type plus élevé dénote une dispersion plus importante des moyennes nationales dans le groupe. Voir Schlenker (dans ce numéro) pour un graphique illustrant les courbes de soutien dans les PECO entre 2003 et 2011.

L'image de l'UE s'est ternie dans les deux groupes de pays depuis 2008. Le changement est plus important du côté des Quinze, où il s'accompagne d'une plus forte polarisation. En effet, les « tendances lourdes » d'un côté ou de l'autre (par exemple, 16 % des répondants au Royaume-Uni ont une image positive de l'UE, contre 45 % qui la perçoivent de manière négative) font place à des opinions de plus en plus partagées dans plusieurs pays (31 % et 32 % respectivement en Suède, 30 % et 29 % en Italie, 33 % et 30 % aux Pays-Bas). Dans les PECO, la progression plus limitée de l'image négative depuis 2008 et le nombre important de citoyens qui ont une image neutre de l'UE, tout particulièrement dans les pays baltes (58 % en Lituanie, 52 % en Lettonie et en Estonie), contribuent à limiter la polarisation.

Tableau 3 - La vitesse désirée de la construction de l'UE, sur une échelle de 1 (« Ne bouge pas ») à 7 (« Le plus vite possible »)

	2012		Écart 2008/2012	
	Ne bouge pas (1+2)	Le plus vite possible (6+7)	Ne bouge pas (1+2)	Le plus vite possible (6+7)
Moyenne 15* *Écart type*	7 *3,6*	31,3 *11,8*	-9,7	-11
Moyenne PECO (sans BG ni RO) *Écart type*	3,2 (3,5) *1,6*	40,2 (36,2) *11,8*	-7,8 (8,6)	-9,6 (9,3

Question : *Veuillez regarder ces personnages. Le n° 1 ne bouge pas, le n° 7 court aussi vite que possible. Choisissez celui qui correspond le mieux a votre opinion de l'Union européenne, l'unification de l'Europe. [...] Quel est le personnage qui correspond le mieux à ce que vous souhaiteriez ?*

Sources : Enquêtes Eurobaromètres Standards 1970 et 1977.

Même si la tendance est moins forte en 2012 qu'en 2008, les citoyens des nouveaux États membres sont plus nombreux à souhaiter que l'intégration européenne progresse plus rapidement. Parmi les Quinze, les pays qui connaissent des difficultés économiques importantes, comme le Portugal, l'Irlande et l'Espagne, ont vu augmenter la popularité d'une intégration plus rapide, la crise semblant amener les indécis à choisir cette option.

Tableau 4 - La confiance dans le Parlement européen, la confiance dans le parlement national et la gouvernance

	Confiance dans le PE (échelle de 1 à 10)	Confiance dans le parlement national (échelle de 1 à 10)	Index (inversé) des perceptions de la corruption (échelle de 1 à 10)	Qualité de la gouvernance (échelle de -2,5 à 2,5)
Moyenne 14* Écart type	4,7 % 0,5	5 % 0,8	2,3 %	1,6 %
Moyenne PECO* Écart type	4,8 % 0,3	3,7 % 1,1	4,6 %	0,8 %

Question : « *Please tell me on a score of 0-10 how much you personally trust each of the institutions I read out. 0 means you do not trust an institution at all, and 10 means you have complete trust... the European Parliament? Country's Parliament ?* »

Sources : Calculs effectués à partir des données rapportées par Munoz *et al.* (2011, 558). Les données sur la confiance dans les parlements sont tirées de l'European Social Survey (ESS), colligées entre 2004 et 2008 ; celles sur la corruption proviennent de Transparency International (2008) et les indicateurs de la gouvernance sont publiés par la Banque mondiale (2004).

* L'Italie, la Lettonie, la Lituanie et la Roumanie ne sont pas incluses dans les deuxième, troisième et quatrième éditions de l'ESS.

La confiance envers le Parlement européen (PE) est similaire dans les deux groupes de pays ; le spectre des opinions est toutefois plus large dans les pays membres de plus longue date, avec le Royaume-Uni et l'Autriche affichant des scores de 3,5 et 4 respectivement, et la Grèce avec 5,4. Dans les PECO, les résultats sont compris entre 4,3 (République tchèque) et 5,1 (Slovaquie). En ce qui concerne la confiance dans le Parlement national, la moyenne est plus nettement plus élevée chez les Quinze, avec des variations moins importantes d'un pays à l'autre. Les mesures concernant la corruption et la gouvernance indiquent elles aussi que la performance des institutions nationales est jugée moins satisfaisante dans les PECO que dans les Quinze.

Grâce aux questions reprises d'une enquête à l'autre[7], les mesures basées sur les enquêtes Eurobaromètre permettent de tester la validité des mécanismes causaux proposés par les différentes logiques à travers le temps. Répondant,

7 Au fil des sondages seules certaines questions ont été reprises systématiquement, encourageant les auteurs à les retenir pour mesurer le soutien. Dans les cas des PECO devenus membres, ces questions ont connu trois « formats » d'enquêtes, compliquant d'autant les comparaisons longitudinales.

selon la Commission, à un besoin de prendre le pouls des citoyens face aux questions de citoyenneté et de démocratie devenues plus visibles au cours des dernières années, d'autres données de sondage permettant des comparaisons entre les anciens et nouveaux pays membres ont récemment été colligées. L'European Election Study de 2009, augmentée des données du projet PIREDEU, permet de comparer les attitudes à l'égard de l'EU dans les médias, les programmes des partis, chez les candidats aux élections européennes et les citoyens des vingt-sept pays membres (<www.piredeu.org>). Les données du projet InTune permettent quant à elles une comparaison directe des perceptions des élites et des citoyens dans seize pays membres en 2007 (<www.intune.it/>), comme dans le tableau 5. Ce dernier montre que l'identité se décline plus souvent de manière exclusivement nationale dans les nouveaux pays membres que dans ceux qui ont rejoint l'Union avant 2004, et ce autant du côté des citoyens que des élites. Les élites affirment plus fortement que les citoyens leur identité mixte dans les deux groupes de pays.

Tableau 5 - Identités européenne et nationale

	Identité mixte (européenne et nationale)		Identité exclusivement nationale	
	Citoyens	Élites	Citoyens	Élites
Moyenne 15*	62,6 %	92,4 %	33,8 %	7,6 %
Moyenne PECO*	51,4 %	86,8 %	48,6 %	13,2 %

Sources: Sojka *et al.*, 2012, données du projet InTune.

* Les pays des Quinze sont l'Autriche, la Belgique, le Danemark, la France, l'Allemagne, la Grèce, l'Italie, le Portugal, l'Espagne et le Royaume-Uni. Pour les PECO, les données incluent la Bulgarie, la République tchèque (élites seulement), l'Estonie (citoyens seulement), la Hongrie, la Lituanie (élites seulement), la Pologne, la Slovaquie et la Slovénie (citoyens seulement).

Certains récents travaux qualitatifs, bien qu'ils portent encore sur un nombre limité de PECO, indiquent pourtant que la préservation de l'identité nationale ne serait pas au coeur des préoccupations des citoyens. Les entretiens réalisés par Borbala Göncz (2012) en Hongrie à la fin de 2008 et dans la première moitié de 2009 montrent que les arguments utilitaristes sont plus souvent invoqués que les émotions, l'histoire, ou l'idéologie pour étayer les opinions sur l'UE. Les considérations pratiques telles la liberté de voyager et l'accès à des biens de consommation variés colorent également le discours des enquêtés polonais (Dakowska et Rowell, 2011). Le discours des chauffeurs de taxi tchèques sur l'Europe ne mobilise pas, même en toile de fond, la notion d'une éventuelle communauté ou identité européenne. L'UE est distante, un élément sur lequel les citoyens ont peu de prise, même si elle contribue à améliorer les infrastructures routières, et pourrait avoir une influence positive dans la lutte contre la corruption (White, 2010). Les résultats de cette dernière étude font écho à ceux de plusieurs enquêtes qualitatives conduites auprès de citoyens de pays membres de plus longue date, révélant la faible connaissance et le peu d'intérêt soulevé par l'UE, de même que les problèmes associés à la conceptualisation et à la mesure d'un phénomène qui « résonne » différemment selon les individus et les contextes (voir le n° 30 de *Politique européenne* publié en 2010 à ce sujet).

Ce bref aperçu des résultats des enquêtes révèle certaines particularités de l'opinion publique des PECO à l'égard de l'UE par rapport aux pays membres plus anciens. Les travaux qui comparent directement ou indirectement les nouveaux pays membres et ceux de plus longue date posent la question suivante : les sources des attitudes sont-elles les mêmes chez les anciens et nouveaux membres ? (par exemple Garry et Tilley, 2009a ; Göncz, 2012). Trois hypothèses sont particulièrement présentes dans la littérature générale relative aux attitudes à l'égard de l'intégration et de l'Union et sont également appliquées aux PECO : l'hypothèse économique ou utilitaire, l'hypothèse institutionnelle et l'hypothèse identitaire. La première postule que l'Union européenne étant avant tout perçue comme une construction économique, les citoyens la jugent en fonction des performances économiques. La seconde met davantage l'accent sur les performances institutionnelles et considère que les citoyens forgent leurs opinions à la lumière du fonctionnement des institutions et du discours des élites politiques nationales. La troisième enfin met en avant les aspects identitaires dont certains postulent qu'ils seraient particulièrement accentués dans la relation des PECO à l'UE en raison du passé communiste.

Les logiques du soutien à l'Union européenne

Suivant Liesbet Hooghe et Gary Marks (2005), Raivo Vetik *et al.* (2006), Matthew Loveless et Robert Rohrschneider (2011) et Andrija Henjak *et al.* (2012), nous proposons d'organiser cette revue des travaux sur les attitudes autour des trois logiques du soutien à l'UE mentionnées plus haut : la logique instrumentale, le plus souvent associée à des facteurs économiques ; la performance des institutions nationales ainsi que les signaux (*cues*) envoyés par les partis politiques ; et les facteurs identitaires. Comme le notent A. Henjak et ses collègues, ces logiques ne sont pas mutuellement exclusives. Plus encore, les frontières qui les séparent ne sont pas aussi étanches qu'il y paraît au premier regard (Fligstein, 2009). D'ailleurs, les mesures empiriques mobilisées pour jauger leur influence sont fréquemment les mêmes (Toka *et al.,* 2012). Le niveau de scolarité est notamment utilisé pour mesurer tour à tour la capacité de bénéficier du marché unique et la mobilisation cognitive[8]. Les chevauchements sont donc ancrés d'une part dans la difficulté de distinguer les logiques, ce qui n'est pas sans lien avec les difficultés de conceptualiser le soutien à l'UE et, d'autre part, dans la nature des données disponibles.

Bien que la multidimensionnalité des attitudes à l'égard de l'EU et l'intérêt de raffiner les conceptualisations proposées fassent quasi-consensus (Boomgaarden *et al.*, 2011 ; Bouillaud, 2011 ; Sanders et Toka, 2012), la plupart des études quantitatives tentent d'expliquer une posture générale envers l'UE mesurée par la qualification de l'appartenance à l'Union comme une bonne ou une mauvaise chose, les bénéfices de cette appartenance pour les pays ou, plus récemment, l'image qu'ont les citoyens de l'UE.[9] C'est donc à ce type de mesures que la notion de soutien à l'UE fait référence dans le reste de cette introduction.

La logique instrumentale

La mise en place d'une économie de marché a largement contribué à structurer les nouvelles distinctions sociales et l'espace politique en distinguant les « gagnants » des « perdants » de la transition (Rohrschneider et Whitefield, 2004). Cette division est couramment invoquée pour expliquer le soutien à l'UE, relié à la situation financière des individus et à leurs attitudes à l'égard de l'économie de marché (Cichowski, 2000 ; Tverdova et Anderson, 2004 ; Tucker *et al.*, 2002). L'argument est fréquemment rattaché à une logique instrumentale selon laquelle le soutien dépend des caractéristiques qui

8 Il sera question de la mobilisation cognitive dans la dernière partie du texte.

9 Par exemple, A. Henjak *et al.* (2012) justifient leur choix en expliquant qu'une question telle que « Pensez-vous que l'appartenance de votre pays à l'UE est une bonne chose ? » et ses variantes sont en mesure de révéler l'évaluation générale que font les citoyens de l'UE. Selon eux, il n'est pas établi que la majorité des citoyens fassent la différence entre des perceptions plus spécifiques concernant des institutions et des politiques européennes, l'attachement à l'Europe ou la représentation par les instances européennes, qui pourraient théoriquement relever de sphères distinctes. Selon David Sanders, Pedro Magalhaes et Gabor Toka (2012), même si les mesures empiriques employées pour les jauger se chevauchent parfois entièrement ou partiellement, ces perceptions structurent le soutien général accordé à l'UE.

permettent aux individus de bénéficier du marché unique (voir notamment les travaux de Matthew Gabel sur les pays membres avant 2004). Ainsi, les jeunes, les plus scolarisés, ceux bénéficiant d'un revenu plus élevé et les cols blancs sont plus susceptibles de voter en faveur de l'adhésion (Doyle et Fidrmucn, 2006). Rassemblant la série des Eurobaromètres réalisés dans les dix pays candidats entre 1991 et 2003, Alexander Herzog et Josua Tucker (2010) confirment que ceux qui évaluent positivement leur situation financière étaient plus susceptibles de voter en faveur de l'adhésion.

Les explications instrumentales sont cependant discutées. Dans ses travaux, Joshua Tucker lie explicitement la transition et l'adhésion à l'UE, décrivant cette dernière comme le point culminant de la première, à même d'assurer la pérennité des changements. Cette interprétation du mécanisme derrière le soutien, plus expérientielle qu'instrumentale, met en avant les perceptions des individus plutôt que l'occupation ou d'autres caractéristiques socio-démographiques[10]. Elle ne présuppose pas que les individus possèdent une information complète quant aux effets économiques de l'intégration en fonction de la position dans le marché du travail (Herzog et Tucker, 2010)[11]. Bien que les résultats de certaines études aillent dans le sens de cette interprétation (Ehin, 2001 ; Loveless ; 2010)[12], d'autres (Elgun et Tillmann ; 2007 ; Henjak *et al.*, 2010) avancent que les caractéristiques socioprofessionnelles, tel le statut de travailleur manuel, affectent la forme et le degré de soutien.

Si Alexander Herzog et Joshua Tucker (2010), de même qu'Ozlem Elgun et Erik Tillmann (2007), posent l'hypothèse selon laquelle le temps affecte la relation entre la situation économique et le soutien à l'UE, leurs explications

---

10 Alexander Herzog et Josua Tucker (2010) notent qu'il y a une corrélation assez forte entre les mesures objectives de la situation économique personnelle comme le revenu et les perceptions concernant cette même situation. La corrélation n'est pas parfaite notamment parce que la position socio-structurelle ne tient pas compte des attentes des individus. L'influence des attentes est également attestée par les travaux de Céline Belot (2000) sur les perceptions des jeunes Français et Britanniques.

11 La distinction apportée par Joshua Tucker n'est pas relevée par tous ; plusieurs études utilisent des mesures subjectives en lien avec l'économie et les associent à une logique instrumentale.

12 Certains auteurs ancrent les opinions à l'égard de l'UE dans des valeurs (et les expériences qui les ont modelées) liées au nouveau régime, telles le soutien à l'égard du capitalisme et de la démocratie (Cichowski, 2000 ; Rohrschneider et Whitefield, 2004, 2006). Robert Rohrshneider et Stephen Whitefield préfèrent parler de valeurs plutôt que d'une logique instrumentale, même si les expériences avec l'économie de marché jouent un rôle important dans la définition des valeurs des individus.

diffèrent. Selon O.Elgun et E. Tillman (2007), la logique économique rationnelle est activée à la faveur de l'exposition aux politiques européennes et donc d'une plus grande familiarité avec leurs effets redistributifs. Ils en veulent pour preuve un lien significatif entre l'occupation et les évaluations de l'UE dans les pays candidats de la première vague (incluant Chypre et Malte) mais pas en Turquie, Bulgarie et Roumanie, dont le processus d'adoption de l'acquis n'était pas suffisamment avancé en 2002. Selon A. Herzog et J. Tucker, le fossé se creuse entre les gagnants et les perdants au fil du temps car, de simple projet de « retour à l'Europe » aux accents normatifs positifs, l'adhésion scelle les conséquences des changements économiques. Ils trouvent en effet que l'écart entre gagnants et perdants s'élargit dans la première partie des années 1990, pour se stabiliser par la suite[13]. Examinant les attitudes entre 2003 et 2008 en Pologne, John Jackson *et al.* (2011) observent pour leur part que la moitié des individus qui craignaient que l'adhésion ait des conséquences économiques négatives avaient changé d'avis en 2008. L'association entre le changement d'attitudes et le revenu, de même que les transferts de fonds européens vers la région des répondants, témoignent selon eux de l'importance de la logique économique instrumentale.

La politique de fonds structurels paraît expliquer une part des variations du soutien observé entre les pays. Comparant nouveaux et anciens États membres, John Garry et James Tilley (2009a) montrent que les transferts de fonds de l'UE atténuent l'impact d'être citoyen d'un pays post-communiste sur le soutien. Les résultats des travaux qui présentent les effets d'autres facteurs macro-économiques sont en revanche moins tranchés. Orla Doyle et Jan Fidrmuc (2006) de même que Radoslaw Markowski et Joshua Tucker (2005) trouvent qu'un plus haut taux de chômage est associé à un vote en faveur de l'adhésion[14]. Alexander Herzog et Joshua Tucker (2010) soulignent

13 Les auteurs proposent également un autre mécanisme, qui n'est pas validé par les données : dans les économies ayant poussé la libéralisation économique le plus loin, l'adhésion pourrait signifier un recul aux yeux d'un groupe de gagnants, resserrant ainsi l'écart entre gagnants et perdants de la transition. Contrairement à leurs attentes, ils trouvent que le soutien augmente dans les pays où l'économie a été le plus libéralisée. (Cela dit, ils rangent dans la catégorie « économies avancées » la République tchèque, la Hongrie, la Pologne et l'Estonie, dont le degré de libéralisation varie selon les politiques considérées, notamment si on considère le taux d'imposition des entreprises tel que donné en exemple dans le texte).

14 Au plan individuel, les analyses de ces mêmes auteurs révèlent que le statut de chômeur n'a pas d'effet (Doyle et Fidrmuc), ou alors est associé à un vote en défaveur de l'adhésion (Markowski et Tucker). Henjak *et al.* (2012) concluent également que les chômeurs (dans toute l'UE) sont moins portés à soutenir l'intégration.

quant à eux l'absence d'influence du taux de chômage et le faible impact des facteurs macro-économiques en général. La seule exception est le ratio PIB/PIB 1989 ; selon leur analyse, le soutien est plus élevé dans les pays les plus riches de la région. Ils suggèrent qu'une récupération rapide suite à la récession engendrée par la transition économique compterait davantage pour le soutien que les niveaux des indicateurs économiques. Quant à Abel François, Cal Le Gall et Raoul Magni Berton (dans ce numéro), ils observent que le chômage et la croissance affectent (de manière négative et positive respectivement) le soutien dans les PECO durant les premières années qui ont suivi l'adhésion.

Une logique utilitaire du soutien à l'UE ne relève pas nécessairement de l'économie. Par exemple, un individu peut estimer que l'intégration est en mesure de conférer un poids plus important à un pays sur la scène internationale (Andrea Schlenker, dans ce numéro). Dans des pays où les institutions réglementant l'économie de marché et l'État de droit sont récentes, où des réseaux clientélistes sont parfois encore bien établis, les conséquences de l'intégration européenne pourraient être perçues comme étant bénéfiques non seulement pour les « gagnants » de la transition mais pour la majeure partie de la population. En effet, la conditionnalité associée au statut de pays candidat (voir Haughton, 2007) ne se limite pas au domaine de l'économie : la professionnalisation des administrations publiques, le respect des droits humains, la lutte contre la corruption, la modernisation de l'agriculture, l'indépendance des médias sont également concernés (voir notamment Pop-Eleches, 2007, Schimmelfennig *et al.*, 2008 ; Vachudova, 2009, Sadurski, 2004, Epstein et Sedelmeier, 2008 ; Haughton, 2007 ; Éthier, 2003). Cette conception plus large des bénéfices associés à l'UE se rapproche des explications qui associent le soutien à l'UE aux évaluations des institutions nationales, illustrant bien la difficulté de distinguer les logiques à l'œuvre.

La logique politico-institutionnelle

S'intéressant aux pays membres de longue date, Richard Eichenberg et Russel Dalton (1993) et Mark Franklin, Lauren McLaren et Micheal Marsh (1994) trouvent que des citoyens satisfaits de leur gouvernement et de l'économie nationale sont plus susceptibles d'être en faveur de l'intégration. Plusieurs mécanismes sont susceptibles de favoriser le transfert des évaluations entre les niveaux national et européen. Comme la plupart des citoyens ont une connaissance très limitée de l'UE (Karp *et al.*, 2003), ils ont recours à des raccourcis informationnels tels le jugement de la performance des institutions nationales (Anderson, 1998). De plus, selon une logique intergouvernementale, les états sont des acteurs incontournables de la scène européenne, donc forcément impliqués dans l'évaluation de l'Union (Kritzinger, 2003).

Certains travaux sur le soutien dans les PECO indiquent qu'un transfert des évaluations positives du niveau national vers le niveau européen serait à l'œuvre (Ehin, 2001 ; Markowski et Tucker, 2005 ; Elgun et Tillman, 2007). D'autres identifient plutôt une logique de substitution, à la lumière de la relation négative entre la satisfaction à l'égard ou la confiance dans les institutions nationales d'une part, et le soutien à l'UE d'autre part (Christin, 2005 ; Tanasoiu et Colonescu, 2008). Les réponses aux questions ouvertes d'un sondage réalisé en Bulgarie à la veille de l'adhésion confirment que les citoyens attendent des institutions européennes qu'elles remédient, entre autres, aux problèmes de corruption affectant les institutions nationales (Tanasoiu et Colonescu, 2008)[15].

Jordi Munoz *et al.* (2011) expliquent ces résultats apparemment contradictoires par la cohabitation de deux effets distincts. D'une part, l'orientation générale d'un individu à l'égard des institutions se traduit par un transfert des évaluations du niveau national au niveau européen. D'autre part, une comparaison entre les institutions nationales et européennes déclenche un mécanisme de substitution : le soutien à l'UE sort renforcé dans les pays où les institutions fonctionnent moins bien, et il est diminué là où elles fonctionnent mieux. Les institutions nationales des PECO générant en moyenne plus d'insatisfaction que dans les autres pays membres, la comparaison y favorise donc le soutien à l'Union[16]. Pieterjean Desmet *et al.* (2012) font un constat similaire à l'égard de l'effet du mécanisme de substitution sur les perceptions du déficit démocratique de l'UE en 2009. Une meilleure connaissance de la scène politique intérieure renforcerait même le poids de la qualité des institutions dans les évaluations. Ainsi, les citoyens mieux au fait de la politique dans les pays où les institutions fonctionnent bien sont plus susceptibles de penser que l'UE souffre d'un déficit démocratique.

15 Cela dit, un an après l'adhésion de la Bulgarie, le taux de confiance dans les institutions européennes dans le pays était resté non seulement stable mais aussi un peu plus bas que la moyenne européenne (Tanasoiu et Colonescu, 2008).

16 La confiance dans le PE est la variable dépendante alors que le soutien à l'EU fait partie des variables indépendantes. Il n'est pas clair si et jusqu'à quel point le premier mécanisme serait en mesure de contrecarrer les effets du second, même s'il est plausible de postuler que l'orientation générale à l'égard des institutions des citoyens des PECO est moins positive que dans la plupart des autres pays membres.

Contrairement à leurs attentes, J. Garry et J. Tilley (2009a) ne trouvent pas que les évaluations des institutions pèsent plus lourd sur les opinions à l'égard de l'intégration à l'Est qu'à l'Ouest. L'absence de « prime » à l'évaluation (le plus souvent négative) des institutions nationales des PECO tend à infirmer la thèse selon laquelle le soutien à l'UE serait ancré dans une vision de l'adhésion comme l'objectif ultime et la garantie du processus de transition vers la démocratie. Selon ces auteurs, ce sont les perceptions de l'économie du pays qui marquent plus fortement le soutien à l'UE dans les PECO. Dans l'ensemble de l'UE, une évaluation positive de la situation économique est associée à un soutien à l'UE plus prononcé ; cet effet est encore plus marqué chez les nouveaux membres. Plusieurs facteurs pourraient expliquer cette différence. Les expériences liées à la transition vers l'économie de marché rendent peut-être les perceptions de l'économie particulièrement saillantes dans les PECO. Une variante plus générale de cette proposition est soutenue par les résultats de Rohrschneider et Loveless (2010), selon lesquels la situation économique du pays modifie les critères d'évaluation de l'UE. Dans les pays moins riches, les attitudes sont plus souvent ancrées dans les appréciations économiques. Dans les pays plus riches, la qualité des institutions nationales prend plus de place dans les évaluations.

La notion selon laquelle les attitudes à l'égard de l'UE seraient d'abord et avant tout modelées par des considérations liées aux instances et aux contextes nationaux s'est traduite par une approche des scrutins européens en tant qu'« élections de second ordre » (Reif et Schmitt, 1980, ; Van der Eijk et Franklin, 1996). Les signaux (*cues*) envoyés par les partis eurosceptiques sont suivis particulièrement dans les pays où l'intégration est sujette à débats (Ray, 2003). Liesbet Hooghe et Gary Marks (2005) identifient un impact direct de ces signaux sur le soutien à l'intégration dans les quize anciens États membres. Cette influence varie selon que les partis sont divisés ou unis sur les questions européennes (Gabel et Scheve, 2007). Bien que Paul Taggart et Aleks Szczerbiak (2004) affirment que l'euroscepticisme irrigue tout le spectre gauche-droite des partis politiques des PECO, il demeure plus fréquent chez les partis moins susceptibles de former le gouvernement.

Des analyses de la compétition politique basées sur des sondages d'experts provenant d'anciens comme de nouveaux pays membres montrent que l'opposition à l'UE est localisée aux extrémités du spectre politique (Marks *et al.*, 2006 ; Rohrschneider et Whitefield, 2006 ; de Vries et Edwards, 2009). D'un côté, on retrouve la gauche qui rejette l'économie de marché ; de l'autre, les partis nationalistes et d'extrême droite. Là où les PECO et les pays membres de plus longue date diffèrent, c'est dans le plus grand potentiel de polarisation autour des questions européennes dans les systèmes de partis des PECO. Selon L. Hooghe et G. Marks (2008), plusieurs partis favorables à une plus grande intervention de l'État dans l'économie sont associés au populisme et au nationalisme. Ils y voient donc un clivage européen plus susceptible de se superposer aux clivages existants, alors qu'il tend à diviser plusieurs grands partis dans les pays membres sans passé communiste. Ce potentiel de polarisation ne s'est néanmoins pas manifesté, car si certains partis pro-européens durant les années précédant l'adhésion se montrent plus critiques depuis 2004 ou 2007, leurs succès électoraux demeurent limités (Vachudova, 2008).

L'une des difficultés rencontrées dans l'étude des signaux envoyés par les partis politiques des PECO réside dans deux phénomènes interdépendants : la dominance du discours du « retour à l'Europe », et le fait que la position de certains partis à l'égard de l'UE n'a pas toujours été facilement identifiable (Vachudova et Hooghe, 2009). Par exemple, Viktor Orban, le leader du Fidesz, parti formant l'opposition officielle en Hongrie à la veille de l'adhésion, déclarait être favorable à l'adhésion tout en soulignant les conséquences négatives que celle-ci pourrait entraîner, notamment au plan de la souveraineté (Fowler, 2003). En République tchèque, le discours du Parti démocratique civique (ODS) prit des accents eurosceptiques, bien que les dirigeants du parti ne se soient pas ouvertement opposés à l'adhésion (Hanley, 2004). Les ambiguïtés du discours de certains partis, combinées à la faiblesse des liens entre les élites et les électeurs conduisant à une identification politique volatile (Zielinski *et al.*, 2003 ; Slomczyski et Shabad 1999) concourent à limiter l'influence des signaux partisans sur les perceptions des citoyens à l'égard de l'UE[17].

La logique identitaire

Le nombre de travaux investiguant le lien entre identité et soutien à l'UE, consacrés surtout aux pays membres de longue date, a augmenté de manière exponentielle au cours des quinze dernières années (Belot, 2010 ; Isernia *et al.*, 2012). L'une des premières études sur le sujet (Duchesne et Frognier,

17 La direction des signaux des partis est sujette à débats (voir notamment Steenbergen *et al.*, 2007). Dans les nouveaux pays membres, le discours positif des élites sur l'UE a laissé peu de place à la dissension. Radoslaw Markowski et Joshua Tucker (2010) remettent cependant en question la thèse selon laquelle ce sont les partis qui ont structuré les attitudes à l'égard de l'UE lors du référendum d'adhésion en Pologne, montrant qu'une partie de l'électorat est déjà eurosceptique et responsable du succès de deux nouveaux partis opposés à l'intégration en 2001.

1995) suggère que les identités nationales et européennes peuvent être complémentaires. Rejoignant ce postulat, Thomas Risse (2010) propose la métaphore du gâteau marbré (*marbled cake*) pour illustrer une cohabitation non-hiérarchisée des identités. Dans le même temps, un certain nombre d'études insistent sur le fait que lorsque l'identité nationale est perçue comme exclusive, sentiment d'appartenance nationale et sentiment d'appartenance à l'Europe ne peuvent se conjuguer (Hooghe et Marks, 2004, 2005). L'UE peut en effet être perçue comme une menace pour la culture nationale (McLaren, 2002, 2007 ; Luedtke, 2005). En particulier, ceux qui craignent que l'UE constitue une menace à la culture et à l'homogénéité linguistique du pays, qui s'identifient exclusivement à ce dernier ou manifestent plus de réticences face à l'immigration sont plus susceptibles de s'opposer à l'intégration (Carey, 2002 ; de Vreese et Boomgaarden, 2005). Faisant écho à ces résultats, Ozlem Elgun et Erik Tillmann (2007) montrent que l'intolérance à l'égard des personnes d'autres nationalités, ethnies et religions est associée à un soutien moindre à l'UE dans les PECO.

S'il n'existe pas de consensus sur la manière dont l'identité européenne peut se conjuguer avec l'identité nationale, de plus en plus d'auteurs s'accordent à reconnaître que les facteurs identitaires jouent un rôle prépondérant dans le soutien au processus d'intégration. Ainsi, certaines analysent tendent à montrer que dans des pays qui n'ont recouvré que récemment leur pleine souveraineté, et dont le volume économique est limité, ou qui comptent des minorités importantes entretenant des relations tendues avec la majorité (Vetik, 2006 ; Pridham ; 2009 ; Schimmelfennig *et al.*, 2008), des questions qui pourraient être perçues comme relevant avant tout d'une logique économique peuvent revêtir un aspect identitaire. Par exemple, la propriété d'entreprises et de terres par des intérêts étrangers a fait débat dans plusieurs pays d'Europe centrale et orientale soumis à la conditionnalité (Rohrschneider et Whitefield, 2004).

Une étude réalisée en Pologne en 2001 suggère en effet que l'identité est un facteur essentiel pour comprendre le soutien à l'UE dans ce pays. McManus-Czubinska *et al.* (2003) comparent les citoyens qui se sentent exclusivement Polonais à ceux qui adoptent une identité mixte. L'identité est un marqueur important rattaché à l'une des dimensions de la compétition politique. Ceux qui adoptent une identité nationale exclusive sont généralement plus âgés, moins scolarisés, plus religieux et ont des valeurs plus traditionnelles. Sans toujours être des opposants actifs à l'adhésion, ils s'y opposaient passivement ou l'acceptaient avec résignation. Enfin, trois fois plus d'individus ayant une identité nationale exclusive que ceux professant une identité mixte ne savaient pas s'ils allaient voter au référendum de 2003, ni de quel côté.

L'hypothèse selon laquelle l'identité jouerait un rôle plus important dans les jugements de l'UE dans les nouveaux membres n'a pas été testée directement dans le cadre d'études quantitatives. Les résultats de J. Gary et J. Tilley (2009b) suggèrent toutefois que le poids de l'identité nationale, même lorsque celle-ci est perçue comme exclusive, peut être contrebalancé par les avantages économiques de l'appartenance à l'UE. Selon leur analyse de données de sondage recueillies dans vingt-deux pays membres peu après l'adhésion de huit PECO en 2004, les transferts de fonds européens modèrent l'impact négatif d'une identité nationale perçue comme exclusive sur le soutien à l'UE. Comme les nouveaux pays membres sont des bénéficiaires nets du budget européen, le soutien recueilli par l'UE *in fine* n'est pas affecté outre mesure par les considérations identitaires – ou du moins, pas de manière significativement différente de ce qu'on observe dans les autres pays membres.

Cela dit, les mécanismes qui lieraient l'identification ou l'attachement à un territoire et les perceptions de l'intégration européenne demeurent flous. L'exploration plus poussée de ce que signifie « être européen » est une piste empruntée par certains. Par exemple, selon l'analyse d'Antonia Ruiz-Jimenez *et al.* (2004), les citoyens des PECO auraient une conception plus ethno-culturelle que civique de l'identité européenne. Toutefois, les résultats préliminaires d'une étude faisant appel à des données récentes montrent des différences plutôt limitées entre les citoyens des Quinze et ceux des nouveaux pays membres quant à l'importance d'aspects ethno-culturels tels qu'être né en Europe, avoir des parents européens ou être chrétien dans la définition de l'identité européenne. Les différences semblent légèrement plus importantes entre les élites des deux groupes de pays, notamment au plan de l'exercice d'un droit comme la participation aux élections européennes, un critère civique moins valorisé dans les PECO (Sojka *et al.*, 2012).

Les enquêtes qualitatives sont particulièrement bien outillées pour sonder la complexité des perceptions et leur articulation à différents contextes nationaux (voir entre autres Diez Medrano, 2003). En investiguant les significations données à l'Europe, les études qualitatives (par exemple Bruter, 2005 ; Favell, 2008) ont d'ailleurs contribué à mettre en avant le rôle des identités et des affects. Cependant, l'intégration des nouveaux pays membres aux enquêtes qualitatives comparées est encore très limitée (White, 2010 ; Gaxie *et al.*, 2011) incluent la République tchèque et la Pologne). Outre les ambiguïtés et l'ambivalence des opinions, voire « l'euro-indifférence » déjà soulignées dans les pays membres de plus longue date (Duchesne *et al.*, 2010), Dorota Dakowska et Jay Rowell (2011) indiquent que les interprétations des expériences historiques collectives et individuelles, relues à travers le prisme du degré de politisation, du niveau d'instruction ou du contexte familial, contribuent à la complexité des perceptions.

Similarités, spécificités et fluidité des perceptions dans les PECO

Au terme de cette revue, il peut sembler difficile de tirer des conclusions fermes en ce qui concerne les attitudes à l'égard de l'UE dans les PECO. Plusieurs éléments suggèrent que les positions sont moins cristallisées dans les nouveaux pays membres (voir également Toka *et al.*, 2012) : notamment, la prévalence des perceptions « neutres » au sujet de l'UE et des variations moins importantes dans les opinions d'une année à l'autre. Aussi, les résultats des travaux quantitatifs se montrent parfois très sensibles aux différentes façons de mesurer les variables, de même que les pays et les années prises en compte. De toute évidence, le temps relativement court depuis l'adhésion rend difficile la pleine mesure des facteurs qui structurent l'opinion publique. Toutefois, les données et les travaux présentés dans cette introduction suggèrent plusieurs similarités et certains points divergents entre les PECO et les autres pays membres de l'UE. Ils fournissent également quelques éléments qui éclairent la dynamique temporelle de l'opinion publique dans les nouveaux pays membres. Les contributions à ce numéro sont d'ailleurs parmi les premières études comparant l'avant et l'après adhésion.

Tout d'abord, les facteurs qui influencent le soutien dans les PECO et dans les autres pays membres sont similaires ; des éléments associés à la logique économique-instrumentale, à la logique institutionnelle et politique, ainsi qu'à la logique identitaire contribuent à expliquer les variations dans le soutien que les individus accordent à l'Union. Cela dit, les différences les plus importantes sont celles observées entre les pays, à l'Est comme à l'Ouest. Bien que des pistes de recherche intéressantes s'ouvrent depuis peu, le contexte demeure le parent pauvre des études de l'opinion publique.

La logique instrumentale joue un rôle clé ; les considérations utilitaires, avant tout mais pas exclusivement économiques, tiennent une place importante dans les évaluations des citoyens des PECO, avant et après l'adhésion. L'expérience d'un grand bouleversement économique, plus qu'un calcul rationnel basé sur les ressources socioprofessionnelles, met en relief le rôle des perceptions plutôt que des mesures objectives du statut de « gagnant » ou de « perdant » de la transition. Aussi, les réponses aux questions ouvertes d'enquêtes d'opinions et l'analyse d'entretiens révèlent que beaucoup associent l'UE à des avantages « pratiques » tels la liberté de voyager et de consommer, parfois articulée dans le cadre d'une comparaison explicite avec la période communiste. Le lien entre les caractéristiques sociodémographiques des individus et le soutien à l'UE semble donc plus relâché qu'à l'Ouest.

Les effets de l'UE en tant que source de bonne gouvernance sont moins clairs. Les plus récents travaux suggèrent que l'UE est jugée d'autant plus positivement dans les PECO que les institutions nationales n'y fonctionnent pas bien, alors que la relation la plus fréquemment observée dans les Quinze est un transfert des évaluations positives du niveau national au plan européen. À ce stade, les attentes ne peuvent être facilement distinguées des évaluations concernant d'éventuels changements sur le terrain dans les nouveaux États membres depuis l'adhésion. Des journalistes et des experts actifs au sein des ONG roumaines, interrogés dans le cadre d'un sondage d'experts réalisé en 2010, approuvaient les pressions exercées par l'UE afin que le pays s'engage de manière plus crédible à lutter contre la corruption. S'ils convenaient largement que le thème de la corruption avait gagné en visibilité sur la scène politique roumaine, la majorité jugeait que peu d'effets concrets se faisaient sentir au-delà des discours des politiciens (Gosselin *et al.*, 2011). Il reste à voir si des avantages tels la liberté de voyager et une consommation facilitée – en comparaison avec l'époque communiste — pourront continuer à servir de socle à des perceptions positives si les attentes « institutionnelles » à l'égard de l'UE n'étaient pas réalisées. Les données récentes de l'Eurobaromètre indiquent que le soutien à l'UE (mesuré par la perception que l'appartenance à l'UE est une bonne chose pour le pays) est légèrement en deçà de la moyenne enregistrée dans les Quinze, bien que l'image de l'Union soit plus positive dans les nouveaux pays membres. Les impacts de la crise financière de 2008-2009 et les secousses qui affectent actuellement la zone Euro viennent jeter un doute supplémentaire sur l'aspect généralement positif des appréciations basées sur les considérations économiques dans un avenir rapproché (Serricchio *et al.*, 2013).

L'identité ou l'attachement territorial se décline plus fréquemment de manière exclusivement nationale dans les PECO, sans que l'on sache encore exactement ce que cela implique pour le soutien à l'UE. Le discours des élites politiques, peut-être le pont le plus évident entre les identités collectives et leur mobilisation sur le terrain européen, n'a pas connu (du moins pas pour l'instant) de radicalisation sensible une fois les contraintes de la conditionnalité disparues. Une méfiance plus marquée à l'endroit des institutions et politiques supranationales, une réaction notamment nourrie par une longue histoire d'interventions étrangères successives dans les affaires politiques intérieures des pays de la région (Schöpflin, 1993 ; Bunce, 2005), est plus souvent présumée que testée de manière empirique[18].

Abel François, Cal Le Gall et Raul Magni Berton (dans ce numéro) mobilisent l'approche du vote économique pour poser l'hypothèse que l'adhésion récente a modifié l'attribution de la responsabilité pour la performance économique ; si l'UE était jugée à l'aune des attentes qu'elle suscitait avant l'adhésion, les citoyens des PECO veulent qu'elle « livre la marchandise » une fois l'Union intégrée. Les auteurs constatent en effet que le lien entre l'économie et le soutien n'est pas le même avant et après l'adhésion. Avant, une logique de substitution est à l'œuvre ; un plus haut taux de chômage dans le pays se traduit par un soutien plus affirmé. Après l'adhésion de 2004, le chômage tend à diminuer le soutien, suggérant plutôt une responsabilisation de l'UE en matière économique. Toutefois, l'effet de la croissance et de l'inflation sur le soutien n'est pas modifié par l'adhésion. En cela, les PECO n'affichent pas de particularité spécifique, le chômage émergeant comme la variable macro-économique la plus saillante dans plusieurs analyses du vote économique. Il est également possible que le chômage soit un aspect de l'économie particulièrement important aux yeux des citoyens à l'Est dans la mesure où le phénomène était inexistant durant la période communiste. En comparaison, les taux d'inflation récents sont beaucoup plus bas que ceux qui sévissaient au tout début de la transition[19].

Andrea Schlenker pose également, dans ce numéro, l'hypothèse que l'adhésion modifie les évaluations de l'économie, leur conférant un poids plus important dans le soutien dans la mesure où la préservation des acquis du changement politique et économique depuis 1989 ne serait plus un enjeu. Elle observe cependant que ce n'est pas le cas : l'influence de la logique instrumentale diminue quelque peu entre 2003 et 2005[20], pendant que le poids des facteurs associés aux logiques institutionnelle et identitaire reste le même.

---

18 Piret Ehin (2001) et Raivo Vetik *et al.* (2006), qui se penchent sur les pays baltes, font partiellement exception.

19 Dans un article intitulé « Le passé est toujours présent », Joshua Tucker et Andrew Owen (2010) concluent que les évaluations économiques à plus long terme, ancrées dans la comparaison avec la période communiste et la transition, sont toujours pertinentes pour comprendre le comportement électoral des Polonais, et ce quelle que soit la génération à laquelle ils appartiennent.

20 L'auteure a recours à des indicateurs économiques et non-économiques ; la baisse la plus forte est cependant attribuable à l'association de l'UE à la prospérité par les citoyens.

Ces résultats suggèrent que l'adhésion modifie le regard des citoyens sur l'UE, mais moins que certains s'y attendaient. La connaissance de l'UE, acquise par le biais de l'expérience concrète de l'appartenance aux structures communautaires, a souvent été invoquée pour anticiper d'éventuels changements des perceptions dans les PECO après 2004 ou 2007. L'analyse de données de 2002 et 2003 montre qu'une meilleure connaissance de l'UE – connaissance subjective (Elgun et Tillman, 2007) ou objective (Gosselin et Henjak, 2011) – est liée au soutien. Il reste à voir si ce lien sera modifié par l'expérience de l'appartenance à l'Union. L'association pourrait ne plus être aussi forte aujourd'hui[21]. Les analyses médiatiques montrent que les élections européennes de 2009 ont reçu une aussi faible attention dans les PECO que dans les autres pays membres, alors que celles de 2004 avaient fait l'objet d'une couverture plus importante dans les nouveaux pays membres. Le ton de la couverture médiatique s'est également diversifié, moins uniformément positif qu'en 2004 (de Vreese *et al.*, 2006 ; Schuck *et al.*, 2011). L'impact des médias est attesté par des travaux portant sur les Quinze, notamment lorsque les messages véhiculés sont concordants et présents pendant un certain temps (Peter, 2004 ; de Vreese, 2007 ; de Vreese et Boomgaarden, 2006)[22].

---

21 À notre connaissance, les effets potentiels de l'information sur le poids des différentes logiques de soutien n'a été évalué que par P. Desmet *et al.* (2012) dans vingt-et-un pays membres à l'aide de données colligées en 2009. Catherine De Vries *et al.* (2011) observent que les gens plus informés votent plus en fonction de questions européennes quand les médias couvrent les campagnes électorales européennes (sur la base données de 2009 provenant de tous les États membres, sans distinction entre nouveaux et anciens).

22 Les résultats en lien avec les connaissances politiques et les médias invitent également à réinterroger l'impact des facteurs associés à la logique de la mobilisation cognitive, critiquée puis quelque peu délaissée au cours des dernières années (voir Belot, 2006). Parmi les toutes premières études sur le soutien à l'UE, celle de Ronald Inglehart (1970) faisait l'hypothèse que la mobilisation cognitive est un facteur du soutien à l'UE. Selon cette approche, l'éducation et une meilleure connaissance de l'UE se traduisent par un soutien plus marqué au processus d'intégration européenne, soit parce qu'elles conduisent à adopter une vision du monde plus cosmopolite ou favorisent une exposition plus importante aux discours d'élites pro-UE. L'éducation est un facteur fréquemment pris en compte, soit à titre de variable contrôle, soit pour tester l'hypothèse instrumentale selon laquelle les plus scolarisés disposent des ressources nécessaires pour bénéficier du marché commun ou, dans le contexte des PECO, distinguer les « gagnants » des « perdants » de la transition. Les résultats obtenus sont variables. Les quelques travaux qui se penchent d'autres mesures de la mobilisation cognitive arrivent également à des résultats différents. Si selon O. Elgun et E. Tillman (2007), discuter de politique n'a pas d'effet sur le soutien, la contribution de A. François *et al.* identifie, dans ce numéro, un impact positif. Pour leur part, Cosmina Tanasoiu et Constantin Colonescu (2009) observent qu'un réseau d'amis pro-UE est associé à un soutien plus marqué.

L'apport des travaux sur les médias fait écho aux récentes tentatives de mieux cerner l'effet des variables dites contextuelles sur le soutien dans les études quantitatives, soit directement ou en modérant/amplifiant l'impact de certaines caractéristiques individuelles. Les médias sont partie prenante du contexte qui affecte tous les citoyens d'un pays, tout comme les mesures dites « objectives » de la qualité de la gouvernance ou le degré de politisation des questions européennes dans le système de partis national. Il en va de même des caractéristiques de l'État-providence. Ce dernier aspect peut en effet influencer la manière dont les individus perçoivent les risques et les avantages associés au marché unique, et donc leur posture à l'égard de l'UE (Brinegar et Jolly, 2005 ; Brinegar, Jolly et Kitschelt, 2004 ; Kumlin, 2009). Comme le notent G. Toka *et al.* (2012), encore peu d'hypothèses de cette nature ont été testées sur le terrain des PECO. De même, les enquêtes qualitatives, comparées ou non, tardent à investir les nouveaux pays membres pour en « décoder » le contexte (mais voir White, 2010 ; Gaxie *et al.*, 2011 ; Göncz, 2012).

La contribution de Ramona Coman dans ce numéro offre des clefs de lecture du contexte politique des PECO en allant au-delà des labels « eurosceptique » et « pro-UE ». Son analyse des discours tenus par les représentants des gouvernements des PECO qui ont occupé la présidence du Conseil de l'UE depuis 2004 montre que la manière dont ces leaders présentent le projet européen et la participation de leurs pays à ce dernier varie à plusieurs égards. Les premiers ministres tchèque et hongrois ont privilégié la vision de l'UE en tant que marché, et ont réaffirmé la souveraineté nationale dans le choix d'un modèle de démocratie. Ces discours contrastent fortement avec celui de la présidence slovène, axé sur l'administration de la présidence, et celui de la Pologne, soulignant le devoir du pays à l'égard de l'UE.

Les conclusions de cet état de l'art demeurent provisoires car fondées sur une période post-adhésion de seulement quelques années, et étudiée par relativement peu de travaux. De plus, le fait que les PECO soient devenus des membres tend à ce qu'on les étudie de plus en plus comme des États membres comme les autres. Néanmoins, les travaux qui mobilisent des données récentes et proposent des hypothèses combinant des facteurs individuels et contextuels montrent qu'il peut être fructueux d'investiguer la possibilité que les logiques qui sous-tendent le soutien à l'UE se conjuguent différemment chez les nouveaux membres. À ce jour, plusieurs des questions soulevées par R. Rorschneider et S. Whitefield dans leur état de l'art sur les partis, l'opinion publique et l'UE dans les PECO en 2006 restent sans réponse définitive, ou n'ont été que partiellement résolues dans les travaux passés en revue dans cette introduction.

Poser l'hypothèse que l'héritage du communisme et de la transition pourrait avoir laissé des traces durables par le biais des valeurs, des alignements politiques, des institutions ou des références à l'histoire aujourd'hui mobilisés pour appréhender l'UE n'implique pas pour autant de laisser de côté un agenda comparatif incluant tous les pays de l'Union. Comme le montrent les contributions à ce numéro spécial, les études quantitatives et qualitatives se penchant sur les PECO demeurent pertinentes pour mieux comprendre les effets de l'adhésion sur le soutien, ainsi que les différentes configurations des facteurs expliquant les variations du soutien parmi les nouveaux pays membres.

Références bibliographiques

Aldrin Philippe (2010), « L'invention de l'opinion publique européenne. Genèse intellectuelle et politique de l'Eurobaromètre (1950-1973) », *Politix – Revue des sciences sociales du politique*, vol. 23, n° 89, p. 79-101.

Anderson Christopher (1998), « When in Doubt, Use Proxies: Attitudes Toward Domestic Politics and Support for the European Integration », *Comparative Political Studies*, vol. 31, n° 5, p. 569-601.

Belot Céline (2000), « L'Europe en citoyenneté ». *Jeunes Français et Britanniques dans le processus de légitimation de l'Union européenne*, thèse de doctorat, Université de Grenoble.

Belot Céline (2006), « Sept logiques élitaires de soutien à l'Union : pour une étude des différentes configurations nationales », communication présentée au colloque *Une Europe des élites ?*, Bordeaux, France, 27-29 avril.

Belot Céline (2010), « Le tournant identitaire des études consacrées aux attitudes à l'égard de l'Europe. Genèse, apports, limites », *Politique européenne*, n° 30, p. 17-44.

Bouillaud Christophe (2011), « L'euroscepticisme n'est-il qu'un mot ? », *Politique européenne*, n° 34, p. 243-254.

Boomgaarden Hajo, Schuck Andreas, Elenbaas Matthijs et de Vreese Claes (2011), « Mapping EU Attitudes: Conceptual and Empirical Dimensions of Euroscepticism and EU Support », *European Union Politics,* vol. 12, n° 2, p. 241-266.

Brinegar Adam P. et Jolly Seth K. (2005), « Location, Location, Location: National Contextual Factors and Public Support for European Integration », *European Union Politics,* vol. 6, n° 2, p. 155–180.

Brinegar Adam, Jolly Seth K. et Kitschelt Herbert (2004), « Varieties of Capitalism and Political Divides over European Integration », *in* **Gary Marks et Marco Steenbergen** (dir.), *European Integration and Political Conflict,* Cambridge, Cambridge University Press, p. 62–89.

Bruter Micheal (2005), *Citizens of Europe? The Emergence of a Mass European Identity,* Basingstoke, Palgrave.

Bunce Valerie (2005), « The National Idea: Imperial Legacies and Post-Communist Pathways in Eastern Europe », *East European Politics & Societies,* vol. 19, p. 406-442

Carey Sean (2002), « Undivided Loyalties: Is National Identity and Obstacle to European Integration », *European Union Politics,* vol. 3, n° 4, p. 387-413.

Cichowski Rachel (2000), « Western Dreams, Eastern Realities: Support for the European Union in Central and Eastern Europe », *Comparative Political Studies,* vol. 33, n° 10, p. 1243-1278.

Christin Thomas (2005), « Economic and Political Bias of Attitudes Towards the EU in Central and East European Countries in the 1990s », *European Union Politics,* vol. 3, n° 4, p. 29-57.

Dakowska Dorota et Rowell Jay (2011), « Temporality and Historical Experience in Attitudes Towards Europe: Is There a Nationality Effect? », *in* **Daniel Gaxie, Nicolas Hubé et Jay Rowell** (dir.), *Perceptions of Europe. A Comparative Sociology of European Attitudes,* Essex, ECPR Press, p. 101-118.

Desmet Pieterjan, van Spanje Joost, et de Vreese Claes (2012), « Second-Order' Institutions: National Institutional Quality as a Yardstick for EU Evaluation », *Journal of European Public Policy,* vol. 19, n° 7, p. 1071-1088.

de Vreese Claes H. (2007), « A Spiral of Euroscepticism: The Media's Fault? » *Acta Politica,* vol. 42, n° 2, p. 271-286.

de Vreese Claes H. et Boomgaarden Hajo G. (2006), « Media Effects on Public Opinion about the Enlargement of the European Union », *Journal of Common Market Studies*, vol. 44, n° 2, p. 419-436.

de Vreese Claes H. et Boomgaarden Hajo G. (2005), « Projecting EU Referendums : Fear of Immigration and Support for European Integration », *European Union Politics*, vol. 6, n° 1, p. 59-82.

de Vreese Claes H., Banducci Susan A., Semetko Holli A. et Boomgaarden Hajo G. (2006), « The News Coverage of the 2004 European Parliamentary Election Campaign in 25 Countries », *European Union Politics*, vol. 7, n° 4, p. 477-504.

de Vries Catherine E., van der Brug Wouter, van Egmond Marcel H. et van der Eijk Cees (2011), « Individual and Contextual Variation in EU Issue Voting: The Role of Political Information », *Electoral Studies*, vol. 30, n° 1, p. 16–28.

de Vries Catherine E. et Edwards Erica E. (2009), « Taking Europe To Its Extremes: Extremist Parties and Public Euroscepticism », *Party Politics*, vol. 15, n° 1, p. 5-28.

Diez Medrano Juan (2003), *Framing Europe: Attitudes to European Integration in Germany, Spain, and the United Kingdom*, Princeton, Princeton University Press.

Doyle Orla et Fidrmuc Jan (2006), « Who Favors Enlargement? Determinants of Support for EU membership in the Candidate Countries' Referenda », *European Journal of Political Economy*, vol. 22, n° 2, p. 520-543.

Duchesne Sophie et Frognier André-Paul (1995), « Is there a European Identity? », *in* **Oskar Niedermayer et Richard Sinnott** (dir.), *Public Opinion and the International Governance (Beliefs in Government Series)*, Oxford, Oxford University Press, p. 193-226.

Duchesne Sophie (dir.) (2010), « L'identité européenne entre science politique et fiction », *Politique européenne*, n° 30, p. 1-206.

Duchesne Sophie, Haegel Florence, Frazer Elizabeth, Van Ingelgom Virginie, Garcia Guillaume et Frognier André-Paul (2010), « Europe Between Integration and Globalisation Social Differences and National Frames in the Analysis of Focus Groups Conducted in France, Francophone Belgium and the United Kingdom », *Politique européenne*, n° 30, p. 67-105.

Ehin Piret (2001), « Determinants of Public Support for EU Membership. Data from the Baltic Countries », *European Journal of Political Research,* vol. 40, n° 1, p. 31-56.

Eichenberg Richard C. et Russell J. Dalton (1993), « Europeans and the European Community: The Dynamics of Public Support for European Integration », *International Organization,* vol. 47, n° 4, p. 507-534.

Elgun Ozlem, et Tillman Erik R. (2007), « Exposure to European Union Policies and Support for Membership in the Candidate Countries », *Political Research Quarterly,* vol. 60, n° 3, p. 391-400.

Epstein Rachel et Sedelmeier Ulrich (2008), « Beyond Conditionality: International Institutions in Postcommunist Europe After Enlargement », *Journal of European Public Policy,* vol. 15, n° 6, p. 795–805.

Éthier Diane (2004), « Is Democracy Promotion Effective? Comparing Conditionality and Incentives », *Democratization,* vol. 10, n° 1, p. 99-120.

Favell Adrian (2008), *Eurostars and Eurocities: Free Movement and Mobility in an Integrating Europe,* Oxford, Blackwell.

Fligstein Neil. (2009), « Who are the Europeans and How Does this Matter for Politics?, *in* **Jeffrey Checkel et Peter J. Katzenstein** (dir.), *European Identity,* Cambridge, Cambridge University Press, p. 132-166.

Fowler Brigid (2003), *The Hungarian EU Accession Referendum.* Opposing Europe Research Network Referendum Briefing n°. 4, 12 avril, <www.sussex.ac.uk/Units/SEI/oern/ElectionBriefings/index.html>.

Franklin Mark, Marsch Micheal et McLaren Lauren (1994), « Uncorking the Bottle: Popular Opposition to European Unification in the Wake of Maastricht », *Journal of Common Market Studies,* vol. 32, n° 4, p. 469-470.

Gabel Matthew et Scheve Kenneth (2007), « Mixed Messages: Party Dissent and Mass Opinion on European Integration », *European Union Politics,* vol. 8, n° 1, p. 37-59.

Garry John et Tilley James (2009a), « Attitudes to European Integration: Investigating East–West Heterogeneity », *Journal of European Integration,* vol. 31, n° 5, p. 537-549

Garry John et Tilley James (2009b), « The Macroeconomic Factors Conditioning the Impact of Identity on Attitudes towards the EU », *European Union Politics* vol. 10, n° 3, 361-379.

Gaxie Daniel, Hubé Nicolas, De Lassalle Marine et Rowell Jay (dir.) (2011), *L'Europe des Européens. Enquête comparative sur les perceptions de l'Europe*, Paris, Economica.

Göncz Borbala (2012), « I would like to see that one is able to say I'm Proud of Being a Citizen of the EU... – The Way Hungarian People See Europe », *Corvinus Journal of Sociology and Social Policy*, vol. 3, n° 1, p. 11-135.

Gosselin Tania, et Henjak Andrija (2011), « Support for European Union Accession in Post-Communist Candidate State », *in* **Stanislaw Latek** (dir.), *Du totalitarisme à la démocratie; un parcours tortueux et inachevé*, Institut polonais des arts et des sciences au Canada et Académie polonaise des sciences et des lettres, Montréal et Cracovie, p. 193-218.

Gosselin Tania, Tomescu-Hatto Odette et Popescu Marina (2011), « Influence de l'UE et compétition partisane nationale : La lutte contre la corruption comme enjeu de l'européanisation du système de partis en Roumanie », *in* **Mathieu Petithomme** (dir.), *L'européanisation de la compétition politique nationale : Adaptations et résistances en perspective comparée*, Grenoble, Presses universitaires de Grenoble, p. 221-241.

Green David Micheal (2007), *The Europeans: Political Identity in an Emerging Polity*, Boulder, Lynne Rienner.

Hanley Sean (2004), « Getting the Right Right: Redefining the Centre-Right in Post-Communist Europe », *Journal of Communist Studies and Transition Politics*, vol. 20, n° 3, p. 9-27.

Haughton Timothy (2007), « When Does the EU Make a Difference? Conditionality and the Accession Process in Central and Eastern Europe », *Political Studies Review*, vol. 5, n° 2, p. 233–246.

Henjak Andrija, Toka Gabor et Sanders David (2012), « Support for European Integration », *in* **David Sanders, Pedro Magalhaes, et Gabor Toka** (dir.), *Citizens and the European Polity: Mass Attitudes Towards the European and National Polities*, Oxford, Oxford University Press, p. 169-212.

Herzog Alexander et Tucker Joshua A. (2010), « The Dynamics of Support: The Winners-Losers Gap in Attitudes Toward EU Membership in Postcommunist Countries », *European Political Science Review*, vol. 2, p. 235-267.

Hooghe Liesbet et Marks Gary (2008), « A Postfunctionalist Theory of European Integration: From Permissive Consensus to Constraining Dissensus », *British Journal of Political Science*, vol. 39, n° 1, p. 1-23.

Hooghe Liesbet et Marks Gary (2006), « Europe's Blues: Soul-Searching after the Rejection of the European Constitution », *Political Science and Politics*, vol. 39, n° 2, p. 247-250.

Hooghe Liesbet et Marks Gary (2004), « Does Identity or Economic Rationality Drive Public Opinion on Integration? », *PS: Political Science & Politics,* vol. 37, n° 3, p. 415-420.

Hooghe Liesbet et Marks Gary (2005), « Calculus, Community and Cues : Public Opinion on European Integration », *European Union Politics*, vol. 6, n° 4, p. 419-443.

Inglehart Ronald (1970), « Cognitive Mobilization and European Identity », *Comparative Politics*, vol. 3, n° 1, p. 45-70.

Isernia Pierangelo, Fiket Irena, Serricchio Fabio et Westle Bettina (2012), « But Still it Does Not Move: Functional and Identity-Based Determinants of European Identity », *in* **David Sanders, Pedro Magalhaes et Gabor Toka** (dir.), *Citizens and the European Polity: Mass Attitudes Towards the European and National Polities*, Oxford, Oxford University Press, p. 245-270.

Jackson John E., Mach Bogdan W. et Miller-Gonzalez Jennifer L. (2011), « Buying Support and Regime Change: The Evolution of Polish Attitudes Towards the EU and Voting Between Accession and 2008 », *European Union Politics,* vol. 12, n° 2, p. 147-167.

Karp Jeffrey A, Banducci Susan A. et Bowler Shaun (2003), « To Know It Is to Love It? Satisfaction with Democracy in the European Union », *Comparative Political Studies*, vol. 36, n° 3, p. 271-292.

Kritzinger Sylvia (2003), « The Influence of the Nation-State on Individual Support for the European Union », *European Union Politics*, vol. 4, n° 2, p. 219-241.

Kumlin Staffan (2009), « Blaming Europe Exploring the Variable Impact of National Public Service Dissatisfaction on EU Trust », *Journal of European Social Policy*, vol. 19, p. 408-420.

Loveless Matthew (2010), « Agreeing in Principle: Utilitarianism and Economic Values as Support for the European Union in Central and Eastern Europe », *Journal of Common Market Studies*, vol. 48, n° 4, p. 1083-1106.

Loveless Matthew et Rohrschneider Robert (2011), « Public Perceptions of the EU as a System of Governance », Living *Review in European Governance*, vol. 6, n° 2, URL (version téléchargée le 29 août 2012) : <www.livingreviews.org/lreg-2011-2>.

Luedtke Adam (2005), « European Integration, Public Opinion and Immigration Policy: Testing the Impact of National Identity », *European Union Politics*, vol. 6, n° 1, p. 83-112.

Markowski Radoslaw et Tucker Joshua A. (2010), « Euroscepticism and the Emergence of Political Parties in Poland », *Party Politics*, vol. 16, n° 4, p. 523–548.

Markowski Radoslaw et Tucker Joshua A. (2005), « Pocketbooks, politics, and parties: the 2003 Polish referendum on EU membership », *Electoral Studies*, vol. 24, n° 3, p. 409-433.

Marks Gary, Hooghe Liesbet, Moira Nelson et Edwards Erica (2006), « Party Competition and European Integration in the East and West. Different Structure, Same Causality », *Comparative Political Studies*, vol. 39, n° 2, p. 155-175.

Markowski Radoslaw et Tucker Joshua A. (2010), « Euroscepticism and the Emergence of Political Parties in Poland », *Party Politics*, vol. 16, n° 4, p. 523–548.

McLaren Lauren (2007), « Explaining Opposition to Turkish Membership of the EU », *European Union Politics*, vol. 8, n° 2, p. 251-278.

McLaren Lauren (2002), « Public Support for the European Union: Cost/Benefit Analysis or Perceived Cultural Threat? », *Journal of Politics*, vol. 64, n° 2, p. 551-566.

McManus-Czubinska Clare, Miller William L., Markowski Radoslaw et Wasilewski Jacek (2003), « Understanding Dual Identities in Poland », *Political Studies*, vol. 51, n° 1, p. 121-143.

Millard Frances (1999), « Polish Domestic Politics and Accession to the EU », *in* **Karen Henderson** (dir.), *Return to Europe: Central and Eastern Europe and the European Union*, Londres, UCL Press, p. 203-220.

Munoz Jordi, Torcal Mariano et Bonet Eduard (2011), « Institutional Trust and Multilevel Government in the European Union Congruence or Compensation? », *European Union Politics*, vol. 12, n° 4, p. 551-574.

Neumayer Laure (1999), « Opinions publiques et partis politiques face à l'intégration européenne en Hongrie, Pologne et République tchèque », *Revue d'études comparatives Est-Ouest*, vol. 30, n° 1, p. 139-164.

Parlement européen (2013), *Taux de participation aux élections européennes 1979-2009*, <www.europarl.europa.eu/aboutparliament/fr/000cdcd9d4/%C2 %A0Taux-de-participation- %281979-2009%29.html>, consulté le 2 janvier 2013.

Peter Jochen (2004), « Our Long “Return to the Concept of Powerful Mass Media” - A Cross-National Comparative Investigation of the Effects of Consonant Media Coverage », *International Journal of Public Opinion Research*, vol. 16, n° 2, p. 144-168.

Pop-Eleches Grigore (2007), « Between Historical Legacies and the Promise of Western Integration: Democratic Conditionality after Communism », *East European Politics and Societies*, vol. 21, n° 1, p. 142-161.

Ray Leonard (2003), « When Parties Matter. The Conditional Influence of Party Positions on Voter Opinion about European Integration », *Journal of Politics*, vol. 65, n° 4, p. 978-994.

Reif Karlheinz et **Schmitt Hermann** (1980), « Nine Second-Order National Elections: A Conceptual Framework for the Analysis of European Elections Results », *European Journal of Political Research*, vol. 41, n° 5, p. 643-674.

Risse Thomas (2010), *A Community of Europeans? Transnational Identities and Public Spheres*, Ithaca, Cornell University Press.

Rohrschneider Robert et Loveless Matthew (2010), « Macro Salience: How Economic and Political Contexts Mediate Popular Evaluations of the Democracy Deficit in the European Union », *Journal of Politics*, vol. 72, n° 4, p. 1029-1045.

Rohrschneider Robert et Whitefield Stephen (2010), « Consistent Choice Sets? The Stances of Political Parties Towards European Integration in Ten Central East European Democracies, 2003–2007 », *Journal of European Public Policy*, vol. 17, n° 1, p. 55-75.

Rohrschneider Robert et Whitefield Stephen (2006), « Political Parties, Public Opinion and European Integration in Post-Communist Countries. The State of the Art », *European Union Politics*, vol. 7, n° 1, p. 141-160.

Rohrschneider Robert et Whitefield Stephen (2004), « Support for Foreign Ownership and Integration in Eastern Europe: Economic Interests, Ideological Commitments and Democratic Context », *Comparative Political Studies*, vol. 37, n° 3, p. 313-339

Ruiz Jiménez Antonia M. *et al.* (2004), « European and National Identities in EU's Old and New Member States: Ethnic, Civic, Instrumental and Symbolic Components », *European Integration Online Papers*, n° 8.

Sadurski Wojhiech (2006), « EU Enlargement and Democracy in New Member States », *in* **Wojciech Sadurski, Adam Czarnota et Martin Krygier**, *Spreading Democracy and the Rule of Law*, Dordrecht, Springer, p. 27-49.

Sanders David et Toka Gabor (2012). *Is Anyone Listening? Mass and Elite Opinion Cueing in the EU. Electoral Studies* (sous presse) <http://dx.doi.org/10.1016/j.electstud.2012.10.001>.

Sanders David, Magalhaes Pedro et Toka Gabor (2012), « Summary and Conclusions: Europe in Equilibrium - Unresponsive Inertia or Vibrant Resilience? », *in* **David Sanders, Pedro Magalhaes, et Gabor Toka** (dir.), *Citizens and the European Polity: Mass Attitudes Towards the European and National Polities*, Oxford, Oxford University Press, p. 245-270.

Schimmelfennig Frank, Engert Stefan et Knobel Heiko (2008), « Costs, Commitment and Compliance: The Impact of EU Democratic Conditionality on Latvia, Slovakia and Turkey », *Journal of Common Market Studies*, vol. 41, n° 3, p. 495–518.

Schöpflin George (1993), *Politics in Eastern Europe*, Oxford, Blackwell.

Schuck Andreas R. T., Xezonakis Georgios, Elenbaas Matthijs, Banducci Susan A. et de Vreese Claes H. (2009), « Party Contestation and Europe on the News Agenda: The 2009 European Parliamentary Elections », *Electoral Studies*, vol. 30, n° 1, p. 41-52.

Serrichio Fabio, Tsakatika Myrto et Quaglia Lucia (2013), « Euroscepticism and the Global Financial Crisis », *Journal of Common Market Studies*, vol. 51, n° 1, p. 51-64.

Slomczyski Kazimierz M. et Shabad Goldie (1999), « Political Identities in the Initial Phase of Systemic Transformation in Poland. A Test of the Tabula Rasa Hypothesis », *Comparative Political Studies*, vol. 32, n° 6, p. 690-723.

Sojka Aleksandra, Vazquez Garcia Rafael et Jerez Mir Miguel (2012), *We, the Citizens of Europe? Eastward Enlargements and Political Identities in European Union*, manuscrit non-publié.

Steenbergen Marco, Edwards Erica et de Vries Catherine (2007), « Whos's Cueing Who? Mass-Elite Linkages and the Future of European Integration », *European Union Politics*, vol. 8, n° 1, p. 13-35.

Taggart Paul et Szczerbiak Aleks (2004), « Contemporary Euroscepticism in the Party Systems of the EU Candidate States of Central and Eastern Europe », *European Journal of Political Research,* vol. 43, n° 1, p. 1-27.

Tanasoiu Cosmina et Colonescu Constantin (2008), « Determinants of Support for European Integration », *European Union Politics,* vol. 9, n° 3, p. 363-377.

Toka Gabor, Henjak Andrija et Markowski Radoslaw (2012), « Explaining Support for EU Integration », *in* **David Sanders, Paolo Bellucci, Gabor Toka et Mariano Torcal** (dir.), *The Europeanization of National Polities ? Citizenship and Support in a Post-Enlargement Union,* Oxford, Oxford University Press, p. 137-166.

Tucker Joshua et Owen Andrew (2010), « Past is Still Present: Micro-level Comparisons of Conventional *vs.* Transitional Economic Voting in Three Polish Elections », *Electoral Studies,* vol. 29, n° 1, p. 25-39.

Tucker Joshua, Pacek Alexander et Berinsky Adam (2002), « Transitional Winners and Losers: Attitudes Toward EU Membership in Post-Communist Countries », *American Journal of Political Science,* vol. 46, n° 3, p. 557-571.

Tverdova Yulia et Anderson Christopher (2004), « Choosing the West? Referendum Choices on EU Membership in East-Central Europe », *Electoral Studies,* vol. 23, p. 185-208.

Vachudova Milada Anna (2009), « Corruption and Compliance in the EU's Post-Comunist Members and Candidates », *Journal of Common Market Studies,* vol. 47, n° 1, p. 43-62.

Vachudova Milada Anna (2008), « Tempered by the EU? Political Parties and Party Systems Before and After Accession », *Journal of European Public Policy,* vol. 15, n° 6, p. 851-879.

Vachudova Milada Anna et Hooghe Liesbet (2009), « Postcommunist Politics in a Magnetic Field: How Transition and EU Accession Structure Party Competition on European Integration », *Comparative European Politics,* vol. 7, n° 2, p. 179-212.

Van der Eijk, Cees et Franklin Mark (1996), *Choosing Europe? The European Electorate and National Politics in the Face of Union,* Ann Arbor, University of Michigan Press.

Vetik Raivo, Nimmerfelft Gerli et Taru Marti (2006), « Reactive Identity versus EU Integration », *Journal of Common Market Studies,* vol. 44, n° 5, p. 1079-1102.

White Jonathan (2010), « Europe in the Political Imagination », *Journal of Common Market Studies*, vol. 48, n° 4, p. 1015–1038.

Zielinski, Jakub, Slomczynski Kazimierz M. et Shabad Goldie (2003), *Electoral Control in New Democracies: Fluid Party Systems as Perverse Incentives*, paper presented at the annual meeting of the American Political Science Association, Philadelphia, August 28-31.

Tania Gosselin

Professeure au département de science politique de l'Université du Québec à Montréal (UQAM) et co-directrice du Laboratoire d'analyse de communication politique et d'opinion publique (LACPOP) de l'UQAM.

gosselin.tania@uqam.ca

POLITIQUE EUROPÉENNE
N° 38 | 2012
Abel François, Cal Le Gall et Raul Magni Be
[p. 42-69]

Économie politique du soutien à l'UE dans les PECO : y a-t-il un « avant » et un « après » intégration ?

Cet article propose une analyse en termes d'économie politique de l'adhésion des populations des Pays d'Europe centrale et orientale (PECO) à l'intégration européenne. En particulier, il se concentre sur les effets économiques de l'adhésion, qui ont été plusieurs fois observés dans la littérature. Les modèles économiques supposent que la raison pour laquelle la conjoncture économique affecte le soutien à l'Union européenne (UE) est que les citoyens pensent que l'UE est responsable de cette conjoncture. En utilisant les enquêtes Eurobaromètres avant et après l'entrée des PECO dans l'UE, nous testons une idée simple : si les citoyens des PECO considèrent l'UE comme responsable de la conjoncture économique, alors une mauvaise situation macroéconomique produit un rejet de l'Europe uniquement après leur entrée en 2004. Cette hypothèse n'est vérifiée que pour le taux de chômage, et infirmée pour le taux de croissance et d'inflation.

Political Economy of EU support within ECE states: Assessing for the impact of EU accesion

This article proposes an analysis of the EU support within ECE states drawing on the economic-voting literature. Within this framework, it has been shown that individual EU support reacts to macroeconomic variables - mainly unemployment, growth and inflation - exactly as in the case of support for national governments. However, to prove that the EU is deemed by citizens as a ruling body, we also need to prove that citizens' perceptions of the EU change with their country's accession into the European political system. Based on Eurobarometer surveys which were carried out three years before and after the 2004 wave of accession, we analyze economic support for the EU in the eight ECE countries which joined European institutions on this occasion. Although our hypothesis was not confirmed in the case of inflation and growth, however, we find that unemployment did not affect EU support before accession and that it considerably altered EU support after 2004, eventually confirming the ruling position of the EU.

Économie politique du soutien à l'UE dans les PECO

Y a-t-il un « avant » et un « après » intégration ?

Abel François
EM Strasbourg - Université de Strasbourg
Cal Le Gall
Salzburg Centre of European Union Studies (SCEUS)
Raul Magni Berton
Institut d'études politiques de Grenoble

Lorsqu'en 1989, les régimes communistes des Pays d'Europe centrale et orientale (PECO) se sont effondrés, l'objectif d'adhésion à la Communauté économique européenne faisait alors l'objet d'un large consensus tant parmi les élites politiques que dans les opinions publiques (Kumar, 2006). À travers le soutien au processus d'intégration s'exprimait alors une adhésion à un ensemble de valeurs libérales et démocratiques (paix, prospérité, coopération équitable, libre-circulation des biens et des personnes, économie de marché) en contradiction avec l'ancien régime communiste (Neumayer, 2006).

Par la suite, le processus d'élargissement fut officiellement engagé à l'occasion du Conseil européen de Copenhague en 1993 autour de la définition des différents critères et des conditions d'adhésion auxquelles les PECO devaient se conformer. À l'occasion des négociations sur l'application de ces critères, les premières réticences apparurent au sein des pays candidats, tant au niveau des opinions publiques que des partis politiques (Szczerbiak et Taggart, 2004 ; Nedelcheva, 2009). En effet, les efforts requis pour la transposition de l'acquis communautaire dans les droits nationaux ainsi que le rôle de la Commission européenne dans des domaines sensibles, comme par exemple la question des minorités, eurent pour conséquence d'ouvrir une période de scepticisme quant aux conséquences de l'adhésion à l'UE. Malgré la progression du phénomène de défiance et du manque d'enthousiasme affiché, les référendums organisés dans huit PECO en 2003 (Doyle et Fidrmuc, 2004) – à savoir l'Estonie, la Hongrie, la Lettonie, la Lituanie, la Pologne, la République tchèque, la Slovaquie et la Slovénie – confirmèrent la volonté d'intégrer l'UE.

Depuis l'entrée de ces pays dans l'UE en 2004, nous assistons à une montée de l'euroscepticisme au niveau des partis politiques (Beichelt, 2005 ; Vachudova, 2008 ; Nedelcheva, 2009), alors qu'au niveau de l'opinion publique, l'adhésion s'est accompagnée d'un accroissement du soutien. Partant de ce constat, il est difficile de déterminer avec précision l'impact des référendums sur le développement du phénomène de soutien à l'UE dans la mesure où les dynamiques partisanes et populaires ne concordent pas.

Dès lors, cet article analyse le soutien à l'UE au sein des opinions publiques en tâchant de prendre en compte les conditions macroéconomiques avant et après la tenue de ces référendums. L'idée centrale est que l'UE, aux yeux des populations, n'est devenue responsable de la conjoncture économique qu'à partir de l'adhésion du pays. Ainsi, le moment de l'adhésion à l'UE représente un moment charnière car il fait basculer les institutions européennes, et plus globalement l'idée de l'intégration européenne, de potentialité (période pré-adhésion) à la responsabilité (période post-adhésion).

Nous formulons alors deux hypothèses. La première porte sur le rôle de l'UE comme alternative crédible au *statu quo* : si on est citoyen d'un pays qui n'est pas (encore) membre, une conjoncture économique favorable produit une baisse du soutien à l'UE et une conjoncture économique défavorable produit une hausse du soutien à l'UE. La deuxième hypothèse, en revanche, est fondée sur une conception de l'UE comme responsable de la situation macroéconomique : si on est citoyen d'un pays membre, une conjoncture économique favorable produit une hausse du soutien à l'UE, alors qu'une conjoncture économique défavorable produit une baisse du soutien à l'UE. Cette imputation de responsabilité n'est pas possible dans les pays qui ne sont pas membres.

En associant les deux hypothèses, les fluctuations économiques devraient produire des résultats opposés chez les individus, selon que leur pays est membre ou non de l'UE. Aussi, de façon analogue à l'analyse qui évalue le soutien à un parti du fait de sa participation ou non au gouvernement en place (Franklin, Van Der Eijk et Oppenhuis, 1996), nous estimons que l'appartenance à l'UE sera perçue comme une alternative à la non-appartenance dans les pays qui ne sont pas encore membres, ou comme le *statu quo* dans les pays qui sont membres.

Les résultats empiriques montrent que ce mécanisme se vérifie seulement pour le taux de chômage, alors que l'UE ne semble pas tenue pour responsable de la croissance et de l'inflation.

L'article se structure ainsi : tout d'abord, nous exposons la littérature récente sur le soutien à l'UE dans les PECO en insistant sur les effets des conditions macroéconomiques. La deuxième section présente notre approche théorique, fondée sur les modèles de responsabilité (*accountability*) et de réactivité (*responsiveness*). Dans la troisième section, nous présenterons les données que nous utilisons afin de tester notre théorie. Dans la quatrième section, les principaux résultats seront présentés, avant de terminer sur une conclusion plus large portant sur le soutien à l'UE.

Soutien à l'UE : effets individuels et contextuels

Une revue de la littérature permet d'identifier un grand nombre de modèles concurrents cherchant à expliquer le soutien des citoyens à l'égard de l'UE. Certains se concentrent sur ce que David Easton (1965) appelle le « soutien diffus », en particulier sur la question de l'identité européenne. D'autres sont centrés sur des formes de soutiens plus spécifiques – comme le soutien aux institutions européennes ou à ses performances.

De nombreuses études ont insisté sur la question identitaire. Cette approche a mis en évidence les liens qui existent entre nationalisme exclusif, hostilité à l'égard des étrangers, perception d'une menace de la part d'autres cultures, d'une part, et d'opinions défavorables sur l'UE d'autre part (Carey, 2002 ; McLaren, 2002, 2007 ; Marks et Hooghe, 2005). Dans cette perspective, l'UE est perçue par certains individus comme une institution politique contestant l'autorité et la prédominance de l'État-nation tout en contribuant à intensifier la mobilité des citoyens entre États membres. En outre, Juan Diez-Medrano a montré que les attitudes à l'égard de l'UE dépendent largement de l'expérience historique de chaque pays. Ainsi les différentes trajectoires historiques nationales, comme le franquisme en Espagne, ont un impact sur la manière qu'ont les citoyens d'appréhender la construction européenne (Diez-Medrano, 2003). En revanche, la question de l'identité européenne a rarement été mise en relation avec les conditions économiques (pour une exception, voir Dubé et Magni Berton, 2009). Celles-ci, tout comme la conjoncture politique, sont surtout considérées comme responsables des fluctuations du soutien spécifique à l'UE.

En particulier, une ample littérature s'est attachée à mettre en valeur le rôle du contexte politique, essentiellement national, pour expliquer la formation des attitudes des citoyens vis-à-vis du processus d'intégration. Cette logique considère que les citoyens se fondent sur leurs jugements à l'égard du système politique national ou des gouvernants nationaux lorsqu'ils sont amenés à exprimer un avis sur le processus d'intégration européenne (Van Der Eijk et Franklin, 1995 ; Anderson, 1998 ; Sanchez-Cuenca, 2000 ; Rohrschneider, 2002). En fait, les individus font usage de cette heuristique dans la mesure où ils ne possèdent souvent que des connaissances vagues quant au mode de fonctionnement des institutions européennes. Dans cette perspective, ce qui importe est donc la popularité du gouvernement au pouvoir (Van Der Eijk et Franklin, 1995), le degré de satisfaction des individus à l'égard de l'état de la démocratie dans l'UE (Rohrschneider, 2002), ou encore la perception de la performance du système politique national (Sanchez-Cuenca, 2000). Ainsi, le contexte politique national est un facteur à part entière expliquant la formation des attitudes des citoyens vis-à-vis de l'UE.

La question de l'impact des variations macroéconomiques sur le soutien spécifique à l'UE a également été abondamment traitée. L'idée est d'expliquer ce soutien à partir des coûts et les bénéfices associés à l'appartenance à l'UE (Gabel, 1998 ; Anderson, 1998). Plus précisément, ce modèle teste l'idée que le soutien des citoyens à l'égard de l'UE est positivement corrélé aux gains qu'ils en retirent. Les gains peuvent être définis à deux niveaux : microéconomique ou macroéconomique. Les auteurs qui s'appuient sur une analyse microéconomique se concentrent sur les déterminants économiques individuels qu'ils soient subjectifs ou objectifs (Gabel et Palmer, 1995 ; Gabel, 1998). Ainsi, des variables comme le niveau d'éducation ou de revenus sont considérées comme des indicateurs permettant d'évaluer le niveau de soutien d'un individu à l'UE. En effet, l'UE offre de meilleures opportunités en termes de mobilité et de capacités d'investissement en tant qu'union économique favorisant la libéralisation des marchés. Ce type d'approche a été appliqué avec succès aux pays de l'Europe de l'Est, aussi bien avant l'adhésion (Elgün et Tillman, 2007), qu'après (Herzog et Tucker, 2010).

Quant à l'approche macroéconomique, elle s'appuie sur l'idée que le soutien à l'UE dépend de facteurs économiques globaux tels que le taux de chômage, le taux d'inflation et le taux de croissance (Anderson et Kaltenthaler, 1996 ; Dalton et Eichenberg, 2007). Dans cette perspective, le soutien des citoyens à l'égard de l'UE est fortement lié aux performances de l'économie nationale[1].

1 Dans une analyse du comportement électoral des citoyens américains, Donald Kiewiet et D. Roderick Kinder ont mis en évidence le fait que les individus s'appuyaient sur une évaluation de l'économie sociotropique plutôt qu'egotropique au moment de voter pour le Parti démocrate ou républicain, attestant ainsi d'une plus forte propension à prendre en compte les facteurs macroéconomiques plutôt que microéconomiques (Kiewiet et Kinder, 1979).

Cet article analyse le soutien à l'UE dans cette perspective. En effet, le lien entre soutien à l'UE et situation économique est à la fois bien attesté, mais peu clair. Richard Eichenberg et Russell Dalton (1993) ont été les premiers à trouver un lien négatif entre inflation et soutien à l'intégration européenne. Depuis, d'autres études ont également trouvé un impact négatif du chômage et positif de la croissance (Bréchon, Cautrès et Denni, 1995 ; Anderson et Kaltenthaler, 1996). Plus récemment, R. Eichenberg et R. Dalton (2007) ont analysé des séries longues de soutien à l'UE (1973-2004) et ont confirmé l'impact des variables macroéconomiques, même si l'impact de l'inflation disparaît après le traité de Maastricht.

Ce qui est moins clair, c'est le mécanisme causal qui relie les conditions macroéconomiques au soutien envers l'UE. Il y au moins deux mécanismes : le premier, basé sur les modèles économiques du soutien (Anderson, 2000 ; Lewis-Beck et Paldam, 2000 ; Mueller *et al.*, 2010), avance l'idée que cette causalité est due au fait que l'UE est perçue par les citoyens comme responsable des conditions économiques. Par conséquent, la variation du soutien traduirait un jugement sur la performance de l'UE. La deuxième explication se fonde sur un effet de satisfaction général : lorsque l'économie va bien, les citoyens tendent à être plus satisfaits *en général*, et le soutien plus élevé à l'UE n'est qu'une manifestation de cette satisfaction globale. Les études citées ne tranchent pas ce débat. La prochaine section clarifiera ses enjeux et montrera comment cette question peut être traitée.

Conditions macroéconomiques, imputation et soutien à l'UE

Le modèle économique du soutien a d'abord été développé pour expliquer le soutien aux gouvernements sortants. D'après ce modèle, les citoyens jugent le gouvernement sortant d'après la performance économique que le pays a connu sous son mandat. La popularité du gouvernement serait déterminée par des jugements rétrospectifs – puisqu'ils s'appuient sur la performance passée – qui s'exprimeraient dans une logique référendaire : ils sont « pour » ou « contre » la reconduction du gouvernement en place. L'hypothèse générale est simple : « les citoyens votent pour le gouvernement si l'économie se porte bien ; autrement, ils votent contre lui. » (Lewis-Beck et Stegmaier 2000, 211).

Ce modèle, d'apparence simple, se heurte cependant au problème posé par la perception et l'imputation de la responsabilité (Anderson, 2007)[2]. En effet, les politiques économiques dans les démocraties ne sont pas seulement le résultat des décisions du parti qui gouverne et les performances macroéconomiques ne dépendent pas exclusivement de ces décisions. De nombreuses autres institutions – les autres partis de la coalition, le Parlement, les différentes autorités de l'exécutif, les institutions juridiques, les pouvoirs locaux et, bien sûr, l'UE – vont contrebalancer le pouvoir du gouvernement. Chacune d'elles peut être perçue par les citoyens comme en partie responsable de la situation économique.

La question peut encore se poser dans une perspective différente. Ne sachant pas quelle institution est considérée comme responsable par les citoyens, il est possible de l'identifier en observant sa plus ou moins grande dépendance au vote économique. Ainsi, Michael Lewis-Beck (1997) a notamment observé qu'en France, le gouvernement, et non le président, est sanctionné ou récompensé en fonction de l'état de l'économie. Cette approche modifie le raisonnement initial. L'existence d'un soutien économique est ici postulée, et l'enjeu est de savoir quelle est l'institution qui est tenue pour responsable de la situation économique. Si la popularité d'une institution est sensible à la conjoncture économique, on peut alors en déduire qu'elle est perçue, au moins en partie, comme responsable.

C'est dans cette optique que les travaux mentionnés ci-dessus (Anderson et Kaltenthaler, 1996 ; Dalton et Eichenberg, 1993, 2007) ont fait l'hypothèse que les citoyens européens pouvaient voir l'UE comme responsable de la conjoncture économique. Cependant, bien que les résultats soient globalement probants, ils ne portent que sur les pays membres. Or, pour valider l'attribution de responsabilité, il faut également montrer que lorsque les pays ne sont pas membres, dans la mesure où ils ne sont pas soumis aux contraintes de l'UE, les citoyens devraient *ne pas* percevoir l'UE comme responsable de la situation économique.

Concernant le cas particulier des PECO, les citoyens devaient se prononcer lors d'un référendum en 2003 sur l'adhésion de leur pays à l'UE. Avant cette date, les citoyens de ces pays savaient que l'UE avait accepté de les intégrer, et ils avaient le choix d'accepter ou non cette adhésion. Les référendums de

---

2 Un deuxième problème du modèle du vote économique, souligné par Christopher J. Anderson (2007), consiste à postuler que les citoyens perçoivent correctement l'état de l'économie. Nous gardons ce postulat dans cet article, même si nous le discuterons dans la cinquième section.

2003 et surtout l'adhésion marquent une rupture institutionnelle qui peut affecter la logique du soutien à l'UE. L'exemple des huit PECO ayant adhéré en 2004 offre donc un cas de figure expérimental intéressant pour tester l'hypothèse de la responsabilité de l'UE. En appliquant le modèle du vote économique à l'UE, nous pouvons alors distinguer trois hypothèses.

1. L'UE comme *responsable*. Dans cette configuration, l'UE ne serait affectée par la conjoncture économique qu'après l'adhésion du pays. En particulier, après l'adhésion, *plus l'économie va bien et plus le soutien sera élevé*. Un tel résultat montrerait que l'UE est perçue comme responsable, du moins en partie, pour l'état de l'économie. Cette hypothèse classique a déjà été observée dans les travaux préalablement cités. Cependant, contrairement à la démarche adoptée par ces études, nous nous attendons ici à ce que l'influence des conditions économiques sur le soutien à l'UE n'intervienne *qu'après* l'adhésion. Avant l'adhésion, le soutien à l'UE devrait être insensible aux conditions économiques car l'UE ne pouvait pas être considérée comme responsable[3].
2. L'UE comme *responsable en devenir*. Notre deuxième hypothèse part de l'idée selon laquelle, *avant* l'adhésion de leur pays, les citoyens percevraient l'UE comme un responsable en devenir. Plus précisément, les individus évaluent la capacité de l'UE à agir sur la conjoncture économique de manière prospective et modulent ainsi leurs opinions à l'égard de l'UE en prenant en compte la performance de leur économie nationale. Autrement dit, jusqu'au référendum d'entrée, les citoyens considèrent l'adhésion à l'UE comme une alternative pertinente à la non-adhésion, qui est le *statu quo*. Cela signifie concrètement que l'état de l'économie influence le soutien à l'UE même avant l'*entrée*, mais dans un sens opposé à celui décrit précédemment : *plus l'économie va bien et moins le soutien sera élevé*. Tel un challenger dans les modèles économiques du vote, l'UE bénéficierait alors de plus de soutien dans les pays candidats lorsqu'ils traversent une période économique difficile, puisqu'elle serait alors l'alternative valide à la situation de non-appartenance dans laquelle le pays se trouve.

3 En réalité, étant donné que les pays candidats étaient déjà soumis à des contraintes émanant de l'Union européenne pour respecter les critères d'adhésion, on peut également s'attendre à ce que l'UE soit perçue comme responsable pour l'économie, mais dans une moindre mesure par rapport à la situation post-adhésion. En acceptant cet argument, on devrait s'attendre à ce que la réaction des citoyens devienne simplement plus visible après l'adhésion.

3. La dernière configuration est que le soutien à l'Union européenne ne dépend pas de l'état de l'économie. Dans ce cas, on pourra conclure qu'elle n'est pas perçue comme une institution de premier plan, capable d'influencer les conditions du pays. Dans les pays d'Europe occidentale, cette interprétation est plausible et compatible avec ce qui a été observé par ailleurs sur le caractère de second ordre des élections européennes (Reif et Schmitt, 1980 ; Marsh, 1998 ; Magni Berton, 2008). Les travaux plus récents sur cette question montrent d'ailleurs que l'impact des variables économiques est de moins en moins fort dans les pays de l'Europe de l'ouest (Nogueira et Veira, 2010). En revanche, les élections européennes ne semblent pas être clairement de second ordre dans les PECO (Schmitt, 2005) et de plus, la participation électorale pour les référendums de 2003 a été, dans tous ces pays sauf la Slovénie, relativement élevée. En outre, certains travaux ont montré l'importance considérable des variables économiques dans la formation des attitudes des citoyens à l'égard de l'UE (Tucker *et al.*, 2002). Ces informations suggèrent que les enjeux liés à l'adhésion à l'UE ont été perçus comme importants. Le modèle du vote économique devrait donc être, du moins partiellement, pertinent dans ces pays.

Données et méthode de l'analyse empirique

Pour tester nos hypothèses de soutien à l'UE, nous développons une analyse empirique à partir de six Eurobaromètres réalisés avant et après les adhésions de huit pays d'Europe centrale et orientale. Après une présentation des données utilisées et de la méthode de l'analyse, nous commentons les résultats obtenus.

Pour chaque pays nous disposons des bases de données individuelles fournies par l'Eurobaromètre[4]. Nous travaillons sur les huit PECO ayant rejoints l'UE en 2004, à savoir la République tchèque, l'Estonie, la Hongrie, la Lettonie, la Lituanie, la Pologne, la Slovénie et la Slovaquie. Autour de cette date charnière de 2004, nous utilisons les enquêtes disponibles trois années avant (2001, 2002 et 2003) et trois années après l'adhésion (2005, 2006 et 2007) de manière à avoir suffisamment de recul temporel vis-à-vis de l'adhésion tout en limitant

4 Pour une présentation générale de ces enquêtes européennes, voir Pierre Bréchon et Bruno Cautrès (1998).

les différences entre pays en ce qui concerne les négociations d'adhésion[5]. À noter que les Eurobaromètres de 2001 et de 2002 ont été conduits avant que les procédures d'accession se soient officiellement terminées (décembre 2002) et que les Eurobaromètres de l'année 2003 ont été conduits avant la tenue des référendums dans les pays évoqués[6]. En tout nous disposons donc des bases individuelles couvrant six années, huit pays soit un total de presque 25 000 répondants.

Variable dépendante : soutien à l'UE

La principale difficulté est de trouver une mesure constante dans le temps du soutien à l'UE avant et après l'adhésion. En croisant les Eurobaromètres sur les pays candidats et les Eurobaromètres standards, une question permet de faire le lien entre les deux périodes, la seule utilisée dans les travaux sur les pays qui ne sont encore membres (Elgün and Tillman, 2007)[7]. Cette question porte sur une évaluation individuelle concernant l'appartenance à l'UE et est formulée de la manière suivante : « Globalement, pensez-vous que l'appartenance de votre pays à l'UE sera (est) ...? une bonne chose, une mauvaise chose, ni une mauvaise ni une bonne chose, ne sait pas ou refus (spontané) ». À partir des différents items de réponses, nous pouvons distinguer les répondants apportant leur soutien à la participation à l'UE en considérant tous ceux ayant répondu « une bonne chose » à la question. À noter que l'indifférence (ni une mauvaise ni une bonne chose) et le rejet (une mauvaise chose) ont été regroupés ensemble, bien qu'ils expriment deux attitudes différentes. La raison tient au fait que nous nous concentrerons sur l'explication du soutien à l'UE en tant que soutien favorable. Il s'agit alors d'expliquer cet aspect par rapport à toutes les autres attitudes.

---

5 En effet, les négociations d'adhésion entre la Commission européenne et les pays candidats ont débuté à des dates différentes et ont avancé à des rythmes différents maintenant une incertitude sur la date finale d'adhésion.

6 Un chevauchement a eu lieu en Slovénie où le référendum a été tenu le 23 mars et, dans une moindre mesure, en Hongrie, le 12 avril. Ce chevauchement n'est pas problématique, puisque le référendum ne devrait pas produire immédiatement un changement d'attitudes car aucune information macro-économique n'était disponible depuis le référendum.

7 Les Eurobaromètres utilisés sont pour les Eurobaromètres des pays candidats, les enquêtes 2001.1 (année 2001), 2002.2 (année 2002) et 2003.2 (année 2003) et pour les Eurobaromètres standards (après adhésion) les enquêtes 63.4 (année 2005), 66.1 (année 2006) et 67.2 (année 2007). Les enquêtes sont disponibles sur le site : <www.gesis.org/en/eurobarometer>.

La variable *Soutien à l'UE*, de par la question utilisée, incline déjà les répondants à juger en termes de coûts et avantages et de façon sociotropique. Elle est donc particulièrement adaptée à l'évaluation de l'effet des conditions macroéconomiques. Par cet accent mis sur la dimension utilitaire, la question évalue un soutien de type spécifique.

Au niveau agrégé, on constate que le soutien à l'UE augmente dans le temps (figure 1), même l'adhésion est suivie par une légère baisse de ce soutien qui passe de 63 % en 2003 à 58 % en 2005.

Figure 1 - Évolution agrégée du soutien à la participation à l'UE

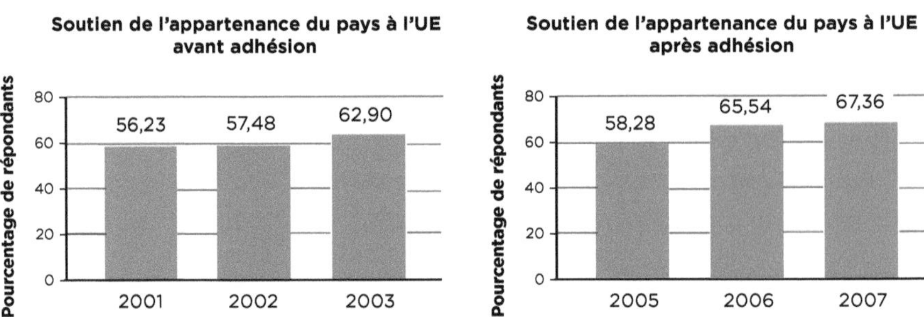

Soutien calculé à partir de la question « Globalement, pensez-vous que l'appartenance de votre pays à l'UE sera (est) une bonne chose ? » et sur huit pays intégrés à l'UE en 2004 : République tchèque, Estonie, Hongrie, Lettonie, Lituanie, Pologne, Slovénie et Slovaquie.

Ces tendances s'observent également au niveau national (figure 2). Pratiquement tous les pays de notre échantillon voient leur soutien à l'UE augmenter sur toute la période de 2001 à 2007, à l'exception notable de la Hongrie dont le profil d'évolution est atypique comparativement aux autres pays. Mais un tassement semble se produire au moment de l'adhésion.

Figure 2 - Évolution du soutien par pays à la participation à l'UE

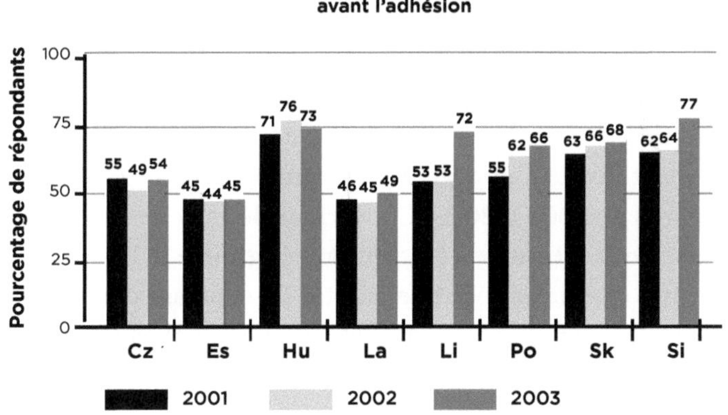

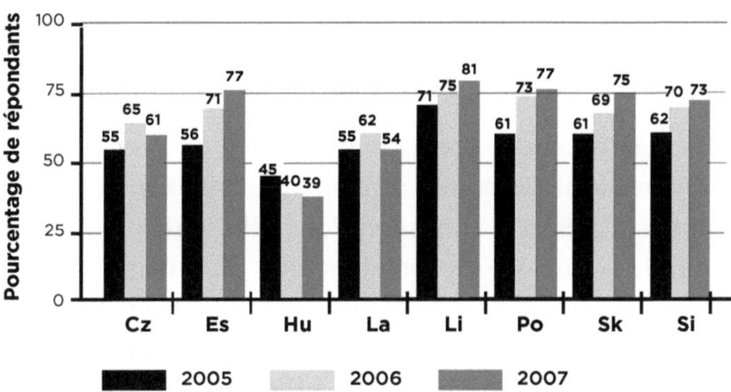

La mesure du soutien à l'UE est donc une variable binaire, la valeur 1 retraçant le soutien à l'UE, à estimer par une analyse multivariée. Nous nous appuyons sur une estimation par le maximum de vraisemblance sur un modèle logistique[8] permettant d'estimer la probabilité qu'un répondant aux enquêtes soutienne l'intégration à l'UE. L'estimation est faite pour trois années précédant l'adhésion (de 2001 à 2003) puis pour trois années suivantes (de 2005 à 2007) avec exactement le même modèle explicatif.

8 Compte tenu de la taille des échantillons il y a une convergence forte entre un modèle logit et un modèle probit de modélisation de la variable latente.

Variables contextuelles macroéconomiques

Nos principales variables indépendantes portent sur les évolutions macroéconomiques des pays. À la suite des résultats de la littérature de l'économie politique du soutien politique, nous avons retenu trois variables macroéconomiques : le taux de croissance annuel, le taux de chômage annuel moyen et les taux d'inflation annuel moyen[9]. Les figures 3, 4 et 5 représentent les évolutions des taux de chômage, d'inflation et de croissance dans les huit pays considérés de 2001 à 2007. Concernant le taux de chômage et le taux de croissance, nous retrouvons l'exception hongroise : la Hongrie a été le seul pays à connaître dans la période une montée du chômage et un ralentissement de la croissance. Sachant qu'il s'agit également du seul pays à connaître dans la période une érosion du soutien à l'UE, ces premiers éléments suggèrent l'existence d'une responsabilité perçue.

À noter, cependant, que le taux d'inflation ne suit pas cette tendance. Il est en baisse dans tous les pays jusqu'en 2004, puis il remonte partout sauf en Slovénie (figures 3, 4, 5).

Ces variables macroéconomiques étant annuelles, elles sont les mêmes pour tous les individus ayant répondu à l'enquête dans la même année et dans le même pays, soit 48 (6 x 8) observations différentes. Pour cette raison, l'introduction de données correspondant à un niveau agrégé peut produire des perturbations dans la qualité des estimations. Pour limiter ces perturbations, nous avons également introduit des variables binaires pour chaque année et pour chaque pays de manière à prendre en compte des effets fixes non-observés par date et par nations. De plus, les erreurs-types sont également corrigées par la méthode des clusters de manière à prendre en compte les effets non-observés liés aux pays qui pourraient perturber la variance des erreurs[10].

---

9 Les données macroéconomiques sont celles fournies par Eurostat.

10 Une stratégie alternative aurait pu être l'analyse multiniveaux. Cependant, les 48 observations au niveau agrégé ne sont pas totalement indépendantes entre elles, puisque il s'agit parfois du même pays (mais à des dates différentes) ou de la même date (dans des pays différents). De plus notre objectif est de tester l'incidence du contexte macroéconomique sur le soutien individuel et non de montrer que le contexte macroéconomique pèse sur l'influence des facteurs individuels, par exemple qu'une mauvaise situation macroéconomique modifie les effets de l'âge de l'enquêté sur sa probabilité de soutenir la participation de son pays à la construction européenne. L'estimation proposée ici permet d'éviter le premier problème, tout en parvenant à l'objectif fixé.

Figure 3 - Évolution du taux de chômage dans les 8 pays de l'étude (2001-2007)

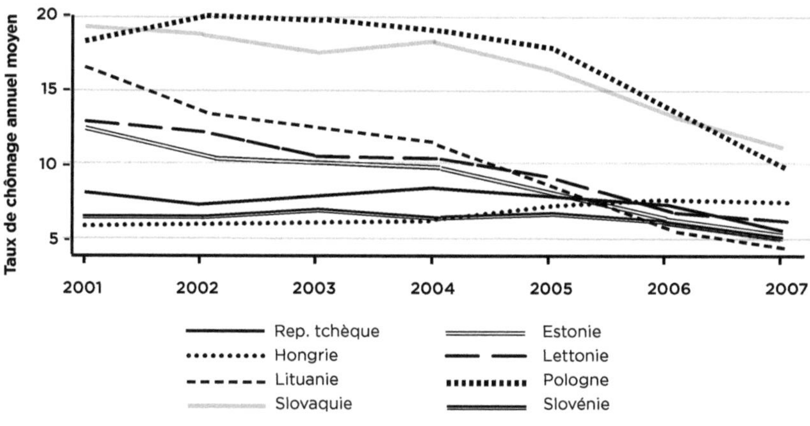

Figure 4- Évolution du taux de croisssance dans les 8 pays de l'étude (2001-2007)

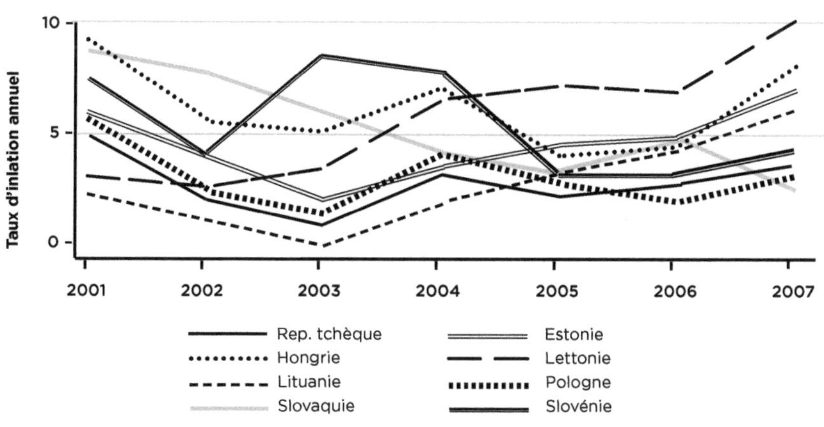

Figure 5 - Évolution du taux d'inflation dans les 8 pays de l'étude (2001-2007)

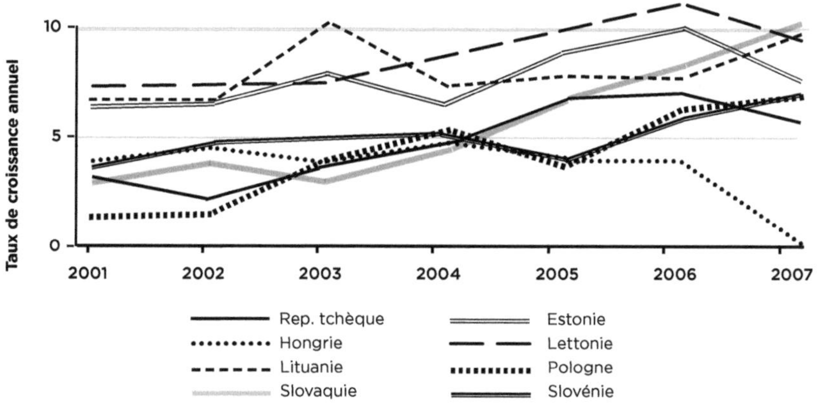

Variables de contrôle individuelles

À côté des variables macroéconomiques, nous utilisons un ensemble de variables de contrôle qui sont toutes des variables individuelles. Il s'agit de variables sociodémographiques : le sexe du répondant, son âge, son niveau de formation (mesuré par l'âge de fin d'étude), son statut matrimonial et la taille du foyer, la taille de l'agglomération d'habitation, la situation professionnelle, et enfin, la détention d'un patrimoine immobilier. Ces variables permettent de prendre en compte, indirectement, les gains attendus au niveau microéconomique de l'adhésion à l'UE. L'hypothèse rend compte du fait que les conséquences objectives de l'adhésion au marché commun sur le bien-être économique des individus sont liées au niveau de revenus, à l'activité professionnelle ainsi qu'à l'éducation (Gabel, 1998 ; Dalton et Eichenberg, 2007). Notamment, Matthew Gabel a démontré que les citoyens avec une éducation supérieure et un niveau de qualification élevé vivant dans des zones de développement bénéficiant des retombées économiques de l'UE avaient tendance à juger de façon positive l'adhésion leur pays à l'espace européen.

Par ailleurs, nous introduisons une variable permettant de mesurer la satisfaction générale vis-à-vis de sa situation personnelle. Cette variable nous permet de contrôler l'influence des incidences personnelles sur l'évaluation de l'UE. En outre, nous avons deux variables politiques avec la fréquence de discussion sur les questions politiques et la fréquence de conviction de l'entourage également sur les questions politiques par le répondant. Ces deux dernières variables sont des mesures d'approximation de l'intensité de politisation des répondants. Aussi, les enquêtes Eurobaromètres ne fournissent pas de façon constante des questions permettant de mesurer les variables identitaires. Ce manque est évidemment préjudiciable à la qualité de notre recherche dans la mesure où le facteur identitaire a été mis en valeur à de nombreuses reprises dans la littérature portant sur les déterminants de soutien à l'UE (Carey, 2002 ; McLaren, 2002 ; Marks et Hooghe, 2005). Néanmoins, en se référant au modèle théorique développé par Joshua Tucker *et al.* (2002), qui fait l'hypothèse que le processus d'adhésion à l'UE est différemment appréhendé par les individus au sein des PECO que par les individus des pays d'Europe occidentale du fait de la nécessité de contribuer à la consolidation du processus de transition économique vers le capitalisme et le libre-échange, il est vraisemblable de postuler que les facteurs identitaires ont joué un rôle moins important durant les périodes de pré- et post-accession. Un tableau descriptif des variables utilisées est donné en annexe.

Résultats des estimations de la probabilité de soutien à l'UE

Les résultats de l'estimation de la probabilité du soutien à la participation à l'UE sont donnés par le tableau 1, qui présente les odds-ratios associés avec les variables explicatives. Globalement, la qualité des estimations est satisfaisante et ne soulève pas de problèmes particuliers. Avant de discuter les résultats pour les variables macroéconomiques, nous pouvons détailler les résultats concernant les variables individuelles.

Les éléments les plus remarquables à propos des variables individuelles correspondent aux résultats traditionnels des explications du soutien à la construction européenne. Ces résultats sont assez stables entre les deux périodes à l'exception du lieu d'habitation dont l'effet disparaît après l'adhésion. Plus précisément, dans les milieux urbains le soutien à l'UE était plus important avant l'adhésion, alors qu'après, le coefficient devient non significatif.

Par ailleurs, il apparaît que la satisfaction vis-à-vis de la vie en général accroît la probabilité de soutien à l'adhésion à l'UE avec un effet strictement croissant en fonction du niveau de satisfaction. De plus, la politisation des répondants, mesurée par la fréquence de discussion politique ou par la force de conviction sur l'entourage, a également un effet positif sur le soutien à l'adhésion européenne. Les variables sociodémographiques vont également dans le sens habituel. Ainsi, la probabilité de soutien augmente avec l'accroissement du niveau d'instruction. Inversement, le soutien se réduit avec l'âge de la personne interrogée (tableau 1).

Concernant les variables macroéconomiques, il faut distinguer les trois mesures. Le taux d'inflation n'a pas d'incidence sur le soutien à l'adhésion, les coefficients associés ne sont pas significatifs quels que soient le modèle ou la période étudiée, alors que le taux de chômage ou le taux de croissance ont bien une influence.

Tableau 1- Estimations de la probabilité de soutien à l'adhésion à l'UE après et avant

	Avant l'adhésion (2001, 2002, 2003)				Après l'adhésion (2005, 2006, 2007)			
Var. indép.	**Odds ratio**	**Robust s.e.**	**Odds ratio**	**Robust s.e.**	**Odds ratio.**	**Robust s.e**	**Odds ratio**	**Robust s.e.**
Taux de chômage annuel moyen	1,058 **	0,023	1,042 **	0,019	0,94 **	0,018	0,899 ***	0,014
Taux de croissance annuel	1,11 ***	0,026	–		1,044 **	0,021	–	
Taux d'inflation annuel moyen	1,003	0,015	–		0,971	0,025	–	
Satisfaction vis-à-vis de la vie en général :								
Très satisfait	Ref		Ref		Ref		Ref	
Plutôt satisfait	0,824 ***	0,045	0,821 ***	0,045	0,805 ***	0,04	0,806 ***	0,04
Pas trop satisfait	0,409 ***	0,024	0,406 ***	0,024	0,422 ***	0,023	0,423 ***	0,024
Pas du tout satisfait	0,251 ***	0,019	0,25 ***	0,019	0,28 ***	0,021	0,28 ***	0,021
Fréquence de discussion politique :								
Fréquemment	Ref		Ref		Ref		Ref	
Occasionnellement	0,846 ***	0,035	0,845 ***	0,034	0,886 **	0,038	0,89 **	0,038
Jamais	0,574 ***	0,029	0,573 ***	0,029	0,627 ***	0,032	0,629 ***	0,032
Force de conviction sur l'entourage :								
Souvent	Ref		Ref		Ref		Ref	
De temps en temps	0,962	0,05	0,962	0,05	1,015	0,052	1,015	0,052
Rarement	0,89 **	0,048	0,887 **	0,048	0,993	0,052	0,992	0,052
Jamais	0,778 ***	0,043	0,776 ***	0,043	0,858 **	0,047	0,857 **	0,047
Vit en couple	0,957	0,038	0,96	0,038	0,934 *	0,036	0,935 *	0,036
Âge de fin d'études :								
15 ans et moins	Ref		Ref		Ref		Ref	
Entre 16 et 19 ans	1,309 ***	0,062	1,309 ***	0,062	1,268 ***	0,057	1,271 ***	0,057
20 ans et plus	1,701 ***	0,091	1,698 ***	0,091	1,655 ***	0,088	1,656 ***	0,088
Étude en cours	1,81 ***	0,24	1,807 ***	0,24	1,433 **	0,155	1,436 **	0,156
Ne sait pas	0,984	0,128	0,981	0,128	0,918	0,098	0,921	0,098
Âge :								
15 - 24 ans	Ref		Ref		Ref		Ref	
25 - 39 ans	0,774 ***	0,052	0,774 ***	0,052	0,891 *	0,062	0,892	0,062
40 - 54 ans	0,727 ***	0,051	0,727 ***	0,051	0,782 **	0,056	0,784 **	0,056
55 ans et plus	0,619 ***	0,05	0,619 ***	0,05	0,710 ***	0,057	0,713 ***	0,057
Manquante	0,514 **	0,118	0,521 **	0,12	1,945	1,564	1,927	1,547

	Avant l'adhésion (2001, 2002, 2003)				Après l'adhésion (2005, 2006, 2007)			
Var. indép.	**Odds ratio**	**Robust s.e.**	**Odds ratio**	**Robust s.e.**	**Odds ratio**	**Robust s.e.**	**Odds ratio**	**Robust s.e.**
Taille du foyer :								
1 personne	Ref		Ref		Ref		Ref	
2 personnes	1,015	0,056	1,013	0,056	1,061	0,052	1,063	0,052
3 personnes	1,108 *	0,066	1,106 *	0,066	1,023	0,056	1,027	0,057
4 personnes	1,132 **	0,071	1,129 *	0,071	1,02	0,06	1,023	0,06
5 personnes et +	1,011	0,068	1,008	0,068	1,052	0,067	1,056	0,067
Détention d'un patrimoine immobilier	0,995	0,198	0,979	0,194	1,079 *	0,042	1,076 *	0,042
Type d'agglomération :								
Rural	Ref		Ref		Ref		Ref	
Petite agglomération	1,244 ***	0,043	1,246 ***	0,043	1,018	0,034	1,017	0,034
Urbain	1,471 ***	0,056	1,472 ***	0,056	1,042	0,039	1,041	0,039
Manquante	1,792	0,718	1,785	0,722	0,838	0,266	0,822	0,262
Statut professionnel :								
Entrepreneur	Ref		Ref		Ref		Ref	
Managers	1,182 **	0,083	1,183 **	0,083	1,113	0,085	1,11	0,085
Autres cols blancs	0,995	0,072	0,996	0,072	0,909	0,066	0,906	0,066
Travailleurs manuels	0,853 **	0,054	0,855 **	0,054	0,806 **	0,054	0,803 **	0,054
Travailleurs à domicile	1,028	0,1	1,029	0,1	0,867	0,08	0,861	0,08
Inemployés	0,913	0,067	0,917	0,067	0,799 **	0,064	0,799 **	0,064
Retraités	0,857 **	0,062	0,86 **	0,062	0,815 **	0,06	0,813 **	0,06
Étudiants	1,04	0,147	1,045	0,147	—		—	
Manquante	0,975	0,27	0,956	0,262	—		—	
Sexe	0,88 ***	0,027	0,882 ***	0,027	0,911 **	0,028	0,913 **	0,028
N	23 533		23 533		24 350		24 350	
Pseudo-R^2	0.11		0.11		0.09		0.09	
Log Pseudolikehood	- 14 114		- 14 125		- 14 462		- 14 469	

Les erreurs-types sont corrigées (robustes) de manière à prendre en compte la présence éventuelle d'hétéroscédasticité.
, ** et * signifient que le odds-ratio est significativement différent de zéro au seuil de 0,1 %, 0,05% et 0,01 %.*
Des variables binaires par pays et par année sont également introduites mais pas reproduites ici. Les résultats détaillés peuvent être obtenus auprès des auteurs sur simple demande.

L'accélération du taux de croissance dans le pays tend à augmenter le soutien à l'UE ; et ce, quelle que soit la période, avant ou après l'adhésion. Pour autant, l'effet se réduit entre les deux périodes. En effet, le odds-ratio s'élève à 1,1 avant l'adhésion et à 1,04 après. Cette différence pouvant être due à une dispersion différente de la croissance entre les deux périodes, nous pouvons comparer, non pas les odds-ratios, mais les odds-ratios sur la variable standardisée. Le odds-ratio est ainsi de 1,26 avant l'adhésion, ce qui signifie que pour une augmentation d'un écart type du taux de croissance, il y a 1,26 fois plus de chance que le répondant soutienne l'adhésion à l'UE. Après l'adhésion, le odds-ratio descend à 1,12. Donc une fois les différences d'écart type entre les deux périodes contrôlées, il apparaît bien que l'effet du taux de croissance sur le soutien à l'UE se réduit lorsque l'adhésion devient effective. Ce résultat, bien que cohérent avec ce qui a été trouvé dans la littérature (Bréchon, Cautrès et Denni, 1995 ; Anderson et Kaltenthaler, 1996), infirme l'hypothèse d'une responsabilité perçue de l'UE concernant la croissance. En effet, la croissance entraîne du soutien avant et après l'adhésion, mais l'effet est plus fort avant. Cela signifie que cette relation ne peut être interprétée comme une attribution de responsabilité à l'Europe et que l'hypothèse d'une UE jugée sur sa performance est infirmée en ce qui concerne la croissance. Nous développerons ce point dans la discussion.

Le résultat concernant le chômage offre, en revanche, des effets plus saillants. Le taux de chômage a une incidence positive sur le soutien à l'UE dans la période pré-adhésion : une augmentation du chômage national induit une probabilité de soutien à l'UE plus grande. En revanche, dans la période post-adhésion, le taux de chômage a une incidence négative sur le soutien. Il y a donc un retournement de l'effet du chômage entre les deux périodes : pré et post-adhésion. Une fois contrôlées les différences d'écart type de la variable entre les deux périodes, on constate qu'une augmentation d'un écart type du chômage avant l'adhésion se traduit par le fait qu'il y a un tiers de chances de plus pour que le répondant soutienne l'UE, et après l'adhésion, cela se traduit par le fait qu'il y a un cinquième de chances en moins pour que le répondant soutienne l'adhésion. En outre, ce résultat ne s'explique pas par la possible multicolinéarité entre les variables macroéconomiques puisque, d'une part, la corrélation simple au niveau individuel des trois variables est contenue (au maximum le coefficient de corrélation s'élève à 0,6), et d'autre part, le coefficient de la variable reste significatif, de même effet et de même ampleur lorsque le chômage est introduit seul dans l'estimation.

Au final, les résultats amènent à faire deux distinctions. D'une part entre la nature du résultat macroéconomique et d'autre part entre les situations vis-à-vis de l'adhésion. Ainsi, l'adhésion à l'UE modifie bien les facteurs politico-économiques du soutien. Mais cette modification est différente selon la nature des résultats macroéconomiques. Les résultats macroéconomiques négatifs, comme le chômage, voient leurs effets s'inverser avec l'adhésion : avant l'adhésion, le chômage tend à favoriser le soutien à l'UE alors qu'après il tend à miner ce soutien. Les résultats macroéconomiques positifs, comme la croissance, voient leurs effets se maintenir et se restreindre avec l'adhésion.

Discussion

L'analyse fondée sur une comparaison des logiques du soutien à l'UE avant et après l'entrée du pays dans l'Union, met en évidence des biais dans les études précédentes et offre de nouveaux résultats. Globalement, selon nos résultats, l'UE n'est pas tenue pour fortement responsable de la situation macroéconomique – moins que ce qu'en dit la littérature sur cette question. Cependant, il y a un effet clair d'imputabilité concernant le chômage. Il faut noter que si ce résultat est le plus intéressant, le résultat obtenu concernant l'impact de la croissance économique est méthodologiquement important, puisqu'il confirme un effet positif de la croissance, tout en infirmant l'hypothèse d'une UE perçue comme responsable.

Le principal effet constaté concerne cependant le taux de chômage. Nous avons non seulement observé un effet de « responsabilité », mais également un effet de « responsabilité potentielle. ».

L'effet de responsabilité est visible par le fait que l'augmentation du chômage produit une baisse du soutien à l'UE uniquement après 2004. Ainsi, on peut clairement affirmer que l'UE est perçue comme partiellement responsable des performances économiques après l'adhésion dans la mesure où les citoyens des PECO considèrent l'UE comme responsable du taux de chômage. L'effet de responsabilité potentielle se joue avant l'adhésion : avant 2004, le taux de chômage influençait le soutien de façon positive : plus la situation était mauvaise, et plus le soutien à l'UE était élevé. Cela signifie que les citoyens des PECO étaient conscients que l'UE était une opportunité et la voyaient comme capable potentiellement de résoudre les problèmes de chômage.

En revanche, concernant l'inflation, nous n'avons trouvé aucun effet, ni avant ni après l'adhésion, conformément aux résultats de R. Dalton et R. Eichenberg (2007). Depuis le début des années 2000, l'inflation a un statut assez différent du chômage. Il s'agit d'abord d'un paramètre fondamental pour déterminer qui a le droit d'entrer dans l'UE, puis dans l'Euro, contrairement au chômage. Cela explique que l'inflation, contrairement au chômage, baisse avant l'adhésion dans tous les pays, puis remonte ensuite.

Plus généralement, la question de la perception correcte de la conjoncture économique par les citoyens, telle que soulevée par C. Anderson (2007) notamment, peut expliquer cette différence entre chômage et inflation. On ne peut conclure de nos résultats que l'UE est perçue comme responsable pour le chômage et non pour l'inflation. En effet, il est également possible que les citoyens aient une idée plus ou moins correcte du taux de chômage dans leur pays, et que cela ne soit pas le cas pour l'inflation. Cette deuxième interprétation est plausible, parce que le taux d'inflation est relativement bas dans tous les pays, lorsqu'on le compare aux années post-communistes. Cette explication est confirmée par les travaux sur le vote économique qui tendent à observer une diminution généralisée de l'effet de l'inflation et de la croissance sur le vote économique depuis une vingtaine d'années, au profit de l'effet chômage (Lewis-Beck et Paldam, 2000, 117).

Finalement, le résultat concernant le taux de croissance illustre bien l'utilité d'un travail s'intéressant simultanément à l'avant et l'après. Si nous avions seulement pris en compte les années après l'adhésion, nous aurions pu parvenir à la même conclusion que les études précédentes : la croissance augmente le soutien à l'UE, ce qui suggère que l'UE est perçue comme responsable du taux de croissance. Cette interprétation ne tient plus lorsqu'on observe que le taux de croissance a un impact positif sur le soutien à l'UE même avant l'adhésion et que cet impact est même plus important. Une autre interprétation se dessine alors. La croissance produit de manière générale plus d'optimisme et cela se traduit par un soutien accru aux choix entrepris par le pays. Il n'y a pas ici de mécanisme d'imputabilité, mais simplement quelque chose qui peut être associé à une vague d'enthousiasme.

Dans l'ensemble, il reste la question de savoir pourquoi le taux de chômage est le seul baromètre économique du soutien à l'UE. D'une manière générale, les revues de la littérature sur la question tendent à conforter l'idée que le chômage est la variable économique clef pour prédire le vote et la popularité (Lewis-Beck et Paldam, 2000 ; Anderson, 2007). De façon plus spécifique, il est également possible que l'Europe soit associée à la question du chômage, plus qu'aux autres questions, en particulier dans les PECO. Dans la période étudiée, la croissance avait rapidement augmenté depuis la sortie du communisme. Cela n'était donc pas un problème, aux yeux des citoyens. En revanche, l'emploi était plus instable et plus inégal selon les pays. L'UE pouvait alors être vue plus comme une garantie de protection que comme un facteur de croissance.

Au-delà de ces considérations, notre article n'offre pas d'explication concernant les effets différents des trois indicateurs macroéconomiques classiques. Son intérêt porte avant tout sur le procédé méthodologique qui établit un fait, que sur l'explication elle-même du phénomène.

Conclusion

Les PECO constituent, à ce jour, un cas unique et instructif pour étudier les logiques de soutien à l'UE. En effet, ce sont les seuls pays pour lesquels nous disposons d'enquêtes d'opinions avant leur adhésion à l'UE comparables avec celles qui ont été menées après leur entrée. Cette particularité nous a permis de déterminer si l'adhésion à l'UE altère l'attitude des citoyens nouveaux entrants, en particulier face à la conjoncture économique.

Nous avons montré que l'entrée dans l'UE ne modifie pas fondamentalement les attitudes à l'égard de l'UE des citoyens des PECO, à une exception près. Alors que l'UE était perçue avant comme une solution possible contre le chômage, et était d'autant plus soutenue que le taux de chômage augmentait, après l'adhésion elle est perçue comme responsable du taux de chômage, ce qui rend ses citoyens plus critiques lorsque le taux de chômage augmente. C'est ce que nous avons appelé un effet de « responsabilité » renforcée par un effet de « responsabilité potentielle ».

Une telle réaction n'est pas observée ni pour le taux d'inflation, ni pour le taux de croissance. Ce dernier est bien corrélé au soutien à l'égard de l'UE, mais il n'est pas affecté par le fait que les pays appartiennent ou non à l'UE. Concernant les variables individuelles classiques, aucun changement notable n'a été observé avant et après l'entrée dans l'UE.

Les données utilisées vont jusqu'en 2007, soit juste avant la crise économique. S'agissant d'un événement exceptionnel, les années après 2007 ont été sciemment éliminées de notre analyse. Cependant, nos résultats nous permettent d'affiner notre compréhension des effets de la crise sur le soutien à l'UE. Même si l'inflation a été rapidement maîtrisée, le taux de chômage a connu des variations importantes, notamment dans les pays baltes, et de nombreux pays ont connu une récession importante durant ces années. Sans surprise, le soutien à l'UE a dès lors fortement baissé.

Annexe 1 – Description des variables individuelles

	Avant (2001, 2002, 2003)				Après (2005, 2006, 2007)			
	Moyenne	**Écart-type**	**Minimum**	**Maximum**	**Moyenne**	**Écart-type**	**Minimum**	**Maximum**
Soutien à l'UE	0,595	0,491	0	1	0,638	0,481	0	1
Satisfaction vis-à-vis de la vie en général :								
Très satisfait	0,099	0,300	0	1	0,115	0,319	0	1
Plutôt satisfait	0,526	0,499	0	1	0,582	0,493	0	1
Pas trop satisfait	0,294	0,456	0	1	0,243	0,429	0	1
Pas du tout satisfait	0,080	0,271	0	1	0,060	0,237	0	1
Fréquence de discussion politique :								
Fréquemment	0,191	0,393	0	1	0,156	0,363	0	1
Occasionnellement	0,574	0,495	0	1	0,593	0,491	0	1
Jamais	0,233	0,423	0	1	0,250	0,433	0	1
Force de conviction sur l'entourage :								
Souvent	0,114	0,318	0	1	0,124	0,329	0	1
De temps en temps	0,304	0,460	0	1	0,321	0,467	0	1
Rarement	0,281	0,449	0	1	0,292	0,455	0	1
Jamais	0,300	0,458	0	1	0,263	0,440	0	1
Vit en couple	0,578	0,494	0	1	0,583	0,493	0	1
Âge de fin d'études :								
15 ans et moins	0,138	0,345	0	1	0,147	0,354	0	1
Entre 16 et 19 ans	0,472	0,499	0	1	0,512	0,500	0	1
20 ans et plus	0,264	0,441	0	1	0,227	0,419	0	1
Études en cours	0,115	0,318	0	1	0,095	0,294	0	1
Ne sait pas	0,013	0,115	0	1	0,019	0,135	0	1
Âge :								
15 - 24 ans	0,167	0,373	0	1	0,140	0,345	0	1
25 - 39 ans	0,256	0,437	0	1	0,239	0,426	0	1
40 - 54 ans	0,260	0,438	0	1	0,247	0,431	0	1
55 ans et plus	0,313	0,464	0	1	0,376	0,484	0	1
Manquante	0,004	0,067	0	1	0,000	0,019	0	1

	Avant (2001, 2002, 2003)				Après (2005, 2006, 2007)			
	Moyenne	Écart-type	Minimum	Maximum	Moyenne	Écart-type	Minimum	Maximum
Taille du foyer :								
1 personne	0,137	0,344	0	1	0,207	0,405	0	1
2 personnes	0,260	0,438	0	1	0,292	0,455	0	1
3 personnes	0,223	0,416	0	1	0,194	0,395	0	1
4 personnes	0,236	0,425	0	1	0,185	0,388	0	1
5 personnes et +	0,139	0,346	0	1	0,123	0,329	0	1
Manquante	0,006	0,078	0	1	0,814	0,389	0	1
Détention d'un patrimoine immobilier	0,871	0,335	0	1	0,810	0,390	0	1
Type d'agglomération :								
Rural	0,350	0,477	0	1	0,370	0,483	0	1
Petite agglomération	0,341	0,474	0	1	0,357	0,479	0	1
Urbain	0,310	0,462	0	1	0,270	0,444	0	1
Manquante	0,002	0,041	0	1	0,002	0,046	0	1
Statut professionnel :								
Entrepreneur	0,072	0,259	0	1	0,064	0,246	0	1
Managers	0,116	0,320	0	1	0,101	0,302	0	1
Autres cols blancs	0,092	0,289	0	1	0,110	0,312	0	1
Travailleurs manuels	0,190	0,393	0	1	0,199	0,399	0	1
Travailleurs à domicile	0,032	0,176	0	1	0,041	0,198	0	1
Inemployés	0,094	0,292	0	1	0,067	0,250	0	1
Retraités	0,283	0,450	0	1	0,322	0,467	0	1
Étudiants	0,117	0,322	0	1				
Manquante	0,003	0,052	0	1				
Sexe	1,545	0,498	1	2	1,605	0,489	1	2
Taux de chômage annuel moyen	11,886	4,982	5,7	20	8,370	3,566	4,3	17,8
Taux de croissance annuel	4,852	2,233	1,2	10,3	7,047	2,585	0,1	11,2
Taux d'inflation annuel moyen	3,872	2,862	-1,1	9,1	4,018	2,172	1,3	10,1

Références bibliographiques

Anderson Christopher J. et Kaltenthaler Karl C. (1996), « The Dynamics of Public Opinion toward European Integration, 1973-1993 », *European Journal of International Relations*, vol. 2, n° 2, p. 175-199.

Anderson Christopher J. (1998), « When in Doubt, Use Proxies, Attitudes toward Domestic Politics and Support for European Integration », *Comparative Political Studies*, vol. 31, n° 5, p. 569-601.

Anderson Christopher J. (2000), « Economic Voting and Political Context: A Comparative Perspective, *Electoral Studies*, vol. 19, n° 2–3, p. 151–170.

Anderson Christopher J. (2007), « The End of Economic Voting? Contingency Dilemmas and the Limits of Democratic Accountability », *Annual Review of Political Science*, vol. 10, p. 271-296.

Beichelt Timm (2005), « L'Europe à reculons ? », *Terrains & travaux*, vol. 8, n° 1, p. 109-133.

Bréchon Pierre, Cautrès Bruno et Denni Bernard (1995), « L'évolution des attitudes à l'égard de l'Europe », *in* **Pascal Perrineau et Colette Ysmal** (dir.), *Le Vote des douze. Les élections européennes 1994*, Paris, Presses de Sciences Po, p. 153-180.

Bréchon Pierre et Cautrès Bruno (dir.) (1998), *Les Enquêtes Eurobaromètres. Analyse comparée des données socio-politiques*, Paris, L'Harmattan.

Carey Sean (2002), « Undivided Loyalties, Is National Identity an Obstacle to European Integration? », *European Union Politics*, vol. 3, n° 4, p. 387-413.

Dalton Russell J. et Eichenberg Richard C. (1993), « Europeans and the European Community: The Dynamics of Public Support for European Integration », *International Organizations*, vol. 47, p. 507-534.

Dalton Russell J. et Eichenberg Richard C. (2007), « Post-Maastricht Blues: The Transformation of Citizen Support for European Integration, 1973–2004 », *Acta Politica*, vol. 42, p. 128–152.

Diez-Medrano Juan-D. (2003), *Framing Europe: Attitudes to European Integration in Germany, Spain, and the United Kingdom*, Princeton, Princeton University Press.

Dubé Sebastien et Raul Magni Berton (2009), « How Does Income Influence National and European identity? », *in* **Dieter Fuchs, Raul Magni Berton et Antoine Roger**, *Euroscepticism. Images of Europe among Mass Publics and Political Elites*, Barbara Budrich Publishers, Opladen & Farmington Hills, MI, p. 235-252.

Easton David (1965), *A Systems Analysis of Political Life*, New York, John Wiley.

Elgün Özlem et Tillman Erik R. (2007), « Exposure to European Union Policies and Support for Membership in the Candidate Countries », *Political Research Quarterly*, vol. 60, n° 3, p. 391-400

Fidrmuc Jan et Doyle Orla (2005), *Testing for East-West Similarities: Determinants of Support for European Integration within the EU-25*, <www.fidrmuc. Net/Researcheastwest. Pdf>.

Franklin Mark et Van Der Eijk Cees (2005), « Referendum Outcomes and Trust in Government: Public Support for Europe in the Wake of Maastricht », *West European Politics*, vol. 18, n° 3, p. 101-117.

Franklin Mark, Van Der Eijk Cees et Oppenhuis Erik (1996), « The Institutional Context: Turnout », *in* **Mark Franklin et Cees Van Der Eijk**, *Choosing Europe? The European Electorate and National Politics in the Face of Union*, Michigan, The University of Michigan Press, p. 306-331.

Gabel Matthew et Palmer Harvey D. (1995), « Understanding Variation in Public Support for European Integration », *European Journal of Political Research*, vol. 27, n° 1, p. 3-19.

Gabel Matthew (1998), « Public Support for European Integration: An Empirical Test of Five Theories », *The Journal of Politics*, vol. 60, n° 2, p. 333-354.

Gama Nogueira Carlos et Gonzalez Veira Linda (2010), *Economic Determinants of Citizens' Support for the European Union*, manuscrit non publié.

Herzog Alexander et Tucker Joshua A. (2010), « The Dynamics of Support: The Winners-losers Gap in Attitudes toward EU Membership in Post-communist Countries », *European Political Science Review*, vol. 2, p. 235-267.

Hooghe Liesbet et Marks Gary (2005), « Calculation, Community and Cues, Public Opinion on European Integration », *European Union Politics*, vol. 6, n° 4, p. 419-443.

Kiewiet Donald R. et Kinder D. Roderick (1979), « Economic Discontent and Political Behavior: The Role of Personal Grievances and Collective Economic Judgments in Congressional Voting », *American Journal of Political Science*, vol. 23, n° 3, p. 495-527.

Kumar Krishan (2006), « The 1989 Revolutions and the Idea of Europe », *Political Studies*, vol. 40, n° 3, p. 439–446.

Lewis-Beck Michael S. (1997), « Who's the Chef? Economic Voting under a Dual Executive », *European Journal of Political Research*, vol. 31, n° 3, p. 315–325.

Lewis-Beck Michael S. et Paldam Martin (2000), « Economic Voting: An Introduction, *Electoral Studies*, vol. 19, p. 113–121.

Lewis-Beck Michael S. et Stegmaier Mary (2000), « Economic Determinants of Electoral Outcomes », *Annual Review of Political Science*, vol. 3, p. 183-219.

Magni Berton Raul (2008), « Pourquoi les partis gouvernementaux perdent-ils les élections intermédiaires? Enquête Eurobaromètre 2004 et élections européennes », *Revue française de science politique*, vol. 58, n° 4, p. 643-656.

Marsh Michael (1998), « Testing the Second-Order Election Model after Four European Elections », *British Journal of Political Science*, vol. 8, p. 591-607.

McLaren Lauren M. (2002), « Public Support for the European Union: Cost/ Benefit Analysis or Perceived Cultural Threat? », *The Journal of Politics*, vol. 64, n° 2, p. 551-566.

McLaren Lauren M. (2007), « Explaining Mass-Level Euroscepticism: Identity, Interests, and Institutional Distrust », *Acta Politica*, vol. 42, p. 233-251.

Mueller Dennis C., Facchini François, Foucault Martial, Francois Abel, Magni Berton Raul et Melki Mickaël (2010), *Choix publics : analyse économique des décisions publiques*, Bruxelles, Deboeck.

Nedelcheva Mariya (2009), « Euroscepticism and Party System Change: Bulgaria, Romania and Czech Republic », *in* **Dieter Fuchs, Raul Magni-Berton et Antoine Roger**, *Euroscepticism. Images of Europe among Mass Publics and Political Elites*, Opladen & Farmington Hills, MI, Barbara Budrich Publishers, p. 235-252.

Neumayer Laure (2006), « L'enjeu européen dans les compétitions partisanes en Europe centrale », *Revue française de science politique*, n° 5, vol. 56, p. 789-812.

Reif Karlheinz et Schmitt Hermann (1980), « Nine Second-Order National Elections: A Conceptual Framework for the Analysis of European Election Results », *European Journal of Political Research*, vol. 8, n° 1, p. 3–44.

Sánchez-Cuenca Ignacio (2000), « The Political Basis of Support for European Integration », *European Union Politics*, vol. 1, n° 2, p. 147-171.

Schmitt Hermann (2005), « The European Parliament Elections of June 2004: Still Second Order Elections? », *West European Politics*, vol. 28, n° 3, p. 650-679.

Taggart Paul et Szczerbiak Aleks (2004), « Contemporary Euroscepticism in the Party Systems of the European Union Candidate States of Central and Eastern Europe », *European Journal of Political Research*, vol. 43, P. 1-27.

Tucker Joshua A., Pacek Alexander C. et Berinsky Adam J. (2002), « Transitional Winners and Losers: Attitudes toward EU Membership in Post-Communist Countries », *American Journal of Political Science*, vol. 46, n° 3, p. 555-571.

Tverdova Yuliya V. et Anderson Christopher J. (2004), « Choosing the West? Referendum Choices on EU Membership in East-central Europe », *Electoral Studies*, vol. 23, n° 2, p. 185–208.

Vachudova Milada (2008), « Tempered by the EU? Political Parties and Party Systems before and after Accession », *Journal of European Public Policy*, vol. 15, n° 6, p. 861-879.

Abel François

Maître de conférences, EM Strasbourg - Université de Strasbourg; chercheur au LARGE et au département SES de Telecom-Paristech
abel.francois@unistra.fr

Cal Le Gall

Doctorant en science politique au Centre d'études européennes, Salzburg Centre of European Studies SCEUS)
Cal.Legall@sbg.ac.at

Raul Magni Berton

Professeur de science politique à l'Institut d'études politiques de Grenoble, chercheur à Pacte (UMR CNRS 5194)
raul.magni-berton@iep-grenoble.fr

POLITIQUE EUROPÉENNE
N° 38 | 2012
Ramona Coman
[p. 70-92]

Les nouveaux États membres et « les vieux malentendus »[1] de l'intégration européenne

Cet article examine les discours sur la nature de l'Union européenne (UE) promus par les élites politiques slovènes, tchèques, hongroises et polonaises dans le contexte de la présidence tournante du Conseil. Il se propose, d'une part, de voir comment, dans un contexte d'incertitude politique et économique, les nouveaux États membres prennent en charge les défis de l'intégration européenne et, d'autre part, de saisir les tonalités normatives dominantes relatives à la nature du projet politique européen. L'analyse des discours politiques des représentants de l'exécutif de ces quatre États membres révèle la confrontation entre un point de vue « national civique » défendu par le Premier ministre hongrois Viktor Orban et le Président de la République tchèque, Václav Klaus et le développement encore embryonnaire d'une forme de « fédéralisme républicain » soutenu par le Premier ministre polonais, Donald Tusk.

New Members States and the "old misunderstandings" of the European integration

This article examines the discourse about the European Union (EU) of political elites in Slovenia, Czech Republic, Hungary and Poland, while their governments were holding the rotating presidency of the EU. It analyses how the core issues of European integration are discussed in the new Member States and focuses more particularly on the normative content of the elite vision for the EU. The analysis uncovers a clash between two main discourses: a traditional "national civic" discourse - sustained by the Hungarian Prime Minister, Viktor Orban and the President of the Czech Republic, Vaclav Klaus, on the one hand, and a new republican federalist discourse animated by the Prime Minister of Poland, Donal Tusk, in the context of the Polish rotating presidency, on the other hand.

1 Expression utilisée par Paul Magnette (2000), *L'Europe, l'État et la démocratie, Bruxelles*, Éditions Complexe.

Les nouveaux États membres et « les vieux malentendus » de l'intégration européenne

Ramona Coman
Université Libre de Bruxelles

Depuis ses origines, l'Europe s'est édifiée sur le modèle d'une création continue (Magnette, 2003). Les dernières décennies, les Communautés et ensuite l'Union européenne (UE) ont avancé « vers un objectif non précisé d'intégration » (Scharpf, 2002, 609). Dans le contexte de la crise financière et économique, ses grandes réalisations sont menacées par des demandes de renationalisation et de protectionnisme. La « désintégration » et la fin de la zone euro ne sont plus des sujets tabous dans les capitales européennes. « La solidarité de fait » à laquelle faisait référence Robert Schuman, a été remise en question. Les chefs d'État et de gouvernement, les maîtres des traités et les acteurs principaux du *history decision making*, ont occupé le devant de la scène politique et la dimension intergouvernementale de la prise de décision a été plus manifeste que jamais.

Dans ce contexte, les discours des élites politiques sur la nature de l'UE et son avenir se multiplient et semblent refléter une plus grande diversité qu'auparavant (Schmidt, 2012, 187). On y voit naître autant d'ambitions que de refus, autant d'avancées que d'échecs et obstacles. Ce temps de la définition et redéfinition des modèles d'intégration est essentiel parce qu'il dévoile des conceptions politiques contrastées qui concourent à structurer les tonalités normatives dominantes. Depuis sa création, l'UE est présentée – au sein de la communauté d'européanistes – comme le résultat d'un compromis entre les partisans du libre-échange et les défenseurs du protectionnisme, entre « nationalistes » et « fédéralistes », entre partisans de méthodes politiques et défenseurs de moyens « dépolitisés » (Magnette, 2000, 30). La crise actuelle a fait resurgir les anciens « malentendus » de la construction européenne, y compris dans les nouveaux États membres. Ce qui est en jeu n'est pas la survie de l'UE, mais son identité (Leconte, 2012, 135), d'où l'intérêt de se pencher sur la manière dont les élites politiques la conçoivent.

L'objectif de cette recherche est de mieux comprendre le sens donné au projet politique européen par les représentants des exécutifs des nouveaux États membres. Depuis le 1er janvier 2008, quatre pays ont exercé la présidence tournante du Conseil pour une période de six mois : la Slovénie (2008), la République tchèque (2009), la Hongrie (2011) et la Pologne (2011). Les travaux sur la présidence du Conseil s'articulent souvent autour de deux dimensions d'analyse : une institutionnelle, qui examine le processus décisionnel, l'autre plus axée sur l'évaluation des performances administratives des présidences tournantes (Leconte, 2012). Cet article questionne la dimension cognitive et normative, à savoir les conceptions relatives à la nature du projet européen, telles qu'elles ressortent de l'analyse des discours des membres de l'exécutif de ces États. Pour les nouveaux États membres comme pour les anciens, l'UE est devenue partie intégrante d'une pluralité de discours qui associent des critiques et des solutions aux problèmes, qui spécifient la nature des problèmes qu'ils sont supposés traiter et les objectifs à atteindre. La présidence tournante constitue la première prise de responsabilité européenne de ces États depuis leur adhésion à l'UE. Comme il a été souligné dans la littérature, l'exercice de la présidence marque un moment important car les États sont amenés à s'interroger sur leurs ambitions européennes (Charléty, 2011, 112).

Tout en restant convaincus de la nécessité de la coopération européenne, les représentants des exécutifs de ces États essaient, d'une part, d'affirmer leur souveraineté dans le contexte de post-adhésion et, d'autre part, de se positionner par rapport aux normes régulatrices et aux normes constitutives du projet politique européen. Le matériau empirique utilisé[2] permet de révéler que des différences plus marquantes apparaissent quand il s'agit d'examiner la finalité du projet politique européen. La comparaison conduit à faire ressortir une position « nationale civique » exprimée par le Premier ministre hongrois, Viktor Orban et le Président tchèque, Vaclav Klaus, et l'émergence d'un discours polonais, promu par le Premier ministre Donald Tusk, qui prend la forme d'un « fédéralisme républicain », auquel les deux leaders tchèque et hongrois s'opposent. En ce sens, contrairement aux Premiers ministres slovène et polonais, V. Klaus et V. Orban rejettent la discipline constitutionnelle imposée par l'UE et sa reconnaissance comme État de droit. Alors que les exécutifs slovène, tchèque et hongrois ont été peu ambitieux dans leurs objectifs, le Premier ministre polonais a tenté de stimuler la réflexion sur l'avenir de l'UE. L'article montrera que les discours

---

2 L'article privilégie comme matériau empirique les discours prononcés au sein du Parlement européen, complétés par des déclarations politiques, les programmes des quatre présidences et des communiqués de presse.

politiques promus dans le contexte de la présidence sont pragmatiques, avec un accent plus prononcé sur les valeurs européennes et la solidarité dans le cas des discours slovène et polonais.

La première partie de l'article présente les configurations politiques nationales au moment de l'exercice de la présidence et souligne que le leadership de la présidence reste un enjeu de compétition politique nationale. La deuxième section, théorique, se donne pour objectif d'établir un modèle d'analyse inspiré par des travaux de théorie politique (Lacroix, 2008) et une typologie récente des discours proposée par Vivien A. Schmidt (2012). Sur cette base, l'article examine le positionnement des représentants des exécutifs des quatre pays vis-à-vis des normes régulatrices et des normes constitutives de l'UE. Les normes régulatrices sont celles qui définissent les règles du jeu au niveau européen et le rôle des États dans le *policy making*, alors que les normes constitutives sont celles qui se rapportent à la souveraineté nationale, à l'identité nationale, à la culture (Saurugger, 2009, 173) et à la nature de l'UE. Cette distinction correspond également à ce que Stanley Hoffmann qualifie de *low* et *high politics* (Rosamond, 2000, 77). La troisième partie expose ainsi la manière dont les gouvernements des nouveaux États membres se mettent au service de l'UE. Enfin, la quatrième partie se focalise sur la justification des tonalités normatives dominantes relatives à aux normes constitutives et donc à la nature du projet politique européen, exprimés par les représentants des exécutifs des quatre nouveaux États membres.

Le leadership de la présidence, un enjeu de compétition politique nationale

Les présidences tournantes ne sont pas toujours uniformes et homogènes en termes de discours et de préférences politiques (Leconte, 2012, 35). Un des défis à surmonter par l'exécutif dans la phase préparatoire consiste en l'obtention d'un consensus interne (Charléty, 2011, 121) et la diffusion d'un discours cohérent. Ainsi, par exemple, en République tchèque, les attitudes vis-à-vis de l'Union ont marqué la vie politique nationale et ont mené à la scission de l'ODS (Parti démocratique civique) à deux reprises, en 1997 et en 2008. Au moment de l'exercice de la présidence, le gouvernement de coalition [formé par l'ODS, les chrétiens démocrates du KDU-CSL (Union chrétienne-démocrate-Parti populaire tchécoslovaque) et les Verts] a été menacé par l'opposition (les sociaux-démocrates du CSSD et le Parti communiste de Bohême et Moravie) avec l'initiation d'un vote de confiance. L'ODS s'est vu obligé de négocier la stabilité du gouvernement avec l'opposition, qui a imposé comme condition la ratification du traité de Lisbonne et le lancement des débats sur l'adhésion à l'euro (Kral, Bartovic et Rihackova, 2009, 28). La présidence tchèque n'est pas parvenue à l'obtention d'un consensus interne et à la diffusion d'une position commune. Elle a reflété les tensions politiques internes en termes de discours et d'attitudes envers l'Europe. Selon David Kral, Vladimir Bartovic et Vera Rihackova, des différences notables ont pu être observées, pendant la présidence, entre les représentants de l'ODS qui ont occupé des responsabilités gouvernementales et les sénateurs de ce parti (2009, 25). Les tensions entre les partis, d'une part, et entre les ministres et le président Klaus, d'autre part, ont renforcé le rôle politique de ce dernier au niveau européen. L'instabilité politique interne lui a permis de jouer un rôle actif tant au niveau national qu'en matière de politique étrangère. Son discours sur l'UE a bénéficié ainsi d'une plus grande visibilité que celui des ministres du gouvernement de coalition.

Si depuis 1997 l'ODS de V. Klaus a exprimé de façon constante ses attitudes critiques vis-à-vis de l'UE, le parti de V. Orban a durci ou nuancé le ton de ses critiques selon le contexte national hongrois et sa position dans le système partisan (Kopecký et Mudde, 2002 ; Neumayer, 2008 ; Leconte, 2012). Le FIDESZ (Fédération des jeunes démocrates) représente « un cas majeur de changement idéologique » (Fowler, 2004), le parti étant plutôt pragmatique qu'idéologique (Kiss, 2002, 746) dans son processus de transformation et de positionnement envers l'UE initié par V. Orban. Contrairement à la République tchèque, au moment de la présidence, le gouvernement hongrois constitué en avril 2010 par le FIDESZ-Union civique hongroise (FIDESZ-MPSz) et le Parti populaire démocrate-chrétien (KDNP) a bénéficié d'une majorité confortable au sein de la Diète.

La configuration politique nationale en Slovénie et en Pologne au moment de la présidence tournante est différente. En Pologne, le parti du Premier ministre Tusk (la Plateforme civique – PO) est connu pour son soutien stable à la construction européenne et à ses politiques. Pendant la présidence tournante de l'UE, lors des élections législatives nationales en octobre 2011, le PO et le Parti paysan polonais (PSL) ont remporté une nouvelle victoire, qui leur a permis de conserver la majorité absolue à la Diète. L'exécutif polonais parvient ainsi à obtenir un consensus au niveau national et à faire adopter un « pacte pour la présidence » avec les partis d'opposition, qualifiés de populistes et d'eurosceptiques (Szczerbiak, 2004, 256). De même, en 2008, la figure politique dominante du « moment européen slovène » mais aussi du régime politique est celle du Premier ministre Janez Jansa (Brinar et Zagar,

2008, 415). Durant l'exercice de la présidence tournante, la Slovénie dispose d'un gouvernement de coalition de centre-droite, stable et pro-européen, formé par le Parti démocrate slovène (SDS) du Premier ministre Jansa, le Parti la Nouvelle Slovénie (NSi), le Parti populaire slovène (SLD) et le Parti des retraités (DeSUS).

Positions normatives et typologies de discours

L'objectif théorique de l'article est de dépasser les cadres conceptuels basés sur la notion d'euroscepticisme *hard* et *soft* et d'établir un pont avec la théorie politique (Lacroix, 2008) et les typologies récentes des discours enthousiastes ou critiques envers l'UE développées par V. Schmidt (2012). La notion d'euroscepticisme, ses définitions et typologies, malgré les critiques récentes qui lui sont adressées (Neumayer, 2008), a permis d'enrichir la connaissance sur le positionnement des partis politiques et des citoyens vis-à-vis de l'intégration européenne. Des facteurs institutionnels, culturels, historiques et stratégiques ont été avancés afin de mieux saisir les attitudes vis-à-vis de l'Union. Des grilles de lectures pluralistes ont été mobilisées, pour appréhender les critiques exprimées par les partis politiques des nouveaux États membres comme le FIDESZ, l'ODS ou la Plateforme civique par rapport aux *politics, policies* et *polity* de l'UE (Szczerbiak et Taggart, 2001 ; Kopecký et Mudde, 2002).

Néanmoins, les demandes récentes de protectionnisme, la défense des intérêts économiques nationaux et les tensions entre les États membres montrent plus que jamais qu'une grille de lecture en termes d'euroscepticisme serait insuffisante pour les comprendre. Peut-on toujours approcher ces commentaires critiques comme étant des formes de manifestation de l'euroscepticisme ? Comment peut-on distinguer ce que l'on appelle « Euroscepticisme soft » d'une critique conçue comme étant constructive (Flood, 2009, 914), surtout dans un contexte où la survie de la zone euro et de certains États est mise en question ? Dans ce contexte particulier de la crise, quelle grille de lecture pourrait-être utilisée pour expliquer la demande de la Hongrie et de la République tchèque concernant la possibilité de consulter les parlements nationaux avant d'adhérer au traité proposé lors du sommet européen de décembre 2011 institutionnalisant la discipline budgétaire ?

Ce terrain de recherche autour de l'euroscepticisme, particulièrement fécond aux origines, a traversé plusieurs étapes, d'enthousiasme mais aussi d'épuisement conceptuel d'une notion qui s'est avérée insuffisante pour rendre compte de la pluralité des attitudes exprimées. Cette littérature s'est développée indépendamment des théories de l'intégration européenne et de la théorie politique, alors qu'en réalité, son objet d'étude – les attitudes vis-à-vis de l'intégration européenne, de ses politiques et *politics* – n'est qu'une facette des questionnements qui ont nourri les débats des théoriciens de l'intégration européenne sur le rôle des États et la formation de leurs préférences (Moravcsik, 1993). En études européennes, l'utilisation de la notion d'euroscepticisme – normative et péjorative – soulève de nombreuses difficultés dans le développement de cet agenda de recherche (Neumayer, 2008, 136). Son renouvellement devrait, avant tout, considérer cet objet d'étude comme « *normal politics* ». Dans le champ intellectuel, tout comme dans celui politique, la critique domine les discours, d'où l'intérêt d'explorer davantage les débats sur l'Europe, leur signification, leur diversité ainsi que leur portée (voir par exemple Lacroix et Nicolaidis, 2010). Dès que la finalité de l'UE n'est pas claire, à partir du moment où certaines critiques adressées à l'UE sont conçues comme des solutions d'amélioration de son fonctionnement (Flood, 2009), la notion d'euroscepticisme devrait être réservée à une catégorie bien délimitée conceptuellement. Chaque acteur de la vie politique et sociale est engagé dans des logiques d'appropriation (ou de non-appropriation) de la dimension européenne « qui peuvent potentiellement le conduire à la contestation de la légitimité de l'UE en tant que système politique démocratique » (Crespy et Petithomme, 2009, 26), de ses décisions ou non-décisions. De nouvelles pistes de recherche ont été proposées pour renouveler cet agenda de recherche afin de déceler la manière dont les acteurs politiques problématisent l'UE et les arguments qu'ils mobilisent pour justifier ces positions (Helbling, Hoeglinger et Wuest, 2010, 496).

À cet égard, les travaux en théorie politique et les typologies de discours vis-à-vis de l'UE se révèlent particulièrement utiles. En examinant les travaux récents en théorie politique, Justine Lacroix (2008, 6) délimite quatre positions normatives principales : nationale civique, une position qualifiée de « post-nationalisme libéral », une position « fédéraliste républicaine », et une position de « post-nationalisme républicain » (Lacroix, 2004).

Dans le premier cas, l'Union est conçue comme un « processus de décloisonnement des marchés nationaux et d'uniformisation des règles de droit » (Lacroix, 2008, 6). Cette position normative consiste à dire que la démocratie est née au niveau national et ne peut être reproduite au niveau européen. L'article montrera que ces idées constituent le cœur des discours prononcés par le Premier ministre hongrois et le Président de la République tchèque.

Le « post-nationalisme libéral » perçoit l'Union européenne comme « un ensemble de procédures, de droits et de normes principalement destinées à apprivoiser les démocraties nationales » (Lacroix, 2008, 7). Cette vision est dominante dans la littérature récente sur l'élargissement et sur l'UE comme *soft power* dans ses relations avec les pays-tiers. Dans cette conception, l'UE est conçue comme « un vecteur de perfectionnement des démocraties nationales » par la « discipline constitutionnelle qu'elle impose aux États membres » (*Ibid.*). Si la Slovénie et la Pologne, à travers les discours des représentants des exécutifs, reconnaissent ce rôle de l'UE, en Hongrie, V. Orban a essayé de rejeter la discipline constitutionnelle imposée par l'UE et sa reconnaissance comme état de droit.

Le positionnement dénommé « fédéraliste républicain » présente l'UE comme un État fédéral en puissance (Lacroix, 2008, 6), en train de développer une pratique démocratique continentale, comprenant un ensemble de politiques fiscales, budgétaires, économiques, une politique étrangère commune, etc. Dans le contexte de la crise économique et financière, les questions budgétaires et monétaires ont occupé une place centrale au niveau européen. Alors que la Hongrie et la République tchèque ont exprimé des réserves vis-à-vis de la signature du « traité fiscal », la Pologne a essayé de promouvoir le perfectionnement de ces politiques et de consolider la politique étrangère de l'UE.

Enfin, le « post-nationalisme républicain » met l'accent sur le développement d'une culture civique partagée, peu présente dans les discours examinés.

Au sein des études européennes, V. Schmidt (2012, 170) a démontré que les discours récents des leaders européens correspondent globalement à quatre types dominants. Sur la base de son analyse empirique, l'auteure identifie un discours « pragmatique » dans lequel l'UE est présentée comme une « *problem solving entity* » pour des préoccupations nationales et/ou internationales. Selon l'auteure, ce discours est promu au Royaume-Uni, dans les pays scandinaves et en Europe centrale et orientale. Si ce type de discours est dominant dans la vie politique roumaine (Coman et Stanculescu, 2011, 241), il est moins présent dans les propos des membres des exécutifs des quatre pays examinés. Cela montre que même parmi les nouveaux États membres les différences sont significatives et que ce type de discours – UE comme « *problem solving entity* » – est influencé par leur situation politique et économique depuis la chute du communisme (*Ibid.*). L'UE est conçue comme une solution dans les pays où le processus de démocratisation a été plus lent. L'absence de cette dimension dans les discours promus par les représentants des quatre pays qui ont assuré la présidence du Conseil peut s'expliquer par la réussite de leur processus de démocratisation et, à l'exception de la Hongrie, par leur situation économique favorable dans le contexte de la crise. Trois autres types de discours sont mis en exergue par V. Schmidt : un discours fondé sur les valeurs et la solidarité européenne, promu par la France et l'Allemagne ; un discours qui insiste sur le rôle de l'UE dans le monde et, enfin, un discours qui met l'accent sur le rôle de l'UE dans les processus de démocratisation. Ce type de discours est, selon nous, proche du « post-nationalisme libéral », décrit plus haut. Dans les sous-sections suivantes, sur la base de ces typologies, l'article examine le positionnement des représentants des exécutifs des quatre pays vis-à-vis des normes régulatrices et des normes constitutives de l'UE.

Les gouvernements est-européens au service de l'Union européenne

Le Conseil a été considéré par le passé comme « un reflet, parmi d'autres, de la volonté des États membres de reconstituer l'exercice de la souveraineté nationale au niveau européen » (Fernandez, 2009, 61). Depuis l'entrée en vigueur du traité de Lisbonne, l'autonomie d'action des États qui exercent la présidence est limitée. « Dénationalisation » et « communautarisation » sont les deux termes utilisés pour désigner ces changements qui obligent à reconsidérer l'idée selon laquelle la présidence est une plateforme d'où l'on peut promouvoir de façon générale des intérêts particuliers (Fernandez, 2009, 64). Le pays qui assure la présidence ne préside plus le Conseil européen et, théoriquement, n'a plus la même visibilité en matière de relations extérieures de l'UE. L'éclat de la présidence tournante tend à s'estomper (Foret, 2011, 5). Plusieurs facteurs, certains plus récents, d'autres antérieurs à l'entrée en vigueur du traité de Lisbonne, limitent la marge de manœuvre des États dans la définition des priorités du Conseil (Pasarin et Mangenot, 2011). D'une part, le programme du « moment présidentiel » est établi par un groupe de trois pays pour une période de dix-huit mois. D'autre part, la Commission joue un rôle croissant dans la définition des programmes interinstitutionnels stratégiques (Fernandez, 2009, 69). Historiquement, la marge de manœuvre des États est également limitée par le contexte politique et économique au niveau européen et international. Ainsi par exemple, le trio Allemagne-Portugal-Slovénie ainsi que celui composé par la France, la République tchèque et la Suède se sont donnés comme objectif la renégociation du traité de Lisbonne. Les trios Espagne–Belgique-Hongrie et Pologne-Danemark-Chypre prennent la présidence dans le contexte de la crise financière et économique. L'UE a dû trouver des réponses rapides et concertées, et engager une réflexion sur les mesures à mettre en place afin d'éviter la propagation des effets de la crise. Un processus ample de réflexion a été mené afin d'établir de nouvelles mesures, destinées à améliorer la coordination des politiques économiques, à veiller à une plus stricte discipline financière et à procéder à des réformes structurelles. Malgré la marge de manœuvre limitée, la présidence crée « un moment européen » (Magnette, 2003, 132) dans la vie politique des nouveaux États membres. La manière dont ils ont conçu la présidence tournante[3] et par là, leur rôle dans le *policy making,* est un indicateur du respect des normes régulatrices de l'Union. « Réussir la présidence » - expression qui reste relativement vague dans la littérature sur le sujet - permet de renforcer la réputation et la crédibilité des États, notamment dans le cas des nouveaux membres qui exercent ce mandat pour la première fois.

Assurer la présidence tournante du Conseil a permis aux nouveaux États membres d'accroître leur visibilité sur la scène politique européenne. Ainsi, la diplomatie slovène a souligné à plusieurs reprises que, pour un pays de deux millions d'habitants, « présider l'UE, qui représente une communauté de près de cinq cents millions d'individus, est un vrai défi »[4], mais aussi « une opportunité unique de s'affirmer à l'échelle européenne et internationale comme compétente, efficace et comme un membre à part entière » (Klemencic, 2007, 5). Les ambitions européennes de l'exécutif slovène ont été purement administratives. Les élites politiques et administratives ont perçu la préparation de la présidence comme la poursuite d'un processus de socialisation des élites nationales dans la gestion des affaires européennes. 2 720 fonctionnaires ont contribué à ce travail de préparation, commencé déjà en 2005. En ce sens, selon Manja Klemencic, la présidence a constitué « un instrument puissant d'européanisation », « à la fois par l'adoption des pratiques, normes et valeurs européennes et pour la promotion de ses intérêts politique à l'échelle européenne ». La définition des objectifs a été un véritable catalyseur permettant de rationaliser les priorités du pays en matière de politique européenne et de clarifier ses intérêts nationaux.

3 Les gouvernements des quatre pays n'ont pas exercé la présidence tournante dans le même cadre institutionnel. Les présidences de la Slovénie et de la République tchèque ont eu lieu avant la nomination du président permanent du Conseil européen. La Hongrie et la Pologne coordonnent les travaux du Conseil après l'entrée en vigueur du nouveau traité.

4 Grego Krajic, secrétaire d'État adjoint aux Affaires européennes, le 16 janvier 2008.

Les priorités retenues par la présidence slovène combinent à la fois des priorités européennes et des priorités nationales. Dans le contexte de la non-ratification du traité de Lisbonne, l'objectif déclaré du Premier ministre Jansa est de renforcer l'UE. Priorité est accordée à l'avenir de la stratégie de Lisbonne, au paquet énergétique et climatique, aux Balkans occidentaux et au dialogue interculturel. La Slovénie, ancien membre de la Fédération yougoslave, se considérait mieux préparée que les autres États pour aborder au niveau européen des sujets d'intérêt régional, tels que l'intégration des Balkans et la reconnaissance du Kosovo. Encouragée aussi par la diplomatie américaine, la Slovénie se charge ainsi d'un dossier épineux autour duquel les États membres sont divisés. Néanmoins, l'exécutif slovène a tenté de jouer un « rôle essentiellement protocolaire »[5], ayant conscience qu'un « petit pays n'a pas le pouvoir d'imposer ses vues, mais peut être plus efficace dans la recherche et l'obtention d'un consensus »[6]. L'intérêt pour les Balkans et la poursuite du processus d'élargissement touchent à un intérêt national important qui est celui du maintien de la stabilité politique et économique dans la région (Cox, 2005 ; Klemencic, 2007, 29). En dépit du contexte politique européen, l'exécutif slovène est peu ambitieux dans ses objectifs. Il privilégie les questions régionales comme la libéralisation du régime de visa et la signature des accords de stabilisation et d'association, car, selon Sabina Kajnc (2009, 96-99), l'exécutif n'était pas prêt à traiter de la stabilité des marchés financiers et à donner une nouvelle impulsion à l'intégration européenne.

Le vice-Premier ministre tchèque aux Affaires européennes a comparé la présidence à « la conduite, pour la première fois, d'une voiture nouvelle et puissante ». L'objectif des responsables politiques en charge des dossiers de la présidence tchèque a été de montrer aux homologues européens que « s'endormir au volant ne fait pas partie des habitudes tchèques »[7]. L'exercice de la présidence du Conseil par des gouvernements eurosceptiques a suscité des craintes médiatiques dans le contexte de la crise (Leconte, 2012). Le début de la présidence a été marqué par des discours sceptiques quant à la capacité du pays à assurer cette responsabilité politique et administrative à cause de l'instabilité gouvernementale au niveau national. Si pour le Premier ministre Mirek Topolanek il s'agissait « d'une opportunité unique pour définir la forme que prendront l'UE et ses politiques », « d'animer et d'inspirer le

---

5 Janez Lenarcic, secrétaire d'État aux Affaires européennes, « Présidence slovène de l'UE », *La Libre Belgique*, 28 décembre 2008.

6 Andrej Bajuk, ministre des Finances, *La Libre Belgique*, décembre 2007.

7 Alexandr Vondra, vice-Premier ministre tchèque chargé des Affaires européennes, European Policy Center.

débat » au niveau européen et de « servir une cause commune »[8], le Président de la République estimait, en revanche, que cette fonction était « peu importante » (Benes et Karlas, 2010, 70).

La République thèque exerce la présidence dans le contexte de la crise financière et de la non-ratification du traité de Lisbonne. L'exécutif a tenté de définir « des priorités larges, consensuelles et non pas unilatérales ou controversées »[9], parmi lesquelles figurent l'économie, l'énergie et l'Europe dans le monde. Tant les priorités que le slogan illustrent la vision normative néo-libérale de l'ODS vis-à-vis de l'UE : « l'Europe sans barrières », sans entrave à la libre circulation des biens, des capitaux, des travailleurs et des services. Le slogan rappelle la période des années 1980 et le programme ambitieux du président de la Commission européenne, Jacques Delors. Les priorités de la présidence s'inscrivent également dans les priorités actuelles du président de la Commission, dont l'objectif est de relancer le marché unique. Par ailleurs, examinant l'activité législative du Conseil sous la présidence tchèque, Vit Benes et Ian Karlas (2010, 72) soulignent que la plupart des décisions prises sous la présidence tchèque ont concerné le fonctionnement du marché.

Pour la Hongrie, assurer la présidence ne représentait pas une « *six-monthly routine* » mais « un acte de justice historique »[10]. Néanmoins, au moment où la Hongrie entame la présidence, le pays a de nombreux défis à surmonter, tant au niveau national qu'au niveau européen. La situation économique ainsi que les nouvelles réformes mises en œuvre par le Premier ministre ont suscité de nombreuses réactions critiques au niveau européen et international. La loi sur les médias et l'adoption d'une nouvelle Constitution ont constitué les sujets de prédilection dans les échanges interinstitutionnels et des rencontres du Premier ministre avec ses homologues européens. En raison de l'actualité européenne, la présidence hongroise a choisi comme slogans les devises suivantes : « Une Europe forte » et « un euro fort ». Parmi les priorités d'intérêt national et régional, le pays a mis l'accent sur la région des Balkans, la conclusion des négociations avec la Croatie, la stratégie du Danube et la stratégie européenne pour les Roms[11], l'objectif étant de renforcer, d'une part, la coopération économique et, d'autre part, la coopération régionale.

8 Mirek Topolanek, Premier ministre de la République tchèque, discours prononcé au Parlement européen, le 14 janvier 2009.

9 *Ibid.*

10 Viktor Orban, Premier ministre de la Hongrie, discours prononcé au Parlement européen, le 19 janvier 2011.

11 *Ibid.*

Néanmoins, les députés européens ont questionné le geste symbolique de la présidence consistant à afficher, dans les bâtiments du Conseil, une tapisserie représentant la Hongrie dans ses frontières de 1848.

Dans le contexte de l'affaiblissement de la zone euro et des discussions relatives à la crise de la dette, l'objectif déclaré du Premier ministre polonais, Donald Tusk, et de l'ensemble de son équipe a été « d'injecter de l'optimisme dans les affaires européennes »[12]. L'agenda politique européen sous la présidence polonaise a été dominé par la gestion de la crise grecque, la question de la révision des traités et le renforcement de la discipline fiscale dans la zone euro. S'y sont ajoutés la sécurité énergétique, le voisinage oriental, les relations avec la Russie, en lien avec ses intérêts nationaux. Quatre-vingt-trois institutions nationales ont été impliquées dans la préparation de la présidence (Kaczynsky, 2011, 33). La présidence polonaise a décidé de ne pas inclure la question de la défense parmi ses priorités, même si elle revêt une importance particulière dans le pays. La défense y constitue une des questions d'intérêt national et une des raisons du rapprochement avec les États-Unis et l'Otan (Neumayer, 2008). Néanmoins, dans le contexte de la présidence, Radoslaw Sikorski, ministre des Affaires étrangères, connu pour son attitude pro-OTAN, a changé son discours, promouvant une meilleure implication de l'UE dans le développement de la politique de défense et de sécurité commune (Kaczynsky, 2011, 22)[13]. Pendant la présidence polonaise, plusieurs réunions informelles des ministres de la Défense de l'UE ont eu lieu, concernant la mutualisation et le partage des capacités militaires.

La comparaison des priorités définies par ces quatre pays montre que chacun justifie ou articule l'agenda européen en fonction de « son savoir-faire », de l'actualité européenne et d'une série d'intérêts régionaux. Si l'on applique la grille de lecture proposée par V. Schmidt, les exécutifs des quatre pays présentent des priorités « pragmatiques », qui mettent l'accent sur l'élargissement, la coopération et la sécurité régionale (2012, 173). Chaque présidence a exprimé, à différents degrés, une forme de solidarité est-européenne. Qu'il s'agisse de la crise de la dette, de l'instabilité de la zone euro ou de l'adhésion de la Roumanie et de la Bulgarie à l'espace Schengen, les leaders des nouveaux États membres ont critiqué les attitudes réservées ou protectionnistes exprimées par certains leaders des anciens États membres. En matière économique, M. Topolanek a contesté les déclarations de Nicolas Sarkozy,

---

12 Donald Tusk, Premier ministre de la Pologne, discours prononcé au Parlement européen, le 6 juillet 2011.

13 *European Voice*, « Poland's movers and shakers », le 26 juin 2011.

qui, dans une intervention télévisée, estimait que la création d'une usine automobile française « en Tchéquie pour vendre des voitures en France », « n'est pas justifiée », alors que la création d'une « usine Renault en Inde pour vendre des Renault aux Indiens » apparaissait comme justifiée. Tant M. Topolanek[14] que le Premier ministre et le ministre des Finances polonais se sont positionnés contre « les égoïsmes nationaux » et la création d'une « Europe à deux vitesses »[15]. Le même appel à la solidarité a été lancé par V. Orban : « ce n'est que conjointement que les nations européennes peuvent relever les défis de notre époque, que si elle est constituée de pays forts que l'Europe peut être forte[16]. » Néanmoins, quand la Hongrie, plus affectée que les autres États de la région par la crise économique, a sollicité l'aide de l'Union, la Commission européenne a imposé des conditions encore plus strictes que celles définies par le FMI. Cette décision de la Commission a été alors soutenue par la Pologne et la République tchèque (Schmidt, 2012, 176).

Une position « nationale civique » *versus* un « fédéralisme républicain » embryonnaire

Les programmes de la présidence sont un indicateur des attitudes vis-à-vis de l'Union, mais restent insuffisants comme matériau empirique. Ces documents sont généralement techniques et laissent peu de place pour l'expression de considérations plus normatives. Pour cette raison, cette dernière partie de l'article se focalise sur les discours et les déclarations médiatiques des représentants de l'exécutif de ces pays. Ils ont investi la présidence comme outils de légitimation envers leurs homologues afin d'expliquer leur conception vis-à-vis du projet européen. La question de la démocratie et de la démocratisation au niveau national ou européen se trouve au centre de leur conception sur la nature de l'UE. À l'exception de J. Jansa, qui se concentre essentiellement sur les attributions administratives de la présidence, les trois autres leaders des nouveaux États membres développent un discours de légitimation et de justification des points de vue exprimés.

14 Mirek Topolanek, discours prononcé au Parlement européen, le 17 février 2009.

15 Communiqué de presse de la présidence polonaise, 14 septembre 2011.

16 Viktor Orban, Premier ministre de la Hongrie, discours prononcé au Parlement européen, le 19 janvier 2011.

Les élites politiques qui ont représenté les quatre États tout au long de leur présidence respective sont aussi celles qui ont géré la transition démocratique et l'adhésion à l'UE. Cela explique la présence des références à l'unification du continent ainsi qu'à la reconnaissance indirecte de l'UE comme facteur de démocratisation et de développement politique.

D'une part, concernant la période de pré-adhésion, l'Union est reconnue comme un vecteur de perfectionnement des démocraties nationales. En sa qualité de président du Gouvernement slovène et de président du Conseil européen, J. Jansa a remercié, au nom des citoyens d'Europe centrale et orientale, les institutions de l'UE pour l'intégration de son pays dans l'UE et le soutien accordé. Le président Bronislaw Komorowski, à son tour, a insisté sur le souvenir que les Polonais ont gardé de l'aide et de la solidarité exprimée par l'Europe envers eux après la chute des régimes communistes[17]. La Pologne s'est distinguée par un discours qui a mis en avant « le devoir » de la Pologne envers l'UE[18], le Premier ministre Tusk faisant référence à un « devoir » de l'exécutif envers les générations futures de citoyens polonais[19]. La notion de « devoir » envers l'UE est absente dans les discours politiques thèque ou hongrois. Comme Petr Kopecký le souligne, cette attitude de l'ODS et en particulier du président Klaus envers l'Union trouve ses origines dans un sentiment de supériorité du pays par rapport à l'UE et aux autres pays de la région (2004, 240). Son discours est différent de celui promu par son prédécesseur, V. Havel, partisan d'une Europe fédérale, dotée d'une Constitution « courte et symbolique » et d'une structure parlementaire bicamérale (Kopecký, 2005, 234). Pour le président Klaus, l'adhésion à l'UE reste un simple « mariage de convenance ». L'exécutif tchèque a considéré, pour sa part, la possibilité de participer « activement au processus d'intégration européenne comme une occasion de bénéficier des avantages offerts par l'Europe déjà hautement intégrée »[20].

D'autre part, depuis l'adhésion, plusieurs nouveaux États membres ont adopté au niveau national des mesures critiquées car éloignées des normes et des principes démocratiques promus par l'UE. Tel a été le cas du gouvernement Kaczynski en Pologne. La politique interne menée par V. Orban a

17 Bronislaw Komorowski, président de la République de Pologne, discours prononcé au Parlement européen, le 12 septembre 2011.

18 *Voice of America*, « Poland's EU Presidency to Focus on Integration and Expansion », 4 juin 2011.

19 Donald Tusk, *DW World*, juillet 2011.

20 Vaclav Klaus, Président de la République tchèque, discours prononcé au Parlement européen, le 19 février 2009.

fait également ressurgir des questions qui relèvent des fondements de l'intégration européenne. La loi sur les médias, considérée par les observateurs européens comme une atteinte à la liberté d'expression, la révision de la Constitution analysée avec un regard critique par le Conseil de l'Europe, le départ à la retraite anticipée d'un certain nombre de juges et l'indépendance de la Banque centrale ont fait l'objet de longs débats au niveau européen. Dans ses allocutions, le Premier ministre Orban a contesté le rôle de l'Union comme vecteur de perfectionnement des démocraties nationales et a rejeté, au niveau discursif, la discipline constitutionnelle qui lui a été imposée. Dans ses relations avec ses homologues européens, il s'est inscrit initialement dans une logique ouverte de confrontation. Tout comme V. Klaus, le leader hongrois a comparé les relations de son pays avec Bruxelles à celles de Budapest avec Moscou à l'époque communiste. Viktor Orban a désavoué le pouvoir de l'UE de changer le contenu de ses réformes[21]. Si le Premier ministre hongrois a accepté de revoir certaines dispositions de la loi sur les médias, il a insisté, concernant la révision de la Constitution, sur la souveraineté de son pays en matière constitutionnelle[22]. L'intégration dans le texte des références à l'idéal d'une nation hongroise unifiée, la définition du mariage et de la famille de manière à exclure les familles monoparentales, le concubinage et les couples de même sexe, ainsi que les références au christianisme et à son rôle dans la préservation de la nation relèvent d'une série de nouvelles politiques, qui « ont des implications fortes en termes éthiques et de choix de société » (Leconte, 2007, 49).

Les questions de la souveraineté, du passé communiste et des rapports avec la Russie sont évoquées également par D. Tusk. Néanmoins, son argumentaire reste opposé à celui de son homologue hongrois. Malgré la création récente d'un État polonais, malgré « l'occupation soviétique » – expression sur laquelle le Premier ministre polonais insiste – ce dernier estime que « l'intégration européenne n'est pas une menace pour la souveraineté des

21 Viktor Orban, intervention au PE du 5 juillet 2011. Extrait : « *I would like to make it clear that I will always protect Hungary from the kind of remarks, even if they come from Brussels, which could be interpreted in Hungary as you trying to tell us what we can and what we cannot do. You are not in a position to tell us this and I have to tell you that I can increase the support for Europe at home if I make it clear to Hungarians that you will never be able to tell Hungarians what they can and what they cannot do* ».

22 *Ibid.* Extrait : "« *What I say now is not directed to Brussels, but to national governments – no European Prime Minister, no European government is in a position to tell Hungarians what kind of constitution they can have and what not. This is an issue solely for the Hungarian people and we will make the decision on this.* »

États membres »[23]. Tant dans les discours prononcés au PE qu'au sein de la Diète, les représentants de l'exécutif polonais ont promu, pendant la présidence, « une Union dynamique et audacieuse, ouverte et solidaire »[24], qui nécessite, dans le contexte de la crise, un renforcement des institutions, du leadership politique et institutionnel[25]. « Plus d'Europe en Europe » devrait être la réponse à la crise, ce qui contredit la vision des leaders tchèques pour lesquels « une Union toujours plus étroite » n'est pas le seul avenir possible. C'est sur ce point que D. Tusk a choisi de se focaliser dans son discours prononcé à Strasbourg à la fin de la présidence. Limitant la place accordée aux réalisations, il a privilégié une dimension normative relative à l'avenir de l'UE et à la variété des discours diffusés dans les capitales européennes dans le contexte de la crise[26]. Le renforcement de l'Union et de son leadership ainsi que la nécessité d'engager un « débat sérieux sur l'efficacité politique de l'Europe » sont au cœur de son discours. Dans sa conception, le « nouveau régime politique » européen aurait besoin d'un leadership politique « accepté par tous »[27]. On retrouve dans son discours l'idée du développement d'une pratique démocratique au niveau européen, qui renforcerait non seulement l'Europe économique mais aussi l'Europe politique. Son discours n'est pas dépourvu d'une tonalité critique : la critique des égoïsmes nationaux, de l'irresponsabilité et du non-respect des normes communément acceptées par tous les États membres suite à la révision des traités.

Alors que le représentant de l'exécutif polonais se présente comme le défenseur d'une Union encore plus étroite entre les États membres, V. Klaus et V. Orban plaident pour une coopération de type intergouvernemental, rejetant un mode de gouvernement qui incarnerait une intégration plus approfondie sur le plan politique. Tant l'unité européenne que la coopération sont des principes qui leur sont chers. Néanmoins, ils se positionnent contre « la rhétorique actuelle politiquement correcte »[28], qui consiste à vouloir mettre en avant « un avenir possible unique » de l'UE. Ils défendent « le droit de débattre ouvertement », « d'être entendu et de défendre la possibilité de chacun de

23 *The Guardian*, "Polish PM accuses European leaders of hypocrisy", 1er juillet 2011.

24 Communiqué de presse de la présidence polonaise, le 14 septembre 2011.

25 Communiqué de presse de la présidence polonaise, le 6 juillet 2011.

26 Donald Tusk, discours prononcé au Parlement européen, le 14 décembre 2011.

27 *Ibid.*

28 Vaclav Klaus, président de la République tchèque, discours prononcé au Parlement européen, le 19 février 2009.

présenter son avis même s'il est différent d'une seule option correcte »[29]. Selon eux, il est « faux de supposer que le seul avenir possible de l'évolution européenne » est « l'Union toujours plus étroite » ou l'avancement de l'intégration toujours plus profonde des États membres »[30]. Le projet européen offre « beaucoup de variantes possibles et légitimes ». Même le Premier ministre Topolanek se positionne dès le début de la présidence contre « la rhétorique politiquement correcte dominante ». Ce positionnement envers l'UE est dû, selon lui, à « un éclectisme génétique » et à « une attitude typique des Tchèques » qui consiste à ne pas « s'enfermer dans une seule idéologie dominante, mais au contraire, à recourir à diverses approches et solutions ayant prouvé qu'elles sont utiles et fonctionnent »[31].

Alors que le Premier ministre Tusk relance l'idée du perfectionnement de la démocratie européenne, pour les leaders tchèque et hongrois la volonté d'établir une démocratie européenne relève du domaine de l'illusion. Critique vis-à-vis de la méthode communautaire et des tentatives de démocratisation de l'Union par le biais des élections européennes et de l'accroissement des prérogatives du PE, V. Klaus considère que ces tentatives sont vouées à l'échec, « car elles ont toujours échoué dans l'histoire de l'intégration européenne ». Ses explications renvoient à la défense d'une vision « classique » de la démocratie contre les nouveautés introduites par la méthode communautaire. Il reste ainsi fidèle aux principes énoncés dans le *Manifeste de l'euroréalisme* adopté en 2001 par l'ODS. Il reste aussi fidèle à un point de vue que nous qualifions de « national civique » qui consiste à dire que la démocratie ne peut pas être reproduite au niveau européen. L'Europe doit rester un projet économique dans lequel chaque État a le droit de véto en matière fiscale, sociale ou de politique étrangère (voir le Manifeste de l'euroréalisme). Tant en 2001 que dans le contexte de la crise, V. Klaus s'est opposé à la création d'un État fédéral fiscal ainsi qu'à l'adhésion de son pays à l'euro. Adhérer à l'euro signifierait de reconnatre l'existence d'une politique spécifique à un État fédéral. Vaclav Klaus est resté « insensible » aux évolutions prises par l'Union depuis l'entrée en vigueur du traité de Maastricht (Kopecký, 2004, 239) et celui de Lisbonne, qui, selon lui, a dévié l'Europe de ses objectifs qui sont la dérégulation et la libéralisation. Pour lui, tout comme pour V. Orban, l'Union doit rester un processus de décloisonnement des marchés, dont l'objectif

29 *Ibid.*

30 *Ibid.*

31 Mirek Topolanek, discours prononcé au Parlement européen, le 17 février 2009.

consiste en l'élimination des barrières « inutiles et contre-productives » et la « gestion commune des biens publics existant au niveau du continent »[32].

L'analyse de ces discours montre que la présidence tournante est une institution plurielle, dotée d'une responsabilité administrative majeure, mais qui reste une tribune d'expression des conceptions et des tonalités normatives dominantes relatives à la nature du projet politique européen.

Conclusion

La crise politique et économique traversée par l'Union européenne invite à une analyse plus approfondie de la signification et de la portée des conceptions relatives au projet européen. Avant même la création des premières Communautés européennes, l'idée européenne a donné lieu à de nombreux projets et controverses politiques. Après l'enthousiasme romantique du « retour à l'Europe » du début des années 1990, les nouveaux États membres sont amenés à se mettre eux aussi au service de l'Union et à prendre part aux débats concernant son avenir. Cet article s'est focalisé sur la présidence du Conseil assurée par la Slovénie, la République tchèque, la Hongrie et la Pologne. Les discours analysés dans cet article synthétisent les points de vue des chefs d'État ou des premiers ministres et s'adressent essentiellement aux élites politiques et administratives européennes.

D'une part, V. Klaus et V. Orban justifient un positionnement que nous qualifions de « national civique ». Vaclav Klaus reste fidèle aux idées promues depuis l'adoption du Manifeste de l'euroréalisme en 2001 par l'ODS. Le discours critique de V. Orban ne peut être découplé des rapports tendus entre le gouvernement national et les élites politiques européennes, dus à la contestation du caractère démocratique des réformes entamées au niveau national. Néanmoins, indépendamment du contexte, tout comme V. Klaus, il réitère une prise de position qui consiste à rejeter la discipline constitutionnelle imposée par l'UE en matière de démocratie et à privilégier le processus de décloisonnement des marchés nationaux.

D'autre part, les ambitions du Premier ministre Jansa sont purement administratives. L'exécutif slovène assure son rôle avec dynamisme, sans vouloir donner

32 Vaclav Klaus, président de la République tchèque, discours prononcé au Parlement européen, le 19 février2009.

une nouvelle impulsion à l'intégration européenne. Tout comme l'exécutif polonais, le Premier ministre Jansa reconnait le rôle de l'UE comme vecteur de perfectionnement des démocraties nationales. Néanmoins, la présidence polonaise se distingue par la volonté de donner l'impulsion dont l'UE a besoin pour sortir de la crise. Le discours par lequel D. Tusk conclut la présidence devant le Parlement européen montre que pour la Pologne cette responsabilité administrative au niveau européen a constitué un moment de fierté nationale et une occasion pour agir en tant que « grand État ». Pour cette raison, ses discours se focalisent moins sur les performances purement administratives de la présidence que sur la nature et l'avenir de l'UE. Le laps de temps est trop court pour identifier sa conception concernant le projet politique européen, mais ses propos et l'activité de la présidence polonaise se rapprochent d'un positionnement que nous qualifions de « fédéraliste républicain ».

Références bibliographiques

Benes Vit et Karlas Ian (2010), « The Czech Presidency », *Journal of Common Market Studies*, vol. 48, p. 69-80.

Brinar Irena et Zagar Mitja (2008), « La Slovénie », *in* **Jean-Michel De Waele et Paul Magnette** (dir.), *Les Démocraties européennes*, Paris, Économica, p. 402-418.

Charléty Véronique (2011), « Préparer une présidence : logiques domestiques et transfert de pratiques », *Politique européenne*, n° 35, p. 115-138.

Coman Ramona (2009), *Réformer la justice dans un pays post-communiste. Le cas de la Roumanie*, Bruxelles, Éditions de l'Université.

Coman Ramona et Stanculescu Cristina (2010), « Romania: Framing European Integration in the 2009 European Parliament Election Campaign », *in* **Robert Harmsen et Joachim Schild** (dir.), *Debating Europe. The 2009 European Parliament Elections and Beyond*, Baden-Baden, Nomos.

Cox John K. (2005), *Slovenia. Evolving Loyalties*, Londres, Routledge.

Crespy Amandine et Matthieu Petithomme (dir.) (2009), *L'Europe sous tensions. Appropriation et contestation de l'intégration européenne*, Paris, L'Harmattan.

Fernandez Mar Ana (2009), « Quel est le pouvoir d'une Présidence du Conseil de l'UE ? », *in* **Renaud Dehousse, Florence Deloche-Gaudez et Sophie Jacquot** (dir.), *Que fait l'Europe ?* Paris, Presses de Sciences Po, p. 59-84.

Fernandez Mar Ana et Mangenot Michel (dir.) (2011), « Présider l'Union européenne. Présidence(s) du Conseil et système de gouvernement », *Politique européenne,* n° 35, p. 7-216.

Flood Chris (2009), « Dimensions of Euroscepticism », *Journal of Common Market Studies*, vol. 47, n° 4, p. 911-917.

Foret François (2011), « Legitimacy in Numbers? Communicative Aspects of Post-Lisbon EU », communication présentée à la conférence *The Commanding Heights of the European Union. The European Council: institutions, actors, ressources*, Bruxelles, mars.

Fowler Brigid (2004), « Concentrated Orange: Fidesz and the Remaking of the Hungarian Centre-right, 1994-2002 », *Journal of Communist Studies and Transition Politics*, vol. 20, n° 3, p. 80-114.

Helbling Marc, Hoeglinger Dominic et Wuest Bruno (2010), « How political Parties frame European Integration », *European Journal for Political Research,* vol. 49, n° 4, p. 496-521.

Hoffmann Stanley (1995), *The European Sisyphus: Essays on Europe, 1964-1994*, CO, Westview, Boulder.

Kaczynski Piotr Maciej (2011), *Polish Council Presidency 2011. Ambitions and Limitations*, Stockholm, Swedish Institute for European Policy Studies.

Kajnc Sabina (2009), « The Slovenian Presidency: Meeting Symbolic and Substantive Challenges », *Journal of Common Market Studies,* vol. 47, p. 89-98.

Kiss Csilla (2002), « From Liberalism to Conservatism: The Federation of Young Democrats in Post-Communist Hungary », *East European Politics and Societies*, vol. 16, n° 3, p. 739-763.

Klemenčič Manja (2007), « A Star Pupil Playing it Safe in the EU. An Inside View of the First Slovenian EU Council Presidency », *Notre Europe*, n° 61, p. 1-27.

Kopecký Petr et Mudde Cas (2002), « The Two Sides of Euroscepticism. Party Positions on European Integration in East Central Europe », *European Union Politics,* vol. 3, n° 3, p. 297-326.

Kopecký Petr (2004), « An Awkward Newcomer? EU Enlargement and Euroscepticism in Czech Republic », *in* **Robert Harmsen et Menno Spiering** (dir.), *Euroscepticism. Party Politics, National Identity and European Integration*, Amsterdam, New York, Rodopi, p. 225-246.

Kral David, Bartovic Vladimir et Rihackova Vera (2009), *The 2009 Czech Presidency. Contested Leadership at a Time of Crisis*, Stockholm, Swedish Institute for European Policy Studies.

Lacroix Justine et Nicolaidis Kalypso (dir.) (2010), *European Stories: Intellectual Debates on Europe in National Contexts*, Oxford, Oxford University Press, 2010.

Lacroix Justine (2008), « Théorie politique », *in* **Céline Belot, Paul Magnette et Sabine Saurugger** (dir.), *Science politique de l'UE*, Paris, Économica, p. 5-27.

Leconte Cécile (2007), « La constestation des "nouvelles politiques" de l'Union : Un indicateur de clivages axiologiques dans les positionnements partisans sur l'Union européenne ? », *in* **Justine Lacroix et Ramona Coman** (dir.), *Les Résistances à l'Europe. Cultures nationales, idéologies et stratégies d'acteurs*, Bruxelles, Éditions de l'Université de Bruxelles, p. 49-65.

Leconte Cécile (2012), « Eurosceptics in the Rotating Presidency's Chair: Too Much Ado About Nothing? », *European Integration*, vol. 34, n° 2, p. 133-149.

Magnette Paul (2000), *L'Europe, l'État et la démocratie*, Bruxelles, Éditions Complexe.

Magnette Paul (2003), *Le Régime politique de l'Union européenne*, Paris, Presses de Sciences Po.

Mangenot Michel (2011), « La présidence du Conseil : sociologie d'une institution de l'UE », *Politique européenne*, n° 35, p. 7-28.

Moravcsik Andrew (1993), « Preferences and Power in the European Community: A liberal Intergovernmentalist Approach », *Journal of Common Market Studies*, vol. 31, n° 4, p. 473–524.

Neumayer Laure (2008), « Euroscepticism as a Political Label: the Use of European Union Issues in Political Competition in the New Member States », *European Journal of Political Research*, vol. 47, p. 1-26.

Rosamond Ben (2000), *Theories of European Integration*, New York, St. Martin's Press.

Taggart Paul et Szczerbiak Aleks (2001), « Parties, Positions and Europe: Euroscepticism in the EU Candidate States of Central and Eastern Europe », *Sussex European Institute Working Papers*, vol. 46, n° 2, p. 5-35.

Saurugger Sabine (2009), *Théories et concepts de l'intégration européenne*, Paris, Presses de Sciences Po.

Scharpf Fritz W. (2002), « La diversité légitime : nouveau défi de l'intégration européenne », *Revue française de science politique*, vol. 52, n° 5-6, p. 609-639.

Schmidt Vivien A. (2012), « European Member State Elites' Diverging Visions of the European Union: Diverging Differently since the Economic Crisis and the Libyan Intervention? », *European Integration*, vol. 43, n° 2, p. 169-190.

Szczerbiak Aleks (2004), « Polish Euroscepticism in the Run-up to the EU Accession », *in* **Robert Harmsen et Menno Spiering** (dir.), *Euroscepticism. Party Politics, National Identity and European Integration*, Amsterdam-New York, Rodopi, p. 247-269.

Ramona Coman
Professeure assistante en Science politique, CEVIPOL (Centre d'étude de la vie politique), Université Libre de Bruxelles
Ramona.coman@ulb.ac.be

POLITIQUE EUROPÉENNE
N° 38 | 2012
Andrea Schlenker
[p. 94-121]

Support for the European Union in Central and Eastern Europe before and after Accession: Comparing Different Reasons

This article analyses the importance of different attitudinal sources of generalized support for the European Union in eight member states in Central and Eastern Europe before and after accession. Instrumental calculations, normative evaluations as well as expressive feelings are key explanatory factors. The results of multiple regression analyses using Eurobarometer data from 2003 to 2006 reveal that the importance of instrumental reasons as predictors for generalized support decreases after accession, while the explanatory power of normative and expressive considerations is constant. The importance of norms and feelings should thus not be underestimated in the new member states.

Soutien à l'Union européenne en Europe centrale et orientale avant et après l'adhésion : une comparaison des différentes raisons

Cet article a pour objectif d'analyser les différentes attitudes de soutien envers l'Union européenne au sein de huit États membres de l'Europe centrale et orientale avant et après leurs adhésions. Pour ce faire, l'étude se focalise sur trois types de facteurs explicatifs : les raisons instrumentales, les adhésions normatives et l'expression des sentiments. Dès lors, à partir d'une série d'analyse de régressions multiples, utilisant les données Eurobaromètres de 2003 à 2006, nous montrons dans quelle mesure les raisons instrumentales de soutien tendent à diminuer en tant que facteur explicatif après l'adhésion tandis que le poids explicatif des considérations normatives et expressives reste stable. Nous concluons ainsi à la nécessité de ne pas sous-estimer la place des normes et des sentiments dans la compréhension des attitudes de soutien vis-à-vis de l'Union européenne.

Support for the European Union in Central and Eastern Europe before and after Accession
Comparing Different Reasons

Andrea Schlenker
University of Lucerne

European integration has become politicized to an extent that no longer allows for it to be conducted as an elite project. Rather, just like any other political system, it requires the support of its citizens (Majone, 1998; Moravcsik, 2002; Follesdal and Hix, 2006). The permissive consensus for European integration seems to be withering away in all EU countries. The decline of support for the EU has been interpreted as a "Post-Maastricht-Blues" (Eichenberg and Dalton 2007) or even as a "time bomb" (Hix, 2008, 51). The question why citizens support or reject European integration has been addressed by a plethora of studies and "yet there is no scholarly consensus on the answer" (Hooghe and Marks, 2005, 420).

A widespread answer promotes instrumental reasons for supporting European integration, seen as an avenue to more economic prosperity. However, the more competences are delegated to the EU level, the more citizens will evaluate its functioning according to normative convictions (Fuchs, 2010). Also in parallel with the intensified integration process, both scholars and politicians increasingly suggest that a European identity is needed as the underlying cement of a diverse political community such as Europe's, endowing the project with legitimacy, solidarity, and durability (Beetham and Lord, 1998; Cerutti, 2008; Fuchs, 2010; Habermas, 2004; Herrmann and Brewer, 2004; Kaina, 2009; Scharpf, 1999, 2009; Strath, 2002). Although the development of such a collective identity is a long process (Duchesne and Frognier, 1995, 2008), there is ample evidence that in most of the old member states a majority of citizens manifest at least a modest European identity (Fuchs *et al.,* 2009; Schlenker-Fischer, 2011). In addition, a consensus has been reached on the fact that European and national identities, instead of being opposed to each other, usually go hand in hand, as illustrated by the images of concentric circles (Bruter, 2005) or a marble cake (Risse, 2004).

However, do these conclusions also apply to countries which have recovered full sovereignty only in the 1990s and which shortly after joined the project of this transnational political community in the making? More concretely, we will analyse in this paper the following empirical question: Which reasons explain support for the EU before and after accession in the new member states in Central and Eastern Europe (CEE)? Building upon a large research tradition on sources of EU support, we will apply an attitudinal model and concentrate on the role of instrumental, normative and expressive considerations. The analysis of the attitudinal sources of generalized EU support in CEE countries before and after accession will allow evaluating the impact of formal EU membership on these different reasons.[1]

The analysis will proceed in four steps. In order to set the stage, we will first briefly present a descriptive picture of our dependent variable, namely the development of generalized support for the EU in the post-communist new member states. Secondly, an explanatory model for EU support based on an attitudinal model developed by Fuchs (2011a, 2011b) is presented. The causal model is then tested by means of multiple regression analyses and comparisons over time using Eurobarometer survey data from 2003 to 2006. Finally, a summary and discussion of the findings conclude the analysis.

Support for the European Union in the new member states in CEE

In order to understand the conditions of persistence of a political regime, Easton (1965, 1975) differentiated between specific and diffuse support where the latter has a more profound and enduring impact. Specific support is based on the perceived rewards of short-term outputs. Diffuse or generalized support mainly refers to the political community and regime, and is independent of more short-term outputs. In his conceptualisation of various political objects, support for the underlying political community is a fundamental precondition for regime persistence. The level of generalized support for the transnational political community of the European Union can be measured with the Eurobarometer survey question asking a respondent whether she thinks that her country's membership in the EU is overall a good thing.

1 Although there is a long tradition to oppose 'reason' and 'emotion', we do not use the term 'reason' in the sense of 'rationality' but rather in the sense of 'causes' which can also be expressive, thus by nature un-rational (but legitimate at the same time).

Looking at generalized support for the EU in the old member states over time, Kaina (2009, 25) found a slight downward trend even in the six founding members between 1974 and 2005. What is more, mass opinion in these oldest member states does not converge over time; on the contrary, national patterns diverge today more than in the past.[2] In the new Central and Eastern European member states we also discover a downward trend in support for the EU, despite the much shorter period of time under consideration (Figure 1). In 2003, the year before accession for eight of them, a majority of 57 % of the population in the ten candidate countries supported EU membership. This number dropped to an average of 43 % in 2011. However these numbers conceal big differences between countries, as Kaina found for the old member states. Thus, although many Central and Eastern European countries share a common history of transition, we cannot conclude that mass opinion is similar.

Regarding the development before and after accession in 2004 (and 2007 for Bulgaria and Romania)[3], we find several different patterns. In 2003, the latecomers Romania and Bulgaria showed the strongest levels of support for EU membership with 81 and 73 % respectively. Romanians are still the most supportive, but their initially very high support fell to 57 % in 2011; support diminished even more in Bulgaria. Before accession in 2003, already less than a majority supported EU membership in Estonia and Latvia, as well as in the Czech Republic (41, 46 and 48 % respectively). Latvians are in 2011 the most critical of all new member state citizens: only a fourth of them still support EU membership. Also the Czech kept their critical stance and ranked second after Latvia in 2011. Estonia is an outlier with respect to the development of EU support. From a situation in which a majority was very critical towards EU membership, this support increased dramatically until 2007. Since then it fell again to 46 % in 2011, which is overall still an increase in support given the low point of departure.

---

2 Kaina interprets this increasing differentiation as a sign of a growing politisation of the EU. European policies do not evenly impact political, economic and social processes in member states. In addition, this differentiation is repeatedly interpreted as caused by different cues offered by political ideologies, elites and parties specific to the member states and domestic politics (Bornschier, 2011; Ray, 2003; Sanchez-Cuenca, 2000; Rohrschneider, 2002).

3 The decision to include the first wave of post-communist countries was taken in 2003. The decision might have already had an impact on attitudes, however material and other more concrete aspects of life are impacted only after accession. Therefore I take 2004 (and thus formal membership) as the decisive moment.

The Polish population supports the EU in 2011 as much as before accession, with even higher levels in-between, but a decrease since 2007 (as in Estonia). After the Romanians, the Poles remain the second strongest supporters of the EU with a thin majority of 52 %. All other new CEE member states experienced a downward trend in support during this period, with slightly increasing numbers between 2006 and 2009. In Slovakia, support fell by 6 % between 2003 and 2011, in Lithuania by 10, in Slovenia by 12 and in the Czech Republic by 18 %. In the remaining six of the ten countries support dropped by more than 20 %, in Bulgaria and Hungary even by 26 and 27 % respectively. Thus today, except in Romania, Slovakia and Poland, less than 50 % of the population think that their country's membership is a good thing.

Figure 1 - Support for EU membership (2003-2011), percentages

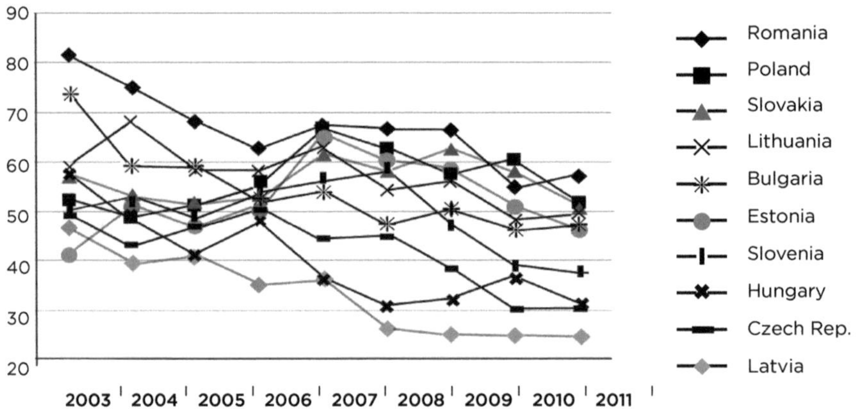

Question: "Generally speaking, do you think that [our country]'s membership of the European Union is a good thing?" (before accession: "would be a good thing"), percentages of those answering "a good thing".

Sources: Candidate Countries Eurobarometer (CCEB) 2003. 4 ; 2004 Eurobarometer (Eb) 62.0; 2005: Eb 63.4; 2006: Eb 65.2; 2007: Eb 67.2; 2008: 70.1; 2009: Eb 71.3; 2010: Eb 73.3; 2011: Eb 75.3

Although public opinion in the new member states is as differentiated as in the old ones, and though there are substantial fluctuations over the past years, citizens in the ten new CEE member countries are generally less enthusiastic in 2011 than they were in 2003. The only exceptions are Estonia and Poland. This sheds a shadow on the prospects of a common European project as it does not lend credence to the assumption that time is the reason for the lack of enthusiasm for the EU. Formal accession and length of membership do not necessarily lead to an increase in support. The disenchantment of a significant part of the population in this region today is even slightly stronger than the disenchantment in the older member states where, in average, 50 % of the citizens support the EU in 2011. Previous research points to various individual as well as contextual factors relevant for explaining support. In this analysis, we will stick to the individual level and investigate whether different kinds of reasons are relevant before and after accession of the CEE countries. However, we will not offer a detailed country by country analysis[4] as our aim is to give an overview and to discover common features in this region during this specific period of time. For this purpose, we will present in the next section an attitudinal explanatory model.

Explaining support for the EU – an attitudinal model

In accordance with social and cognitive psychology, attitudes are latent positions towards social objects. Rokeach's much-quoted definition describes an attitude as "a relatively enduring organization of beliefs around an object or situation predisposing one to respond in some preferential manner" (1968, 112).[5] Research on attitudes is especially important for social scientists because of this potential to influence people's behaviour. Attitudes are built on cognitions, values, social representations, as well as experiences, and expressed through opinions and behaviour (Eiser, 1986). In the empirical analysis, we will use opinions or "verbal expression(s) of some belief, attitude, or value" (Rokeach, 1968, 125) as indicators of underlying attitudes.

Because of their emphasis on the evaluative aspect (Hartung 2010, 62), attitudes towards objects – towards the European Union in our case – are

4 For more qualitative work on the issue which dives deeper into country specificities see e.g. White (2011) or Göncz (2012). We acknowledge that their results partly challenge the results of Eurobarometer analyses. Although Eurobarometer data is widely critizised and can certainly be improved, such quantitative surveys are so far the only source for systematic and large scale comparisons, which is our aim here.

5 In contrast, a belief is "any simple proposition, conscious or unconscious, inferred from what a person says or does, capable of being preceded by the phrase 'I believe that..'" (*ibid.,* 113). This term accentuates the cognitive component while the term attitude emphasizes the evaluative aspect or affective component (Hartung, 2010, 62).

a consequence of reasons (Zaller, 1992; Lupia *et al.*, 2000). They can also be understood as choices. Lupia *et al.* (2000, 1) underline that "to explain why people make certain choices, it is necessary to understand that *choice is the product of reason*" (original emphasis) and reasons "might induce an individual to decide a political issue one way or the other" (Zaller, 1992, 40). For the specification of such reasons, we can draw on Habermas' (1984) distinction between three kinds of reason: (1) cognitive-instrumental reason, (2) moral-practical reason, and (3) aesthetic-expressive reason. This differentiation pays tribute to the fact that in modern times the 'substantive' (i.e. formally and semantically integrated) rationality that characterized premodern worldviews has been emptied of its content and diversified. This differentiation is very similar to Parsons' (1951) differentiation between evaluative modes of orientation towards objects. He distinguishes cognitive, instrumental, normative, and expressive orientations (see also Fuchs 2011a). Since cognitive orientations are less evaluative than the other three[6], we will concentrate on instrumental, normative and expressive reasons and assess them via questions about interests, norms and identities with the aim to evaluate their respective power to explain EU support. Thus the focus clearly lies on the individual and subjective level.[7] The importance of these reasons for generalized EU support has indeed been shown in previous research.

The dominant approach to explain EU support focuses on *instrumental* reasons, especially on economic considerations (for a summary see Loveless and Rohrschneider, 2011). Essentially, these explanations rest on the notion that support for EU membership comes from the implicit cost/benefit analysis of individuals' likely economic benefit or their perception of how much their country stands to gain from integration. Thus this is a kind of specific support in Easton's conceptualisation. Given the EU's origin as an economic

6 Building on Inglehart (1970), various scholars have used 'cognitive mobilization' as a determinant of EU support (Janssen, 1991; Karp *et al.*, 2003; McLaren, 2007; Mößner, 2009). Fuchs, (2011b) also considers cognitive reasons measured by subjective information about EU institutions and understanding of how the EU works. Their explanatory power is however in all 25 member states in 2004 considerably lower than the power of the other reasons discussed here. When included in our model, these indicators did not add significantly to its explanatory power.

7 We will include in our model the usual sociodemographic control variables such as gender, age and education (see also Hooghe and Marks, 2005, 2007; McLaren, 2007). The attitudinal model does not claim to provide a complete explanation of the dependent variables. The subjective reasons for citizens' support for the EU are potentially also influenced by contextual factors such as macro-economic ones (see e.g. Garry and Tilley, 2009).

organization intending to bring economic efficiency and affluence in Europe, it is not surprising that support for this project has often been understood in economic terms. Economic success is furthermore often related to mobility. Indeed, one of the most palpable effects EU citizens can experience when they cross a border within the EU is the right to free movement, including the right to freely travel, study and work in the Union.[8]

Still, cost-benefit calculations and concrete experiences depend to a large extent on the specific context in which they are made. Therefore studies which focus on the determinants of EU attitudes of citizens in former communist countries usually concentrate on the impact of the transition from communism to post-communism (Cichowski, 2000; Ehin, 2001; Tucker *et al.*, 2002; Tverdova and Anderson, 2004; Christin, 2005). The most widespread finding is that citizens who have benefited from the transition to the free market rather support EU integration as it cements and extends the economic transition. In Tucker, Pacek and Berinsky's (2002) terms, transitional 'winners' will support the EU and transitional 'losers' will oppose it; 'winners' of the transition are usually younger, more educated, as well as equipped with transferable skills and resources.[9]

This logic is not only applicable to Central and Eastern Europe. The literature on right wing populism – a political stance which is strongly connected to the rejection of European integration – posits that globalisation processes in general and related structural changes create 'winners' and 'losers' with the latter being prone to support right wing populist parties (Betz, 2004; Bornschier, 2010; Kriesi *et al.*, 2008). 'Modernisation losers' are not geographically concentrated, as the recent financial crisis and its effects in Greece show. Thus, we can extend the findings on transitional 'winners' to globalisation or transnational integration 'winners' as Gabel (1998a) has already done for higher educational and occupational groups in Western Europe. This is in line with studies that explain attitudes regarding EU membership by the personal economic situation (Anderson, 1998; Gabel,

8 Although EU membership does not automatically translate into Schengen membership, all new member states applied for it and only Bulgarians and Romanians still face work restrictions in several member states. In addition, political expectations beyond political stability include an expected increase in international power as a member of the EU. This indicator of an instrumental reason will also be included in the empirical analysis.

9 Elgün and Tillman (2007) additionally underline that individuals' exposure to the consequences of European integration, particularly the distributive results of integration, influence their attitudes toward membership.

1998b; see also Eichenberg and Dalton, 1993, 2007; Gabel and Whitten, 1997). We will take up this aspect with the help of an indicator which assesses the perception of change in the personal situation over the last five years.

However, Rohrschneider and Whitefield (2006a) find little evidence for the instrumentalist view in the region prior to membership. They argue that people in CEE were more likely to make evaluations based on underlying economic or political values than outright material payoffs (see also Cichowski, 2000; Rohrschneider and Whitefield, 2006b). Individuals' attitudes toward domestic economic and political reforms were better predictors of citizens' attitudes about the EU (see also Tverdova and Anderson, 2004). We might however argue with Loveless and Rohrschneider (2011) that after accession, publics in CEE may no longer be deeply concerned about maintaining democratic and economic reforms – the EU will guarantee those. "Instead, publics in new democracies may now focus on the more mundane bread-and-butter issues, such as generating economic affluence. As a consequence, citizens may increasingly rely on economic perceptions when judging the EU" (*ibid.*). The importance of instrumental reasons might be further strengthened after accession by an eventually widening gap between winners and losers, thus increasing the importance of the evaluation of having gained or not from European integration. We therefore hypothesize that:

H1: The importance of instrumental reasons as predictors of generalized EU support increases after accession.

Taking up the above mentioned results relating to political values, such values profoundly influence *normative* orientations people have towards a political regime. As was the case with the Mediterranean enlargement in the 1980s when Greece, Portugal and Spain moved from authoritarian regimes into 'democratic' Europe, factors relating to democratic norms and institutions are likely to be particularly salient in the recently communist and authoritarian new member states (Cichowski, 2000; Garry and Tilley, 2009). Thus, normative orientations include an assessment of whether one thinks that democracy stands up to one's normative expectations. This concerns the national and European level. The national context potentially matters, however with a possibly contrasting effect: the EU could be more attractive where national institutions are considered to be lacking or failing, or the EU receives more support where there is trust in national institutions (Rohrschneider and Loveless, 2010). Muñoz and colleagues (2011) showed that especially in contexts where national institutions are not trusted, people are prone to trust European institutions.[10] This result is especially important for post-communist states. Therefore we assume that normative considerations play a greater role before accession as the EU is seen as a democratic model which citizens want their state to enter in order to be fully recognized as democratic and in order to increase democratic stability at home. Once in, being recognized as a democratic state might not be so important anymore and the advances made in democratic governance might reduce the salience of such considerations. In contrast, intuitively we could also expect that people develop more pronounced attitudes towards a democracy once they can experience it, once they are members and have the opportunity to participate. However, the multilevel structure of the European Union is very complicated and democracy not directly experienceable; even in the oldest member states, there is a relatively low level of knowledge on European institutions and their functioning on which a substantive normative evaluation of democracy in the EU could seriously be built. Therefore, the first reasoning seems more plausible and we expect that:

H2: The importance of normative reasons as predictors of generalized EU support decreases after accession.

More recently, an increasing number of studies have linked support for integration with national and European *identities*, which are seen as particularly sensitive issues in countries that recovered full sovereignty only recently. Hooghe and Marks (2005, 420) consider identity to be one of the most relevant 'families of explanation' (see also McLaren, 2007; De Vries and van Kersbergen, 2007). Already Easton considered underlying emotional orientations towards the political community as important sources of generalized support for a political regime. This assumption rests on the premise of social identity theory, which posits that humans evolved a capacity for group loyalty long before the development of rational faculties. These loyalties can be extremely powerful in shaping views towards political objects (Massey, 2002; Sears, 1993; Sniderman *et al.*, 2004).

While national identities have been dominant in the last century, recently a vast research literature investigates the development of European identity, mainly in Western Europe (Bruter, 2003, 2005; Cederman, 2001; Cerutti, 2001; Checkel and Katzenstein, 2009; Citrin and Sides, 2004; Duchesne and

10 Taking into account the context, there seems to be a compensation logic. On the individual level, however, trust in national and in European institutions go hand in hand, following a congruence logic based on an underlying propensity to trust institutions in general (see Muñoz *et al.*, 2011).

Frognier, 1995, 2008; Fuchs, 2010; Herrmann and Brewer, 2004; Kaina, 2009; Kantner, 2006; Kohli, 2000). Scholars are often unsatisfied with the way European identity is defined and measured in quantitative studies. There is meanwhile a rich body of literature investigating the phenomenon with more qualitative methods (see e.g. White, 2011; Göncz, 2012). We are not able to pay tribute to this discussion here. Nor can we include country specific results in this quantitative comparative analysis. Yet, we retain from the richness of this debate that expressive orientations, as diversified as they are (see also Schlenker, 2013), are indeed important for EU support. Being aware of the relatively basic operationalisation possible with Eurobarometer data, the influence of collective identity can be measured – certainly not in a comprehensive way, but to a considerable extent – with the help of two constructs (see also Fuchs, 2011b, 225). The first relates to a set of positive feelings towards Europe, the second to a set of negative feelings when the EU is perceived as a cultural threat. Positive feelings regarding European identity can be measured by an inquiry into the degree to which a respondent feels attached or belonging to Europe. Those who feel attached to Europe are expected to support their country's membership in the EU. The second construct was introduced to the discussion by McLaren (2002) as it pertains to threats to national identity and culture which respondents might perceive in the context of the construction of a European polity.[11] If respondents fear such a negative impact of EU membership, support should be reduced.

Regarding the extent and relevance of European identity, scholars are divided in two camps: some are optimistic and interpret the glass to be half full. By and large, they expect that with time, the EU increases in relevance and has a greater impact on people's life, resulting in a deeper attachment to the entity (this goes back to the early functionalist school around Haas and Deutsch). Others are more sceptical as to whether there will ever be a collective identity of Europeans motivating a solidarity comparable to that associated with national identities. The existence of a European identity might be especially contested in new member states, which do not yet have many experiences with this transnational polity. However, formal membership is an important symbolic and material status with a potential to contribute to collective identity formation, and it can also increase the perception and importance of cultural threats. We could thus expect that expressive considerations become more important after accession. That said, insights from social psychology

11 For example, parties of the extreme right have always attempted to mobilize anti-European resentment by addressing threats to national identity resulting from immigration and the loss of national sovereignty due to the expansion of EU competences (Bornschier, 2010).

suggest that collective identity has a more deep-seated emotional character than short-term attitudes. Forming collective identities usually needs a long time and once they are built up they are usually quite stable (Duchesne and Frognier, 2008). In light of the short membership period, we do not expect any changes in the importance of European identity in this region since accession.

H3: The importance of expressive reasons as predictors of generalized EU support is constant before and after accession.

Empirical results and discussion: Comparing different reasons over time

As mentioned before, we use as our dependent variable an indicator of generalized support for the EU, namely support for EU membership of one's country. This indicator refers to the EU as a whole, it thus abstracts from specific aspects of citizens' preferences and is considered unspecific. This allows differentiating various considerations of reasoned support as independent variables influencing this generalized EU support (see Fuchs, 2011b). As elaborated in the theoretical model, instrumental reasons are gauged using four measures: first by an indicator which underlines the Union's first and dominant goal of a common market, economic growth and prosperity. Thus if somebody relates the EU with economic prosperity, this can be interpreted as a material or instrumental reason to support membership. Another indicator concerns individual liberties, namely the right to free movement including the freedom to travel, study and work abroad. If the EU is foremost a means to increase the international relevance of one's country, this also reflects instrumental thinking. Finally, the potential influence of a person's experience with transition and recent globalisation processes more generally (the winners vs. losers hypothesis) will be captured by an evaluation of one's own situation in comparison with five years earlier. Normative evaluations will be assessed using questions pertaining to satisfaction with democracy at the national and European level. Finally, expressive considerations as elaborated above are measured by four indicators: attachment to Europe, attachment to the country, and fears that the EU brings a loss of cultural or national identity.[12] Due to data availability[13] we could only include the eight new member states of the first accession wave in 2004.

12 For the exact question wording of the indicators see Appendix.

13 Unfortunately, there is no data available to assess the influence of accession on these different kinds of reasoned support in Bulgaria and Romania, as

Table 1- Attitudinal determinants of generalized EU support in post-communist member states (2004 accession wave)

REASONED SUPPORT	INDICATORS	2003			2005		
Instrumental reasons	EU means economic prosperity	.353	.282	.246	.217	.187	.159
	EU means freedom to travel, study and work abroad	.175	.160	.147	.096	.085	.062
	EU means stronger say in the world	.108	.075	.069	.128	.098	.085
	Positive change in personal situation	.140	.091	.080	.178	.133	.133
Normative reasons	Satisfaction with EU democracy		.258	.212		.234	.190
	Satisfaction with national democracy		.068	.057		.075	.065
Expressive reasons	Attachment to Europe			.095			.114
	Attachment to country			-.020a			-.028a
	EU means loss of cultural identity			-.139			-.053
	EU brings loss of national identity			-.093			-.142
Sociodemo-graphics	Gender	-.025	-.031	-.028	-.002a	.003a	.005a
	Age	.032	.060	.051	.057	.063	.066
	Education	.078	.060	.062	.087	.075	.088
Adj. Rsquare		**.292**	**.362**	**.400**	**.152**	**.229**	**.267**

Cell entries are standardized beta-coefficients (OLS regressions). Dependent variable in 2003 "EU membership would be a good thing"; in 2005 "EU membership is a good thing"

a Not significant

All other coefficients are significant at the 0.01 level or higher.

Sources: CCEB 2003.4 ; 2005: EB 63.4.

The results of this estimation show that before accession instrumental reasons were already very relevant (Table 1). They alone can explain almost 29 % of the variance in generalized EU support in 2003. Still, normative evaluations also add a considerable part to the explanation. Here especially the European level is decisive; the explanatory power of satisfaction with EU democracy is nearly as large as the influence of the conviction that the

normative evaluations have not been included in the Eurobarometer since 2007. Also, the wording of other indicators, such as for European identity, changed significantly. Therefore we could not compare the model over time for these countries.

EU brings economic prosperity. This comparable impact of normative and instrumental reasons contradicts any pure utilitarian explanation of EU support. The results furthermore suggest that people do not necessarily use the national proxies – in this case national democracy – for evaluating the EU as was proposed in previous studies (McLaren, 2004; Anderson, 1998; Fuchs, 2003; Kritzinger, 2003).[14] This analysis reinforces Fuchs' (2010) finding that variables referring to the national level have no direct effect on the level of support for the EU (see also Rohrschneider, 2002; Sánchez-Cuenca, 2000).

This also applies to expressive reasons. Attachment to one's country is the only indicator which is not significant.[15] At least on this aggregated level, national identity thus measured does not seem to be relevant for generalized support. This is in line with previous research results (on Spain see Diez Medrano and Gutiérrez, 2001; on France and Germany see Schild 2001). However, other studies have shown that national identity plays a role for those who manifest an exclusive national identity (Carey, 2002; Fuchs *et al.*, 2009; Hooghe and Marks, 2003; Citrin and Sides, 2004; McLaren, 2007). Consequently it is no surprise that expressive orientations relating to the European level are clearly important for EU support; this includes attachment to Europe as well as fears related to cultural or national identity caused by the EU. It is an important and eventually alerting result that the negative influence of fears is slightly stronger than the positive influence of European identity before and after accession. Should these fears persist and get stronger, it would not bode well for EU support.

Sociodemographic variables do not have much impact. Gender has the least influence, being only significant in 2003. Education has the comparatively strongest influence in the expected direction: the more educated, the more respondents support the EU.[16] This relatively modest influence is certainly due to the difference between objective situations such as social structure or socio-demography and subjective perceptions such as support of the EU. The latter is not simply determined by the former; there are intervening variables between objective factors and subjective perceptions.

---

14 These studies assumed that people would generalize attitudes from the national to the EU level given the lack of information about the EU and its low salience.

15 After 2004 it is significant on the 0,1 level. But even then the direction of its influence changes over the years: in 2004 and 2005 it has a slightly negative impact, in 2006 a small positive one.

16 In the country analysis of Estonia all socio-demographic variables are rarely significant (Table 3 in Appendix).

Including normative and expressive considerations, the explanatory power of the overall model in 2003 considerably increases to almost 40 % explained variance. A quite limited number of predictors thus have a remarkable explanatory power.[17] This high level of explanatory power of the overall model drops after accession to 26 % in 2004 and 2005 and 28 % in 2006 (Table 2). This is an interesting result, especially when considering the relatively short period analysed here. Unfortunately, we only had one time point for comparison before accession, but in the three years following it the model has a very similar explanatory power. Still, temporality is a very important issue when interpreting these results.

Table 2 - Explained variance in post-communist member states (2004 accession wave, Adj. R^2)

REASONED SUPPORT	2003	2004	2005	2006
Instrumental reasons	.292	.150	.152	.153
+ Normative reasons	.362 (+.070)	.225 (+.075)	.229 (+.077)	.230 (+.077)
+ Expressive reasons	.400 (+.038)	.264 (+.039)	.267 (+.038)	.282 (+.052)
Full Model	**.400**	**.264**	**.267**	**.282**

Sources: CCEB 2003.4 ; 2004 Eb 62.0; 2005: Eb 63.4; 2006: Eb 65.2.

The loss in overall explanatory power of the model is mainly due to the decreasing explanatory power of instrumental reasons. Table 2 shows that the additional amount of explained variance reached when normative and expressive reasons are included is impressively constant over the years – around 7 to 8 % when including normative reasons, and another 4 % (up to 5 % in 2006) when including expressive reasons. After accession, instrumental reasons can only explain half of the variance they accounted for in 2003. In light of this result, we have to *reject hypothesis 1*. Apparently the public in the new member states does not necessarily concentrate on more "mundane bread-and-butter issues" after accession as was hypothesized by Rohrschneider and Loveless (2011). It might also be that instrumental considerations other than the ones assessed here have become more relevant.

17 Fuchs (2011b) for example analyses the impact of almost the double number of predictors (namely 18). His model offers a comparable level of explained variance of 0.442 in 2004 for the EU 25.

In view of the constant impact of normative reasons before and after accession, *hypothesis 2*, which led to expect a decrease in the importance of normative reasons, is *not confirmed*. Thus citizens of the new member states, who experienced the democratic transition of their own country in the 1990s only, consider democratic evaluations of the EU as important before as after accession. This result contradicts Fuchs' (2011b) finding that normative factors have almost no explanatory power. His analysis however covered the then 25 member states; in the eight new member states in CEE analysed here, normative evaluations were and stay relevant for EU support.

The results largely *confirm hypothesis 3* which led us to expect a constant influence of more deep seated expressive reasons. Apparently formal membership does not increase the importance of European identity, at least not in the short period analysed here. Louder nationalist voices in several new member states did not have the power to make national and European identification incompatible either – at least so far; nor did the importance of cultural threats increase after accession. This can be understood in light of previous research, which does not see a close relationship between the salience of cultural threats and formal membership, but rather attributes changes in the former to fluctuations in national political discourse (De Vries and Edwards, 2009; Diez Medrano, 2003; Koopmans and Statham, 2010).

The comparison of support for the EU across countries in the first part of the paper revealed that Estonia and Poland were the only countries in which support increased between 2003 and 2011. Is our model able to explain this diverging development? Applying the same cascading analysis on the attitudes of Estonians (see Table 3 in the Appendix) shows that the model is slightly better able to explain EU support before Estonia's accession. In 2003, instrumental reasons explain 31 % of the variance; together with normative reasons, 43 %, and the full model explains up to 45 %. In 2005, in contrast, the model explains clearly less variance in Estonia than in the aggregate analysis. The respective numbers are only 5 % for instrumental reasons, 15 % when adding normative reasons and 19 % with expressive reasons. Thus especially after accession, other factors not included in the model seem to have a stronger influence on public opinion in Estonia causing a slight increase in support here in contrast to the decreasing trend seen in most other Central European countries.

Conclusion

On the basis of the analysis presented in this article, we can certainly conclude that there is no permissive consensus in the eight new member states of the first wave. Generalized support for the European Union declined since accession in almost all of them. Less than 50 % of the population supporting EU membership is such a low level of mass support that it should not be ignored by usually more pro-European elites when they have to decide on further integration steps. Yet, this decline is not specific to Central and Eastern Europe; other studies have found similar results for the older member states. But are citizens in the new member states special in respect to why they support the EU? This analysis showed that support for the EU in the eight CEE countries that became members of the EU in 2004 can be explained to a large extent by the same reasons which have been found to matter in the older member states. Instrumental calculations, normative evaluations as well as expressive feelings are key explaining factors in this regard.

Yet, comparing their explanatory power over time revealed somewhat surprising results. The expected increase in importance of instrumental reasons and the expected decrease in normative reasons after accession did not materialize. The importance of instrumental reasons even declined after 2004. To be sure, the analysis did not take into account all possible instrumental reasons people might have to support the EU. The change in the weight of instrumental reasons after accession could mean that other costs and benefits became more important. In addition, we could only analyse a relatively short time period. It might be that the importance of instrumental reasons increased again since 2006 due to the economic and financial crises that hit some CEE countries especially hard. Nevertheless, we should not underestimate the importance of other reasons. Normative evaluations, especially at the European level, were already important in post-communist countries before accession; the concrete experience of membership and participatory rights did not add to nor reduce their importance. Expressive reasons contributed less to the overall explanatory power than normative ones. Yet, their importance is also significant and constant over time. Especially the considerable relevance of cultural threats has to be taken seriously.

These results underline three tasks for the European Union in the years to come. First, this transnational polity has to stand up to the instrumental expectations of its citizens. To increase support for the EU in Central and Eastern Europe, citizens will have to be convinced that membership involves more benefits than costs. This might be even more important in the new member states, where membership is not yet as habitual as in older ones. The current crisis is a very critical test for the EU's capacity to hold together and for its member states to find sustainable solutions hand in hand.

In addition, the continuously important role played by normative evaluations in this region should not be underestimated. This is a chance and a challenge for the EU at the same time. It is on the one hand a good basis on which to build an effective political community but, should the EU fail to stand up to the democratic expectations of its citizens, support could further decline. Thus, the second task is to increase the accountability and transparency of European governance in order to fulfil people's normative expectations. This does not necessarily mean that the EU has to implement democracy as we know it at the national level. Hardly anybody today postulates the need for a full-fledged European democracy. Scholars rather point to various possibilities to diminish the democratic deficit. The application of democratic standards at the EU level might be mediated by the national level (Scharpf 2009), so that responsibility would mainly lie with accountable national elites; or we might create a "demoicracy" (Cheneval, 2011), strengthening democracy on the transnational level via the European Parliament as well as linkages and accountability between the constituting demoi of the member states.

Thirdly, the construction and customization of European identity is a long process. Nonetheless, its seeds and importance seem to be as developed in the new member states as in the older ones. An increase and intensification of European identity as well as a reduction of perceived cultural threats could certainly play a major role in the future development of support for the EU. The key factors to influence the development of such feelings probably lie less with the European than the country level.

This analysis gave an overview on a specific European region. It was beyond its scope to take into account the various country contexts. National public spheres, elite and media discourses as well as national political parties usually dominate the relevant debates on belonging and cultural threats. They also influence the salience of economic and political considerations and thus the criteria citizens use to evaluate EU membership and democracy. Furthermore, differences between institutional settings as well as historical factors contribute to a better understanding of EU support. Along with in-depth case studies, comparative multilevel analyses taking into account cross-level interactions with such factors would be promising and would put in perspective the results of this analysis.

Appendix

Country's membership is a good thing

'Generally speaking, do you think that [our country]'s membership of the European
Union is (in 2003: 'would be')...?'
Scale values are: 1 'a bad thing', 2 'neither good nor bad', 3 'a good thing'.

EU means economic prosperity/ freedom to travel/ stronger say/ loss of cultural identity

'Generally speaking, what does the EU mean to you personally?... Economic prosperity/ freedom to travel, study and work abroad/ a stronger say in the world/ loss of cultural identity'
Dummy variable: 1 'mentioned', 0 'not mentioned'

Change in personal situation

'If you compare your present situation with five years ago, what would you say it has improved, stayed about the same, or got worse?'
Scale values are: 1 'got worse', 2 'stayed about the same', 3 'improved'

Satisfaction with democracy on the national/ EU level

'On the whole, are you very satisfied, fairly satisfied, not very satisfied or not at all satisfied with the way democracy works in [our country]?'
'And how about the way democracy works in the European Union?'
Scale values are: 1 'not at all satisfied', 2 'not very satisfied', 3 'fairly satisfied', 4 'very satisfied'.

Attachment to country/ Europe

'People may feel different degrees of attachment to their town or village, to their region, to their country or to Europe. Please tell me how attached you feel to.. (COUNTRY)/Europe?'
Scale values are: 1 'not at all attached', 2 'not very attached', 3 'fairly attached', 4 'very attached'.

EU brings loss of national identity

'Some people may have fears about the building of Europe, the European Union. Here is a list of things which some people say they are afraid of. For each one, please tell me if you, personally, are currently afraid of it, or not: The loss of national identity and culture'
Dummy variable: 1 'currently afraid of it', 0 'not currently afraid of it'

Table 3- Attitudinal determinants of generalized EU support in Estonia

REASONED SUPPORT	INDICATORS	2003			2005		
Instrumental reasons	EU means economic prosperity	.291	.262	.218	.014a	.121a	.000a
	EU means freedom to travel, study and work abroad	.330	.313	.280	-.013a	.010a	-.013a
	EU means stronger say in the world	.137	.130	.126	.124	.083b	.067a
	Positive change in personal situation	.125	.067b	.061a	.213	.155	.108
Normative reasons	Satisfaction with EU democracy		.233	.194		.246	.192
	Satisfaction with national democracy		.108	.089b		.128	.112
Expressive reasons	Attachment to Europe			.095b			.135
	Attachment to country			.040a			-.060a
	EU means loss of cultural identity			-.100			-.040a
	EU brings loss of national identity			-.048a			-.194
Sociodemo-graphics	Gender	-.022a	-.049a	-.055a	-.013a	.000a	.002a
	Age	.075b	.120	.102b	.023a	-.047a	-.093a
	Education	.106	.059a	.054a	-.001a	.094a	.155a
Adj. Rsquare		**.316**	**.433**	**.452**	**.056**	**.151**	**.191**

Cell entries are standardized beta-coefficients (OLS regressions). Dependent variable in 2003 "EU membership would be a good thing"; in 2005 "EU membership is a good thing"
a Not significant, b Significant at the 0.05 level, All other coefficients are significant at the 0.01 level or higher.

Sources: CCEB 2003.4 ; 2005: Eb 63.4.

References

Anderson Christopher J. (1998), "When In Doubt, Use Proxies: Attitudes Toward Domestic Politics and Support for European Integration", *Comparative Political Studies*, vol. 31, n° 5, p. 569–601

Beetham David and Lord Christopher (1998), "Analyzing legitimacy in the EU", *in* **David Beetham and Christopher Lord** (eds.), *Legitimacy and the EU*, London and New York, Longman, p. 1-32.

Betz Hans-Georg (2004), *La Droite populiste en Europe : extrême et démocrate?*, Paris, Autrement.

Bornschier Simon (2010), *Cleavage Politics and the Populist Right. The New Cultural Conflict in Western Europe*, Philadelphia, Temple University Press.

Bornschier Simon (2011), "National Political Conflict and Identity Formation: The Diverse Nature of the Threat from the Extreme Left and Extreme Populist Right", *in* **Dieter Fuchs and Hans-Dieter Klingemann** (eds.), *Cultural Diversity, European Identity, and the Legitimacy of the EU*, Cheltenham, Northhampton (MA), Edward Elgar, p. 171-200.

Bruter Michael (2003), "Winning Hearts and Minds for Europe: The Impact of News and Symbols on Civic and Cultural European Identity", *Comparative Political Studies*, vol. 36, n° 10, p. 1148-1179.

Bruter Michael (2005), *Citizens of Europe? The Emergence of a Mass European Identity*, Basingstoke-New York, Palgrave Macmillan.

Carey Jean (2002), "Undivided Loyalties. Is National Identity an Obstacle to European Integration?, *European Union Politics*, vol.3, n° 4, p. 388-413.

Cedermann Lars-Erik (2001), "Nationalism and Bounded Integration. What it Would Take to Construct a European Demos", *European Journal of International Relations*, vol. 7, p. 139-174.

Cerutti Furio (2001), "Towards the Political Identity of the Europeans. An Introducation", *in* **Furio Cerutti and Rudolph Enno** (eds.), *A Soul for Europe*, vol. 1, A Reader, Sterling, Virginia, Peeters Leuven, p. 1-31.

Cerutti Furio (2008), "Why political identity and legitimacy matter in the European Union", *in* **Furio Cerutti and Sonia Lucarelli** (eds.), *The Search for a European Identity. Values, policies and legitimacy of the European Union*, London/New York, Routledge, p. 3-22.

Checkel Jeffrey and Katzenstein Peter J. (2009), "The Politicisation of European Identities", *in* **Jeffrey Checkel and Peter J. Katzenstein** (eds.), *European Identity,* Cambridge, Cambridge University Press, p. 1-28.

Cheneval Francis (2011), *The Government of the Peoples. On the Idea and Principles of Multilateral Democracy,* New York, Palgrave Macmillan.

Christin Thomas (2005), "Economic and Political Basis of Attitudes towards the EU in Central and East European Countries in the 1990s", *European Union Politics,* vol. 6, n° 1, p. 29–57.

Cichowski Rachel A. (2000), "Western Dreams, Eastern Realities. Support for the European Union in Central and Eastern Europe", *Comparative Political Studies,* vol. 33, n° 10, p. 1243–1278.

Citrin Jack and Sides John (2004), "Can There be Europe without Europeans? Problems of Identity in a Multinational Community", *in* **Richard Herrmann, Marilynn Brewer and Thomas Risse** (eds.), *Identities in Europe and the Institutions of the European Union,* Lanham, Md. [u.a.], Rowman & Littlefield, p. 161-185.

De Vries Catherine E. and Edwards Erica E. (2009), "Taking Europe to its Extremes: Extremist Parties and Public Euroscepticism", *Party Politics,* vol. 15, n° 1, p. 5-28.

De Vries Catherine E. and van Kersbergen Kees (2007), "Interests, Identity and Political Allegiance in the European Union", *Acta Politica,* vol. 42, n° 2-3, p. 307-328.

Diez Medrano Juan (2003), *Framing Europe: Attitudes toward European Integration in Germany, Spain, and the United Kingdom,* Princeton, Princeton UP.

Diez Medrano Juan and Gutiérrez Paula (2001), "Nested Identities: National and European Identity in Spain", *Ethnic and Racial Studies,* vol. 24, n°. 5, p. 753-778.

Duchesne Sophie and Frognier André-Paul (1995), "Is There a European Identity?", *in* **Oskar Niedermayer and Richard Sinnott** (eds.), *Public Opinion and Internationalized Governance,* Oxford, Oxford University Press, p. 193-226.

Duchesne Sophie and Frognier André-Paul (2008), "National and European Identifications: A Dual Relationship", *Comparative European Politics,* vol. 6, n° 2, p. 143-168.

Easton David (1965), *A systems Analysis of Political Life*, New York, Wiley.

Easton David (1975), "A Re-Assessment of the Concept of Political Support", *British Journal of Political Science*, vol. 4, n° 5, p. 435-457.

Eiser J. Richard (1986), *Social psychology: Attitudes, Cognition, and Social Behaviour*, Cambridge University Press.

Ehin Piret (2001), "Determinants of Public Support for EU Membership: Data from the Baltic Countries", *European Journal of Political Research*, vol. 40, n° 1, p. 31-56.

Eichenberg Richard C. and Dalton Russell J. (1993), "Europeans and the European Community: The Dynamics of Public Support for European Integration", *International Organization*, vol. 47, n° 4, p. 507-534.

Eichenberg Richard C. and Dalton Russell J. (2007), "Post-Maastricht Blues: The Transformation of Citizen Support for European Integration, 1973–2004", *Acta Politica*, vol. 42, n° 2-3, p. 128-152.

Elgün Özlem and Tillman Erik R. (2007), "Exposure to European Union Policies and Support for Membership in the Candidate Countries", *Political Research Quarterly*, vol. 60, n° 3, p. 391-400.

Follesdal Andreas and Hix Simon (2006), "Why there is a Democratic Deficit in the EU: A Response to Majone and Moravcsik", *Journal of Common Market Studies*, vol. 44, n° 3, p. 533-562.

Fuchs Dieter (2003), "Das Demokratiedefizit der Europäischen Union und die politische Integration Europas. Eine Analyse der Einstellungen der Bürger in Westeuropa", *in* **Frank Brettschneider, Jan van Deth and Edeltraud Roller** (eds.), *Europäische Integration: Öffentliche Meinung, politische Einstellung und politisches Verhalten*, Opladen, Leske + Budrich, p. 29-56.

Fuchs Dieter (2010), "European Identity and Support for European Integration", *in* **Sonia Lucarelli, Furio Cerutti and Vivien Schmidt** (eds.), *The Europeans: On the Political Identity of the EU Citizens and the Legitimacy of the Union*, London and New York, Routledge.

Fuchs Dieter (2011a), "Cultural Diversity, the Legitimacy of the EU and European Identity: A Theoretical Framework", *in* **Dieter Fuchs and Hans-Dieter Klingemann** (eds.), *Cultural Diversity, European Identity, and the Legitimacy of the EU*, Cheltenham, Northhampton (MA), Edward Elgar, p. 27-60.

Fuchs Dieter (2011b), "Explaining Support for European Integration: An Attitudinal Model", *in* **Dieter Fuchs and Hans-Dieter Klingemann** (eds.), *Cultural Diversity, European Identity, and the Legitimacy of the EU*, Cheltenham, Northhampton (MA), Edward Elgar, p. 220-246.

Fuchs Dieter, Guinaudeau Isabelle and Schubert Sophia (2009), "National Identity, European Identity and Euroscepticism", *in* **Dieter Fuchs, Paul Magni-Berton and Antoine Roger** (eds.), *Euroscepticism. Images of Europe among mass publics and political elites*, Opladen and Farmington Hills, MI, Barbara Budrich Publishers, p. 91-112.

Gabel Matthew (1998a), "Economic Integration and Mass Politics: Market Liberalisation and Public Attitudes in the European Union", *American Journal of Political Science*, vol. 42, n° 3, p. 936-953.

Gabel Matthew (1998b), "Public Support for European Integration: An Empirical Test of Five Theories", *Journal of Politics*, vol. 60, n° 2, p. 333-354.

Gabel Matthew and Whitten Guy D. (1997), "Economic Conditions, Economic Perceptions, and Public Support for European Integration", *Political Behavior*, vol. 19, n° 1, p. 81-96.

Garry John and Tilley James (2009), "Attitudes to European Integration: Investigating East-West Heterogeneity", *European Integration*, vol. 31, n° 5, p. 537-549.

Göncz Borbala (2012), "'I would like to see that one is able to say I'm proud of being a citizen of the EU...'-The way Hungarian people see Europe and the EU", *Corvinus Journal of Sociology and Social Policy*, vol. 3, n° 1, p. 111-135.

Habermas Jürgen (1984), *The Theory of Communicative Action*, vol. 1: *Reason and the Rationalization of Society*, Boston, MA, Beacon Press.

Habermas Jürgen (2004), *Der gespaltene Westen*, Frankfurt am Main, Suhrkamp.

Hartung Johanna (2010), *Sozialpsychologie*, Stuttgart, W. Kohlhammer.

Herrmann Richard, Marilynn Brewer and Thomas Risse (eds.) (2004), *Transnational Identities: Becoming European in the EU*, Lanham, Md. [u.a.], Rowman & Littlefield.

Hix Simon (2008), *What's Wrong With the European Union and How to Fix it*, Cambridge, Polity Press.

Hooghe Liesbet and Marks Gary (2005), "Calculation, Community and Cues", *European Union Politics,* vol. 6, n° 4, p. 419-443.

Hooghe Liesbet and Marks Gary (2007), "Sources of Euroscepticism", *Acta Politica*, vol. 42, n° 2-3, p. 119-127.

Inglehart Ronald (1970), "Cognitive Mobilization and European Identity", *Comparative Politics*, vol. 3, n° 1, p. 45-70.

Janssen Joseph I. H. (1991), "Postmaterialism, Cognitive Mobilization and Public Support for European Integration", *British Journal of Political Science,* vol. 21, n° 4, p. 443-468.

Kaina Victoria (2009), *Wir in Europea: Kollektive Identität und Demokratie in der Europäischen Union*, Wiesbaden, VS Verlag.

Kantner Cathleen (2006), "Collective Identity as Shared Ethical Self-Understanding. The Case of the Emerging European Identity", *European Journal of Social Theory,* vol. 9, n° 4, p. 501-523.

Karp Jeffrey A., Banducci Susan A. and Bowler Shaun (2003), "To Know It Is to Love It: Satisfaction with Democracy in the European Union", *Comparative Political Studies*, vol. 36, n° 3, p. 271-292.

Kohli Martin (2000), "The Battlegrounds of European Identity", *European Societies,* vol. 2, n° 2, p. 113-137.

Koopmans Ruud and Statham Paul (eds.) (2010), *The Making of a European Public Sphere: Media Discourse and Political Contention*, New York, Cambridge UP.

Kriesi Hans-Peter et al. (2008), *West European Politics in the Age of Globalization*, Cambridge, Cambridge University Press.

Kritzinger Sylvia (2003), "The Influence of the Nation-State on Individual Support for the European Union", *European Union Politics*, vol. 4, n° 2, p. 219-241.

Loveless Matthew and Rohrschneider Robert (2011), "Public perceptions of the EU as a system of governance", *Living Review on European Governance* vol. 6, n° 2, URL: http://europeangovernance. livingreviews.org/open?pubNo=lreg-2011-2&page=articlese4.html

Lupia Arthur, McCubbins Mathew D. and Popkin Samuel L. (eds.) (2000), *Elements of Reason. Cognition, Choice, and the Bounds of Rationality*, Cambridge, Cambridge University Press.

Majone Giandomenico (1998), "Europe's 'Democratic Deficit': The Question of Standards", *European Law Journal*, vol. 4, n° 1, p. 5-28.

Massey Douglas (2002), "Presidential Address: A Brief History of Human Society: The Origin and Role of Emotion in Social Life", *American Sociological Review, vol.* 67, p. 1-29.

McLaren Lauren (2002), "Public support for the European Union: Cost/Benefit Analysis or Perceived Cultural Threat?" *The Journal of Politics,* vol. 64, n° 2, p. 551-566.

McLaren Lauren (2004), "Opposition to European Integration and fear of loss of national identity: Debunking a basic assumption regarding hostility to the integration Project", *European Journal of Political Research,* vol. 43, n° 6, p. 895-911.

McLaren Lauren (2006), *Identity, Interests and Attitudes to European Integration,* Houndsmills *et al.*, Palgrave Macmillan.

McLaren Lauren (2007), "Explaining Mass-Level Euroscepticism: Identity, Interests and Institutional Distruct", *Acta Politica,* vol. 42 , n° 2/3, p. 233-251.

Moravcsik Andrew (2002), "In Defence of the 'Democratic Deficit': Reassessing Legitimacy in the European Union", *Journal of Common Market Studies,* vol. 40, n° 4, p. 603-624.

Mössner Alexandra (2009), "Cognitive Mobilization, Knowledge and Efficacy as Determinants of Euroscepticism", *in* **Dieter Fuchs, Paul Magni-Berton and Antoine Roger** (eds.), *Euroscepticism. Images of Europe among Mass Publics and Political Elites,* Opladen and Farmington Hills: Barbara Budrich, p. 157-173.

Muñoz Jordi, Torcal Mariano, and Bonet Eduard (2011), "Institutional Trust and Multilevel Government in the European Union: Congruence or Compensation?", *European Union Politics,* vol. 12, n° 4, p. 551-574.

Parsons Talcott (1951), *The Social System*. London, Routledge & Paul.

Ray Leonard (2003), "When Parties Matter: The Conditional Influence of Party Positions on Voter Opinions about European Integration", *Journal of Politics, vol.* 65, p. 978-994.

Risse Thomas (2004), "European Institutions and Identity Change: What Have We Learned?" *in* **Richard Herrmann, Thomas Risse and Marilynn Brewer** (eds.), *Transnational Identities. Becoming European in the European Union,* Lanham MD, Rowman & Littlefield), p. 247-271.

Rokeach Milton (1968), *Beliefs, Attitudes, and Values: A Theory of Organization and Change*, San Francisco, Jossey-Bass.

Rohrschneider Robert (2002), "The Democracy Deficit and Mass Support for an EU-wide Government", *American Journal of Political Science*, vol. 46, n° 2, p. 43-475.

Rohrschneider Robert and Loveless Matthew (2010), "Macro Salience: How Economic and Political Contexts Mediate Popular Evaluations of the Democracy Deficit in the European Union", *Journal of Politics*, vol. 72, p. 1029-1045.

Rohrschneider Robert and Whitefield Stephen (2006a), "Political Parties, Public Opinion and European Integration in Post-Communist Countries: The State of the Art", *European Union Politics*, vol. 7, n° 1, p. 141-160.

Rohrschneider Robert and Whitefield Stephen (2006b), *Public Opinion, Party Competition and the European Union in Post-Communist Europe*, Palgrave, New York

Sánchez-Cuenca Ignacio (2000), "The Political Bases of Support for European Integration", *European Union Politics*, vol. 1, n° 2, p. 147-171.

Scharpf Fritz (1999), *Governing in Europe. Effective and Democratic?* Oxford/ New York, Oxford UP.

Scharpf Fritz (2009), "Legitimacy in the Multilevel European polity", *European Political Science Review*, vol. 1, n° 2, p. 173-204.

Schild Joachim (2001), "National v. European Identities?, French and Germans in the European Multi-Level System", *Journal of Common Market Studies*, vol. 39, n° 2, p. 331-351.

Schlenker Andrea (2013), "Cosmopolitan Europeans or Partisans of Fortress Europe? Supra-national Identity Patterns in the EU", *Global Society*, vol. 27, n° 1, p. 25-51.

Schlenker-Fischer Andrea (2011), "Multiple Identities in Europe: A Conceptual and Empirical Analysis", *in* **Dieter Fuchs and Hans-Dieter Klingemann** (eds.), *Cultural Diversity, European Identity, and the Legitimacy of the EU*, Cheltenham, Northhampton (MA), Edward Elgar, p. 86-122.

Sears David O. (1993), "Symbolic Politics: A Socio-Psychological Theory", *in* **Shanto Iyengar and William J. McGuire** (eds.), *Explorations in Political Psychology*, Durham, NC; Duke University Press, p. 113-149.

Sniderman Paul M., Hagendoorn Louk and Prior Markus (2004), "Predisposing Factors and Situational Triggers: Exclusionary Reactions to Immigrant Minorities", *American Political Science Review*, vol. 98, n° 1, p. 35-49.

Strath Bo (2002), "A European Identity: To the Historical Limits of a Concept", *European Journal of Social Theory*, vol. 5, n° 4, p. 387-401.

Tucker Josh A., Pacek Alexander C. and Berinsky Adam J. (2002), "Transitional Winners and Losers: Attitudes toward EU membership in Post-Communist Countries", *American Journal of Political Science*, vol. 46, n° 3, p. 557-571.

Tverdova Yulia V. and Anderson Christopher J. (2004), "Choosing the West? Referendum Choices on EU Membership in East-Central Europe", *Electoral Studies*, vol. 23, n° 2, p. 185-208.

White Jonathan (2011), *Political Allegiance after European integration*, Houndmills *et al.*, Palgrave Macmillan.

Whitefield Stephen (2006), "Mind the Representation Gap: Explaining Differences in Public Views of Representation in Postcommunist Democracies", *Comparative Political Studies*, vol. 39, n° 6, p. 733-758.

Zaller John (1992), *The Nature and Origins of Mass Opinion*, Cambridge, Cambridge UP.

Andrea Schlenker

Senior Researcher and Lecturer, University of Lucerne
andrea.schlenker@unilu.ch

Varia

POLITIQUE EUROPÉENNE
N° 38 | 2012
Frank R. Baumgartner, Martial Foucault et Abel Franç
[p. 124-153]

Public Budgeting in the EU Commission. A Test of the Punctuated Equilibrium Thesis

We test a punctuated equilibrium model of budgeting in the context of the European Union. Compared either to the US or to the national systems of its member states, we know little about the impact of the institutional design of the EU on its internal budgeting processes. For one, we do not know whether the heterogeneous preferences of each member-state are likely to create friction or venue-shopping towards the EU Commission. This paper first describes European budgeting processes since the inception of the EU, taking into consideration the enlargement process. In a second section, we present European budgeting data to test models of friction, incrementalism, and punctuated equilibrium, drawing from a developing literature with US and European applications. The findings make clear that EU budgeting processes correspond to a punctuated equilibrium model of budgetary choice, as previous studies have recently shown for the US and many European member states.

Processus budgétaire au sein de la Commission européenne. Un test du modèle de l'équilibre ponctué

Dans cet article, nous testons le modèle du « *punctuated equilibrium* » à travers le processus budgétaire de la Commission européenne. Comparativement aux États-Unis et à certains États membres de l'Union européenne, la littérature s'est très peu intéressée aux conséquences de l'architecture institutionnelle de l'UE sur son processus budgétaire. Par exemple, nous ne savons pas si les préférences hétérogènes des États membres sont susceptibles de créer des tensions ou des opportunités de mise à l'agenda au sein de la Commission européenne. Cet article décrit dans un premier temps les processus budgétaires européens depuis 1957 en tenant des phases d'élargissement. Puis, une seconde section est consacrée à la présentation des données empiriques mobilisées pour tester les modèles de friction, d'incrémentalisme budgétaire et d'équilibre ponctué. Dans une dernière partie, les résultats admettent clairement que les processus budgétaires de l'Union européenne confirment l'existence d'un modèle de type équilibre ponctué à l'instar de ceux déjà observés aux États-Unis et au sein de certains États membres.

Public Budgeting in the EU Commission

A Test of the Punctuated Equilibrium Thesis[1]

Frank R. Baumgartner
University of North Carolina
Martial Foucault
University of Montréal
Abel François
EM Strasbourg - Université de Strasbourg

In the perspective of the new financial framework of the EU for the 2007-2013 period implemented by the European Council in December 2005, the European budget is regularly judged insufficient in regard with the goals of the Lisbon Strategy and the expected expenditures of cohesion (in consequence of the last enlargement process). How to explain the systematic gap between the EU fiscal needs and the real fiscal involvement?

Previous research in American, Danish, Belgian, French, British, and German government budgeting has shown that all exhibit characteristics of punctuated equilibrium based on a friction model (see the September 2006 special issue of the *Journal of European Public Policy*). Jones and Baumgartner (2005) laid out two possible reasons for the high friction associated with budgeting in the United States: Cognitive overload and institutional friction. Other tests of various European budgetary data show that all the national different systems showed substantial friction effects, although the precise level of friction varies.

The strategy of testing whether the punctuated-equilibrium (PE) results common in the US literature are caused by the structural design of the American political system or are a universal phenomenon rooted in the nature of human decision making is to look at the distribution of policy changes across

1 Baumgartner would like to acknowledge his collaborator Bryan D. Jones, the support of National Science Foundation grant number SBR 9320922, and the Camargo Foundation. All three authors would thank the Direction générale du Budget de la Commission européenne for its answers to various requests.

time. But what is true at the national level with Parliamentary systems and unitary governments is not necessarily to be found at the European level where policies are formulated through intergovernmentalism and in a different institutional setting. Indeed, institutional friction within the EU may be substantially lower because of both the delegated process of decision-making and the reduced role of the European Parliament. In addition, the Commission acts as an executive branch of EU with its own agenda-setting powers and this may be expected to reduce levels of institutional friction further. We therefore look in detail at EU budgeting here in order to see if it shows characteristics similar to what has been found in national budgeting systems or if the supranational and inter-governmental character of the institutions of the EU induces different patterns of budgetary change over time, notably with reduced friction because of greater executive authority.

Compared either to the US or to the national systems of its member states, we know little about the impact of the institutional design of the EU itself on its internal budgeting processes. For one, we do not know whether the heterogeneous preferences of each member-state are likely to create friction or venue-shopping towards the EU Commission. We describe the budgetary process within the EU in order to explore these issues and establish our theoretical expectations.

In a first part, this paper presents the theoretical framework of Punctuated Equilibrium (PE) and discusses the reasons why the EU is likely to exhibit punctuated policy change, considering rival hypotheses as well.

A second part describes European budgeting processes since the inception of the EU. We then examine public budgeting in historical perspective, taking into consideration the enlargement process. European budgets quantify collective political decisions made in response to incoming information, the preferences of (delegated) decision-makers, and the institutions that structure how decisions are made. In a third section, we present European budgeting data to test models of friction, incrementalism, and punctuated equilibrium. Data are collected from the EU Commission historical budgets and include the overall EU budget since 1968; functional budgets for six series: Agriculture; External Action; Regional Development; Research; Administration; and Repayments and Other. We also analyze several series which are politically defined and available only for shorter periods, and three additional policy series available for less than the full period (Appendix 3 describes our data series). For each series, we examine the distribution of annual percentage changes in spending, adjusting for any changes in budget categories used. The PE theory leads us to expect and findings from other countries so far show distributions with high kurtosis: A high central peak combined with weak shoulders and extensive outliers. By contrast, a rational or comprehensive proportionate reaction to changing social conditions, with no friction imposed by institutional design, would produce a Normal distribution of changes. The theory is easily tested by simple distributional tests.

The paper concludes with comments relating to a future research agenda.

Theoretical framework

Public budgeting is often conflictual since it represents the result of a process of negotiation among actors representing different preferences, often divided by different ideological if not partisan attachments and with different institutional roles. Breuning and Koski (2006) state that "similar to other democratic public budgeting arenas, state budgets contain the outcomes of extensive decision making processes involving the preferences of many political actors." The expression of budgetary preferences provides an accurate idea of collective choice. But it does not necessarily imply that final outcomes satisfy all social demands. In other words, it means that budgets may produce some non-satisfaction due to political institutions, conflicting preferences, and resources constraints. Then if political actors could take budgetary decisions that satisfied all individuals, political stability would be the normal trend of policymaking. But any government faces to an extraordinary sum of uncertainties that make its choices more difficult to implement. To that extent models of policymaking are generally based on the twin principles of incrementalism and negative feedback (Baumgartner and Jones, 1993).

Focusing on the pattern of EU public spending on a long period implies the need to evaluate annual changes in budgets over long periods of time. For that, if we follow the conclusions of the Wildasky model (1964), it must be expected that European decision-makers make incremental course corrections from the status quo, a view of the budgeting process that has dominated thinking about policy change since the late 1950s. Lindblom (1959) and Wildavsky (1964) and others argued that annual budget results tend to drift rather than to shift abruptly. Jones and Baumgartner (2005) develop a new model of choice for public policy which is consistent with the incremental model, but more general. More importantly, it is consistent with a more accurate model of human cognition and policy choice in organizations, based on bounded rather than comprehensive rationality in the sense of Herbert Simon (1959). They demonstrated that incrementalism as it was originally laid out is actually a theory of comprehensive rationality, or its predictions are consistent with such a model. The authors are aware of the irony of this assertion, as Lindblom's model was explicitly based on such concepts as "muddling through" and limited search for alternatives. The importance of the status quo in structuring policy change was an important element of the original incrementalist model. But the early incrementalists did not appreciate the huge shifts that empirically are associated with some proportion of budgeting decisions; their model predicted a normal distribution of responses, which in fact is equivalent to an Efficient Market Thesis approach, implying an efficient reaction consistent, in fact, with comprehensive rationality. Baumgartner and Jones showed that in fact the distributions are not normally distributed at all, but have a huge central peak (corresponding with the status quo bias that the incrementalists rightly identified) combined with much larger than expected numbers of extreme outliers (a fact that the incrementalists overlooked for reasons of the relatively small numbers of observations in their empirical work). The same result applies in many Western democracies implying taht budgets are highly incremental, yet occasionally are punctuated by large changes. Jones *et al.* (2009) describe this pattern as a general law of budgeting processes which holds regardless of the type of political system– parliamentary or presidential – and for level of government (local governments being less punctuated). The theory of ponctuated equilibrium applied to budget evolutions has been empirically tested in different countries ; for instance in the United States (Jones et Baumgartner, 2005 ; McAtee and Lowery, 2005 ; Breunig et Koski, 2006), in some European countries (Breunig, 2006 ; Baumgartner, Foucault et François, 2006, 2011 ; Mortensen, 2005 ; Breunig, Koski et Mortensen, 2010) but never at the European Union level.

Considering the aggregation of thousands of social or economic demands what may be considered the "inputs" with which governments deal, the first differences in any such series aggregated from thousands of unrelated series must be a normal distribution, through the Central Limit Theorem. Some problems may have gotten worse, some may have ameliorated, and most will be similar to where they were in the previous year. A decision-making process reacting proportionately to such changing inputs would produce a Normal distribution of budget changes. This can easily be ascertained by looking at the percentage change in consistently defined spending categories and aggregating across enough years to yield stable estimates. With hundreds or thousands of observations, the distribution of budgetary changes can easily be compared with a Normal distribution.

Incrementalism logically must yield a normal distribution of outcomes, but disproportionate information processing yields leptokurtic outcomes – that is, "too many" cases in the central peak, relatively few cases in the shoulders, and a great number of outliers as compared to the Normal distribution. Jones and Baumgartner argued that the particular distribution they observed (and which has subsequently been affirmed in many analyses at the local, regional, and national levels in the US and in many European states), with its characteristic high kurtosis values, could be explained by cognitive friction or institutional constraints, or both. The cognitive argument is simply that human decision-makers cannot simultaneously monitor each of the thousands of variables that may be important, so inevitably they pay attention only to a subset of the relevant information. They are occasionally forced to make dramatic adjustments to previous decisions when unmonitored policy issues emerge as crises; so instead of steady, comprehensive, smooth and proportionate adjustments, they posit a model of alternation between equilibrium-based periods when (for any single budget category) the status quo is largely recreated and occasional punctuations when dramatic adjustments are made. Adding institutional constraints only makes the stochastic process implications more severe, as institutional missions, standard operating procedures, and the difficulty of creating new institutions in government reinforce the tendency to attend to those dimensions of an issue already established in the status quo policy. To the extent that we find levels of kurtosis in budgetary outputs roughly equivalent across many institutional settings, then the cognitive explanation must be the more important one. If institutional designs are adding substantially to the friction over and above the cognitive limitations, then levels of kurtosis across institutional settings should vary substantially with the efficiency or inefficiency of the institutional design. In this paper, we extend previous studies by looking at budgeting processes in the EU, a system with dramatically different institutional procedures than those used in national member-states or in those organizations previously analyzed in the literature.

Institutional friction in the EU

Jones and Baumgartner's model of friction is simple. Whether the mechanism is the scarcity of attention at the cognitive level or the routine operation of institutional rules and procedures, the model predicts a strong tendency to repeat the status quo, generating a great central peak in the distribution of annual percentage changes in public budgets. At the same time, the model predicts a significant number of dramatic punctuations, as policymakers suddenly face urgent problems (problems which they had previously ignored, an inevitable consequence of limited attention). Therefore the tails of the distribution are expected to have many more cases far in the extremes than would be observed in a Normal distribution. A model of incrementalism, by contrast, predicts a Normal curve, as the Efficient Market Thesis would predict that the distribution of changes in share prices of companies or of any stock market index would be perfectly Normal, as the market would instantaneously adjust to any new information, and the nature of the new information entering the system would be driven, over long periods of time, by thousands of stochastic series, the combination of which would be Normal, through the Central Limit Theorem. In a P-E perspective of government budgeting, decision-makers are able only to address a small number of the potential problems that might merit their attention; they therefore allocate their attention (and the most significant budgetary adjustments) only to those few problems that are judged to be the most urgent or severe; all other problems, even moderately severe ones, see only marginal adjustments from the status quo ante. Comprehensive, proportionate response to changing social and economic input factors is impossible because of bounded rationality or institutional friction.

Given this set of hypotheses and expectations, it is a simple matter to compare the outputs of any budgeting process over time to a Normal distribution. If the friction or PE model is correct, the distribution of percentage changes in consistently defined budgetary categories should simultaneously exhibit both a high central peak and large numbers of outliers. This can be assessed by the statistical measure of kurtosis, the fourth moment of a distribution. A normal distribution has a kurtosis value of 3; lower values reflect relatively flat distributions compared to the Normal (such as uniform distributions); higher values reflect more peaked distributions. Note that by definition a peaked distribution with high kurtosis also has many outliers; otherwise it would simply be a Normal distribution with low variance.

Within the European Union, we could expect that the juxtaposition of 27 current policy makers within an intergovernmental council naturally creates institutional friction in a sense of time-consuming processes to prioritize policies. There is significant reason to expect that the EU budgetary process, requiring agreement by so many disparate actors, and with the EU being not a nation state but an international organization, should have higher values of friction than what is observed within any single nation state. On the other hand, the EU has fewer competencies than national governments, which should make allocating attention among them significantly easier than in large national governments with many more competencies. Finally, previous studies have already demonstrated that national budgeting processes have very high levels of friction. The literature gives little guidance, in sum, about whether we should expect EU budgeting processes to be higher or lower in their friction than national processes. The comparison is nonetheless important because if we find roughly similar levels of friction in such diverse institutional settings as the EU and various member states, then it would follow that the cognitive explanation must be more important than the institutional one. Decision-making processes and institutional structures within the EU are undoubtedly different from those in individual nation states so similar findings would suggest a general explanation holds.

Venue shopping is part of the explanation for the (undisputed) growth in EC/EU level interest groups formation and lobbying noted in the literature (Richardson, 2001). Another explanation recently put forward by Robinson *et al.* (2007) in the case of education spending is linked to the complexity of the process since it requires the participation of a large number of people (officials, experts, civil servants, elites..). Then it increases both decision and transaction costs and naturally creates institutional friction between legislative and executive powers. The study of the EU has often been the subject of analysis in terms principal/agent models (Pollack, 1997, Kassim and Menon, 2003). Member states acting as principals (through the EU Council) delegate to supranational agents (EU Commission) the responsibility for carrying out a function or set of missions on the principal's behalf. But as we have mentioned above, budgetary processes are the output of executive branch priorities and there is reason to think that the strong powers of the commission in these matters should lead to lower institutional friction than in national parliamentary regimes.

The Punctuated Equilibrium (PE) thesis

The model of punctuated equilibrium derived from palaeontology and was applied to politics by Baumgartner and Jones (1993). The authors developed the theory in order to explain agenda dynamics in American politics. The idea is simple: it consists on observing when policy series are affected by stability (incremental movements) and instability (huge and violent change not assumed by incrementalist theories). The difference with incrementalism is contained with the following model: $B_t=B_{t-1}+e_t$ where B_t is the budget in place at time *t* and this is a function of the budget in the previous time period and a random effect. Jones and Baumgartner (2005: p. 327) explain that if "period-to-period policy changes are summed up, then the resulting frequency distribution would be approximatively normal" (i.e. $B_{t-1}- B_t=e_t$). If incrementalism is the right theory for explaining budgetary changes, then their distribution must be normally distributed across time. At the opposite, if it is not normally distributed, then incrementalism is not the relevant model of policy choice. That is why punctuated equilibrium presents an alternative theory which focuses on the cognitive limitations and institutional decision-costs associated with government budgetary choices.

Baumgartner and Jones (1993) emphasized that most policies most of the time are subject to negative feedback processes with the effect of maintaining equilibrium in policy outcomes. Policy stability is reinforced in such areas because any move away from the status quo equilibrium tends to be balanced or offset by a counteracting movement by those adversely affected by the pressure for change. Pluralism as defined by David Truman is a classic model of equilibrium: For each "disturbance" (pressure for change), social actors mobilize to demand redress; the equilibrium is reinforced and perpetuated by a process mathematically equivalent to a negative feedback process. But the second part of the process linking stability and change in American politics, according to Baumgartner and Jones, was the occasional but very important periods when positive feedback processes occur. These are characterized by social cascades, venue-shopping, and issue-redefinitions; these are explosive processes in which an initial change is amplified rather than mitigated over time. The result of any positive feedback process, in contrast to a negative feedback process, is to destroy the status quo with some form of explosive change. They argued that policies are typically associated with negative feedback but occasionally can be subject to the dramatic processes associated with positive feedback. Punctuated equilibrium describes this process. In more recent work (Jones and Baumgartner, 2005) they added an explicit discussion of bounded rationality in human cognition and stressed the importance of scarcity of attention on public agendas. Considering that there are more social problems than governments can simultaneously prioritize, attention tends to focus on just a small number of issues, not the full range. Those issues that are left "off the agenda" tend to be subject to negative feedback processes while those that rise high on the agenda by seem dramatic changes enacted; why would they be high on the agenda, after all, if the policies were working so perfectly? The very presence of the issue on the agenda suggests that existing policies are not working well, thereby possibly justifying both the intrusion of new actors previously not involved and the consideration of new policy models previously not taken seriously.

To summarize, Jones and Baumgartner (2005) laid out the reasons why, through the Central Limit Theorem, we would expect that the distribution of annual changes in the severity of thousands of social indicators affecting the government budget will be distributed Normally. Since there are thousands of economic, social, and stochastic inputs that affect government programs and no single process determines any more than a few of them together, their combination must mathematically be distributed Normally, at least in annual percent changes, as we analyze here. If changes in the severity of the social inputs are distributed Normally and government is reacting to these changes proportionately, then we should see a perfect illustration of incrementalism: Annual changes in budgets should also be Normally distributed. Following an individual series will who a random walk in time – policies are based on the status quo, adjusted by a random adjustment to the changing circumstances. Across all policy areas combined, the overall distribution of comprehensive rationality will be a Normal distribution.

If the decision-making process is characterized by significant institutional or cognitive friction, on the other hand, then the distribution of budget changes will not be Normal but will have a high kurtosis value, even if the underlying social inputs are Normal. This is because the decision-making process itself adds friction. Rather than responding proportionately to social inputs, the system under-responds to those inputs that are below a threshold, but over-responds to those that pass the threshold. Friction, based on cognitive processes or on institutional structure, creates disproportionate response and leads to a characteristic, highly peaked, distribution.

An example can be advanced in agriculture matters when the mad cow crisis affected the UK, France and Ireland. The reaction of EU was to allocate a fresh funding of about 1 billion euros[2] to manage this crisis. But this amount does not mean that EU has efficiently reacted to the problem. It only means

2 Under this proposal, 700 million euro (US$644 million) will be used in a destruction scheme for animals older than 30 months which cannot enter the food chain, 238 million euro (US$219 million) will be used for market intervention in the beef meat market and 33 million euro (US$30 million) will be spent in the co-financing of the BSE tests. The initial Bovine Spongiform Encephalopathy crisis and the failure of the institutions of the EU and Member States to react effectively and efficiently to this developing crisis, brought to light some of the faults in the food safety and animal health part of the EU's system of governance (Vincent, 2004).

that the problem was so severe that the reaction was probably disproportionate in terms of annual change of spending but disproportionate as well regarding the complexity of the disease and the scientific knowledge (at this time in 2000-2001) of suitable organizational response. As suggested by Baumgartner *et al.* (2006), not only is government slow to pay attention to new policy problems, but, once established, policies may be continued long after the severity of the problem which justified them in the first place has declined. Reactions to improvements in the state of the world, by reallocating attention or resources to other areas with more severe problems, or more rapidly growing ones, are slow.

Before presenting the main lines of the EU budgetary process, we first underline that the institutional framework in which EU evolves raises at least two kinds of institutional problems that are likely to enhance attention shifting: the individual bargaining power of each member-state and the perspective of enlargement (Seguiti, 2003). It is important to stress these two features since they reinforce the thesis of uncertainty and participation of heterogenous actors caused by enlargement process with non similar countries.

EU budgetary processes

Specificity of the European budgeting process

Since its inspection in 1957, the EU has faced many financial crises leading some countries (as Germany, France or the UK) to threaten the continued pursuit of European integration. In the international relations literature, such financial struggles can be analyzed as the result of domination of powers for the survival of nations (the realist paradigm), or the result of a redistribution process in which actors have to decide to what extent they want to use budgets to alter the distribution of wealth among member states (rational choice paradigm). An alternate theory stems from public economics to understand the fiscal choices of institutions. Many scholars have tried to explain the determinants of public spending in Europe (Alesina and Wacziarg, 1999; Tanzi and Schuknecht, 2000; Fiorito and Kollintzas, 2004). But inside the EU, no empirical work has precisely described the pattern of public spending dedicated to the main competencies (agriculture, regional development, research, etc).

In the European integration literature, it is usually argued that the application of fiscal federalism should favor the emergence of a decentralized provision of public goods when states have heterogeneous preferences but centralization if there are strong externalities between different jurisdictions (Oates, 1999). Consequently the existence of externalities is source of likely cooperation between actors in order to reduce the negative effects or cross-border externalities. The more trans-European externalities arise, the more the decision makers are likely to bring new issues on the European agenda. If we consider the range of externalities occurring among EU countries in terms of collective action, we can expect that the level of public spending within the EU will be of tremendous interest to national decision-makers. But at the same time, great uncertainty remains around the actual impact of public spending. That is why Europe seems to be more prone to be affected by multilateral cross-border externalities than unified countries. Then it should be not surprising to observe the shift of national issues to European issues for at least two reasons. First, as argued by Princen (2007), the movement of domestic issues to the European level is a strategic mechanism by which one may transfer the burden if externalities are strong or to overcome domestic opposition, notably for regulatory issues. The second reason is more recent and refers to the venue shopping (Baumgartner and Jones, 1993) concept whereby actors try to displace attention to new decision venues more favorable to their points of view. The practice of intergovernmentalism in Europe seems to be a fertile ground for venue-shopping since different European institutions control different instruments to satisfy various demands.

Our approach must consider the three levels of budgetary agenda-setting: at the European level, at the domestic level and both simultaneously. As agenda-setting is a highly political process, political actors seek actively to bring issues on to the agenda if they are looking for a change of policy or to keep them off if they prefer status quo (Princen, 2007).

Some historical elements of the European budgeting process

The history of European integration is narrowly linked to the implementation of a budgetary procedure whose enforcement has introduced conflicts at some times. We can divide the 1957 – 2007 period into five eras:

(a) 1953-1975: creation of an original budget system based on national contributions until 1970 and on autonomous EU resources from 1971 (customs tariffs, tax receipts and agriculture receipts).

(b) 1975-1988: financial crises due to the unbalance between new needs (enlargement process) and the level of receipts. The crisis was institutional as well since the Parliament competed with the Council on the use of budgetary power. Finally, the UK and Germany were opposed to continuing as net contributors to the EU budget.
(c) 1988: Jacques Delors' reform consisting of adding a fourth set of autonomous EU resources (based on relative wealth of the member states) and increased budgetary discipline (mainly by controlling the agriculture expenditures).
(d) 1993-99: application of the Delors' reform in the Maastricht Treaty environment.
(e) 2000-06: budgetary stability in the enlargement perspective (Agenda 2000)

The EU budget is usually depicted as a financial tool to implement collective choice of Europe. Before 1975, the EU budget was a financial instrument similar to those found in traditional international organizations, i.e. mainly without its own resources, relying completely on the contributions of its member states (Laffan and Lindner, 2005, 193).

The budget is the only centralised instrument for the implementation of the common fiscal policy at EU level. The remainder of the EU fiscal system can be looked upon as a set of diverse rules and treaties via which the member states harmonise and coordinate the other segments of fiscal policy. The EU is a confederation, in other words a complex political and economic formation, and in this segment it is necessary to consider the EU budget, through which only a limited number of common EU functions are financed (Simovic, 2005). We give an overview of the history of EU budgeting below, but note that the EU expenditures have never bypassed 1.3 % of the aggregate gross domestic product of the EU member states.

At the institutional level, the budgetary process involves three main institutions: the Commission, the Council and the Parliament. The Commission initiates the budgetary cycle by presenting a first draft to the Council which at its turn meets with the European Parliament before the budget draft adoption. Once the budget is adopted, the Commission is responsible for implementing the budget. It is important to stress that the European Parliament has a strong power to prevent an annual budget adoption and this can lead to monthly budgeting (e.g., continuing resolutions) until a budget is finally passed.

The budgetary procedure illustrates the complexities of the relationships between legislative and executive powers in the EU. But Enderlein *et al.* (2005: 22) note that the EU procedure does not seem to be any simpler than budgetary processes in the US. In a sense, EU institutions are likely to exhibit some friction by the multiplication of committees that prepare, control and enforce budgets. Some authors (Robinson *et al.*, 2007) argue that punctuated policy changes can be observed through the organizational design of bureaus. In any case, increased bureaucratization of the EU budgetary procedures in response to increasing complexity in the decision-making environment may lead to increased friction. The higher the level of friction, the greater the tendency to under-react to moderate changes in the environment; below some threshold of urgency, under-response is the norm (perpetuating the status quo policy with only minor adjustments), over-response follows from the time and effort it may take in a highly bureaucratized system to create a new program or significantly revised budgetary allocation. When the budget is finally allocated, or the new agency created, an initial spurt of activity may be far greater than the immediate policy need. So bureaucratization may increase the friction associated with the system, and this should be observable in the pattern of changes in policy outputs over time. Highly bureaucratized institutional settings are also slow to recede from policy areas once programs are established, even if the social need that justified them in the first place has diminished or disappeared altogether.

Some expected empirical patterns

According to the punctuated equilibrium thesis and the European budgetary process, we are able to test two hypotheses. Following from the PE theory, because of the complexity of the issues related to EU policies over time, comprehensively rational reactions may be impossible. Therefore our first hypothesis (H1) is simply that *EU budgets are highly punctuated.* This can be assessed simply by comparing the distribution of changes to the Normal curve.

Secondly, because the institutional design of the EU differs from national states in which theories of budgetary incrementalism have been tested previously, and the literature provides little guidance about whether the EU should be more or less efficient in its allocations, we present three separate hypotheses on the same question, with conclusions that would follow from each. First, EU processes may be *less* punctuated than national budgets because of the limited competencies of the EU and the commission-dominated process

(H2). This would imply more efficient institutional procedures. Second, EU processes may be *more* punctuated than national budgets because of the need to coordinate among so many member states present in the Council and the highly bureaucratized nature of EU procedures. This would then imply less efficient procedures in Brussels than in national states (H3). Finally, EU processes may be *roughly equivalent* to national budget processes, which are themselves already quite complex. This would imply that EU institutional design is no less efficient than in the member states or that institutional design is significantly less important in explaining kurtosis in budgetary outcomes compared to cognitive explanations (H4).

As there is a growing literature at the national and subnational levels, results from our study of the EU budget can easily be compared with these to see if the multiple levels of governance associated with the EU's status as an international organization or supranational government cause it to differ substantially from other public entities.

European Budgetary Data and Results

Presentation of data

The European budget presents a continuous growth since the beginning of the European integration. More accurately, the general EU budget has multiplied by more than 700 between 1967 and 2005 (in constant euros). Even if the growth has been very great, the 2005 EU budget still corresponded to less than 1 % of the European GDP and, or 232 euros by inhabitant.

Figure 1 shows the size of the EU budget in billions of constant 2 005 euros, the annual percentage change in spending, and indicates the years of enlargement. Three remarks are obvious: dramatic and relatively constant growth, declining variance in the level of annual growth, and little impact of the budget to particular instances of enlargement, as the years of enlargement are not typically associated with greater increases in spending than other years.

Figure 1 - Evolution of the EU budget (1967-2005)

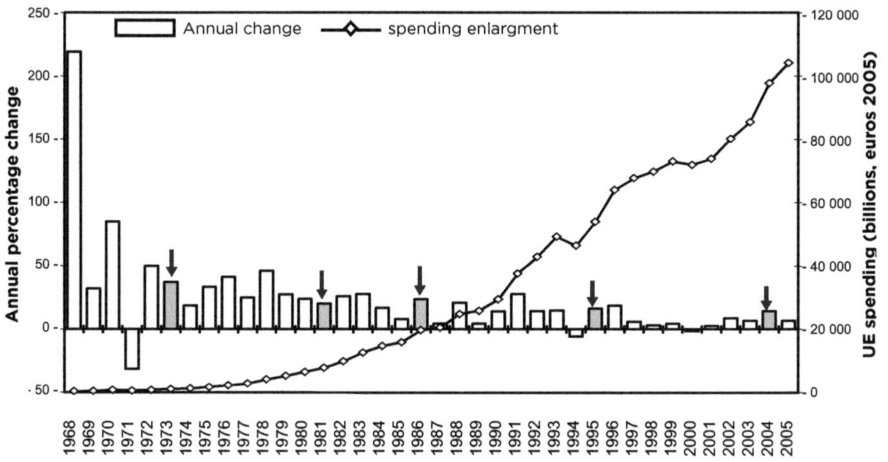

Among available spending data, we have used two distinct series: time-series (1967-2005) for main EU policies on the one hand, and more detailed categories of spending during a short period (2000-2006), on the other. Data come from official sources as indicated in our appendix, and all have been adjusted for inflation.

The first series display the main headings of spending according to a functional classification. They include :

a) EAGGF Guarantee Fund (the main pillar of the common agriculture policy, CAP),
b) structural funds (including the European Regional Development Fund [ERDF], the Cohesion Fund, the Economy Solidarity Fund, and the Financial Instrument for Fishery Guidance),
c) Research expenditures,
d) External Action expenditures,
e) Administration expenditures,
f) Pre-accesion expenditures,
g) the European Development Fund (EDF),
h) the European Coal and Steel Community (ECSC), and i) other.

Figure 2 - Evolution and structure of the EU budget (1967-2005)

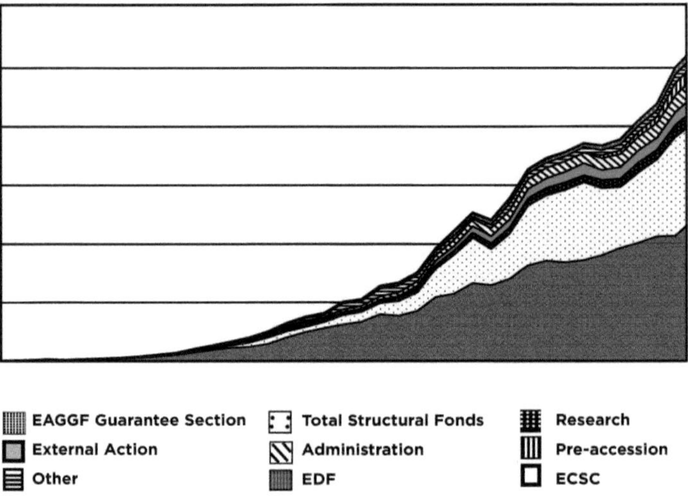

The functional structure of the budget is highly stable. The CAP corresponds to the main part of the budget, even if its relative proportion has diminished over time. The second main part of the budget is the structural funds and among these the ERDF is the more expensive. The figure makes clear the dominance in relative terms of these two budgetary foci as a percentage of total EU spending over the past decades.

The second set of series is more detailed because they benefit from the new system of financial accountability (ESA 1995) from 2000 to present. Each series contains 29 subcategories and are reported between 2000 and 2006 (i.e. six annual change measures for each of the series).[3]

3 The 29 subcategories are: Administration; Agriculture and rural developent; Budget and audit; Civil liberties, security and justice; Competition; Development and relations with ACP countries; Economic and financial affairs; Education and culture; Employment and social affairs; Energy and transport; Enlargement; Enterprise; Environment; External relations; Fight against fraud; Fisheries; Health and consumer protection; Humanitarian aid; Information society; Internal market; Pensions; Policy coordination and legal advice; Press and communication; Regional policy; Research; Reserves; Statistics; Taxation and customs union; Total Commission; Trade.

Figure 3 - Themain policy domains of the EU budget (1967-2005)

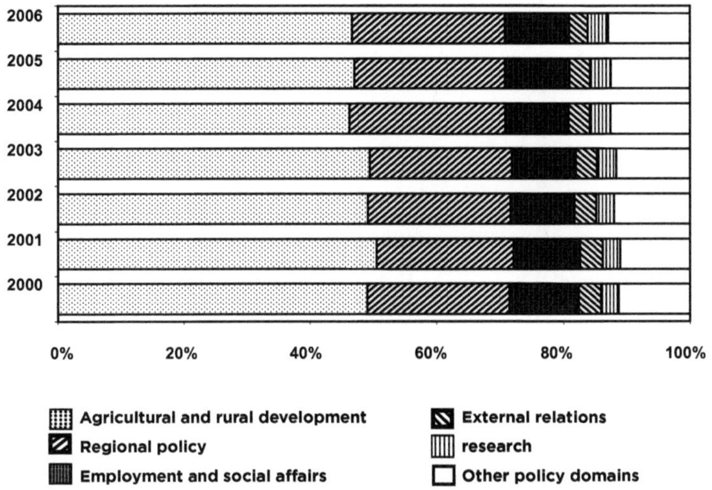

2006
2005
2004
2003
2002
2001
2000

0% 20% 40% 60% 80% 100%

Agricultural and rural development
Regional policy
Employment and social affairs
External relations
research
Other policy domains

As with the historical data, the recent series, aggregated by policy domain in Figure 3, show the weight of the agricultural and regional policies in the EU budget. Moreover, the shares of each domain stay relatively stable since 2000. These initial observations make clear why incrementalism, with its focus on the dominance of the status quo, has been so appealing to analysts of budgetary data. In the next section we look deeper into these series to see if they are characterized by stability or by a combination of stability and dramatic change.

Results and comments

We examine for each of these budget series the distribution of annual changes at the functional level (with more or less detail according to what is available for each series) in order to measure the level of punctuation. For that we calculate the distribution of annual rate of change, and we control for rival hypotheses (such as changes to the budget due to enlargement) by conducting various robustness tests on our results by excluding particular years or series from the analysis to assess whether the results could be due to any rival or artifactual causes (see appendixes 1 and 2). For example, in those years when the EU has welcomed new members, large changes in particular budget categories could be expected, and these would be unrelated to any cognitive or institutional friction but simply explained by enlargement. We construct histograms of annual change data showing the number of budget categories with changes ranging from a decline of

50 percent to an increase of 150 percent or more, and we superimpose a normal distribution with an equivalent variance. Statistical tests follow this graphical presentation. Figures 4 and 5 provide an overview of the density distributions for the two main series (omitting enlargement years and some incomparable data points, as explained in the Appendix).

Figure 4 - Distribution of the historical series annual percent change (1967-2005)

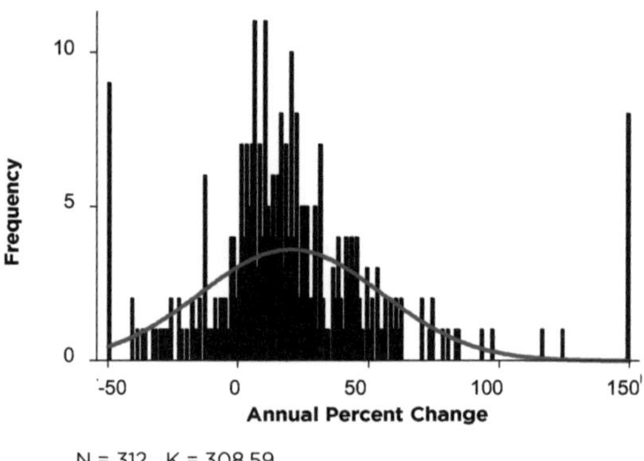

N = 312 K = 308.59

Figure 5 - Distribution of the policy area series annual percent change (2000-2006)

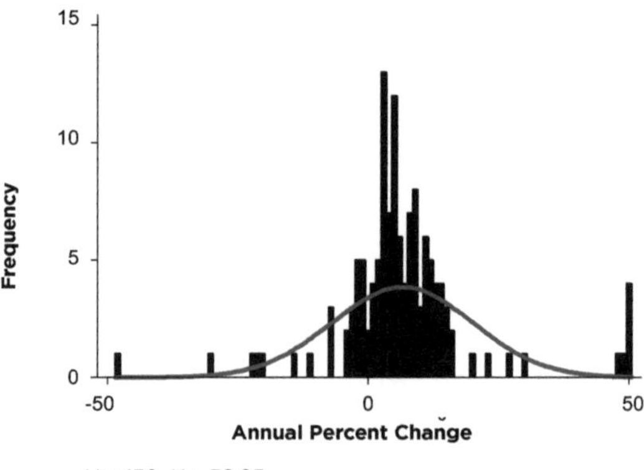

N = 130 K = 39,95

Figure 4 strongly confirms the existence of punctuated changes over time for the long historical series and Figure 5 shows that the same is true for the more detailed series available for a shorter time period. No matter which way we look at the EU budget, the large central peak and large numbers of outliers in both figures confirm the leptokurtic distribution. In both cases, not only does the central peak have a higher value than (normally) expected, but the moderate "shoulders" of the distributions are weaker (under the normal curve), and the number of outliers is substantial.

The value of the data presented in Figure 5, which breaks the series down by policy area but presents only six years of data is that it provides the opportunity to compare how the EU Commission behaves both in respect to large policy domains (Figure 4) and in more detailed policy areas (Figure 5). It could be concluded that the recent period (2000-2006) is more prone to severe policy changes because of the arrival of new member States and then more opportunities to attract attention on new demands and lead to the creation of new programs. But we do not include budget series for these enlargement years in Figures 4 and 5, and the budget punctuations remain.

Tables 1 and 2 give statistical evidence of the results that confirm what can be seen graphically in Figures 4 and 5. Following the prescription of Henderson (2006) and after the graphical and the l-kurtosis analyses, we use the Shapiro-Wilk and Shapiro-Francia tests to demonstrate the non Normality of the distributions. Table 1 shows that the kurtosis (and the related l-kurtosis) values are substantial in every case. Values for the detailed policy series appear substantially higher than those for the more general budgetary categories, confirming the difference between Figures 4 and 5. But all series are far from Normal. Table 2 includes statistical tests for Normality; all the series are significantly different from Normal.

Table 1 - Summary statistics

	Obs	Mean	St dev.	Skewness	Kurtosis	L-Kurtosis
Policy Area (2000-2006)	130	9.23	28.46	5.55	39.95	0.545
Long time-series (1967-2005)	312	82.87	1 069,88	17.52	308.59	0.838

See appendix for detailed description of each series. Kurtosis values above 3 indicate leptokurtosis; l-kurtosis is a scale-free measure of the same concept; values above 0.123 indicate leptokurtosis.

Table 2 - Normality tests

	Obs	W	V	Pr	W'	V'	Pr
Policy Area (2000-2006)	130	0.44	57.26	0.000	0.43	64.05	0.000
Long time-series (1967-2005)	312	0.04	210.16	0.000	0.04	226.42	0.000

Shapiro-Wilk (W and V) and Shapiro-Francia (W' and V')

These results of non Normality are robust since whatever we include or exclude the potentially problematic data this report is still confirmed. These tests make clear that the pattern of punctuations we observe in the data cannot be due to enlargement years or administrative changes in the definition of the functional categories, since we find similar results when we include or exclude all such cases, as we do in the Appendix.

According to the theory of Jones and Baumgartner (2005) who demonstrate that an incremental model, leading to a purely Gaussian distribution, is characteristic, in fact, of a fully rational, comprehensive, and proportionate-response model, it seems that EU Commission can not be categorized as a fully rational actor. Beyond this institutional feature, the intervention of European Parliament in EU budgetary process increases the odds of friction near Strasbourg in addition to what is expected to be achieved in Brussels. But it appears that the EU is not substantially different from national states in the levels of kurtosis inherent in its decision-making processes[4]. We therefore confirm Hypotheses 1 and 2c from our list above.

Conclusion

The results of our paper support not only evidence of punctuated policy change but seem recurrent in time for main categories of expenditures (agriculture, regional development, research, external action) since 1968. By focusing on more detailed series provided by the new accountability system, we have shown evidence of similar pattern of punctuated equilibria for sub-policies (34 categories) between 2000 and 2007. As a consequence, these results are a good indication of the limited capacity of EU budgetary institutions to overcome the cognitive friction that they face in such a complex policy-making environment. Indeed, the larger and larger European Union has to deal with an increasing number of problems whose complexity prevents institutions from reacting proportionally to their intensity. In this sense the EU is highly similar to national governments where previous studies have also shown high levels of friction.

These results are relevant taking into account the recent debate about European budget reform. Since 2002 many calls for reform of the procedures

4 A comparison of such a result with some European states is provided by Breunig (2011) and Jones, Baumgartner *et al.* (2009).

governing the finances of the EU have been referenced in both academic (Sapir, 2003 and Enderlein *et al.* 2005) and institutional reports (European Parliament, 2003). Besides the legal difficulties associated with implementing a budgetary reform that guarantees efficiency and legitimacy, the debate is clearly oriented towards the lack of European integration and the need for enhanced decision-making powers in budgetary matters. Rather expecting an institution promoting comprehensive rationality in budget procedure, our results offer an alternative to such difficulties and put forward the high level of institutional friction in which EU Commission, EU Council and European Parliament operate. In other words, we have observed for the first time that European budgets for different policies are substantially punctuated as has been empirically demonstrated in other countries as well. Further research into the reasons why EU budgeting processes seem so similar in their outputs to those found in various nation-states is clearly warranted; our findings suggest that the main reasons for these PE results must be associated with the inherent complexity of the environments within which governments operate, not their particular institutional design. This suggests that institutional reforms may not be effective in generating more "rational" policy allocations.

Further developments of this first study are envisaged in two directions. First, we plan to compare output series (budgets) with inputs series (evaluation indicators). The objective should consist in verifying how EU institutions integer in their decision-making in time *t* the consequence of results observed in time *t-1*. A second future research aims at combining the recent developments in spatial econometrics to fix fiscal mimicking within EU and the nature of friction. Indeed, by analyzing whether each EU member reacts positively or negatively to the actions of its neighbours, we can assess whether such fiscal mimicking processes help explain the friction we have observed within EU budgetary processes.

Appendix

1. Budgetary and Economic Data

Retrospective data (1958-2000) come from the document titled "The Community budget: The facts in figures" published by the Directorate-General for Budgets (2000). Office for Official Publications of the European Communities, Luxembourg, 2000.
For the 2001-2007 period, data come from the document titled "Budget Général de l'Union européenne pour l'exercice. Synthèse chiffrée" published by the Commission européenne et la Direction générale du Budget, Office des publications officielles des Communautés européennes, Luxembourg. All these publications are available from the following website : http://europa.eu/pol/financ/index_en.htm

All data were initially expressed in real terms. We have used a consumer price index (CPI) delivered by OECD for the 1968-2005 period. Demographic data have been extracted from Eurostat database and population reference is established on January 1st of each year. Concerning the European consumer price index, we have constructed for each year an index from the OECD statistical series which is weighted by ratio of the population of each country compared with the overall population in Europe.

2. Definition of main policy area of European budget (2000-2006)

The first series corresponds to categories of policy area adopted by the Directorate General of Budget since 2000. The activity-based budgeting approach, in application since the 2004 budget procedure, offers an integrated view of the Commission's resources of all types, and of the institution's political priorities by policy area and activity. These categories have slightly changed between 2001 and 2002 for six among them. Categories "energy" and "transport" have been aggregated after 2001, "audit" is separated from the "budget" and "direct research" from the "research" since 2001. In sum, we present below the 29 categories:

1. Economic and financial affairs
2. Enterprise
3. Competition
4. Employment and social affairs
5. Agriculture and rural development
6. Energy and transport
7. Environment
8. Research and direct research
9. Information society
10. Fisheries
11. Internal market
12. Regional policy
13. Taxation and customs union
14. Education and culture
15. Press and communication

16. Health and consumer protection
17. Civil liberties, security and justice
18. External relations
19. Trade
20. Development and relations with ACP countries
21. Enlargement
22. Humanitarian aid
23. Fight against fraud
24. Policy coordination and legal advice
25. Administration
26. Budget and audit
27. Statistics
28. Pensions
29. Reserves

3. Long time Series (1968-2005): Definition of Community expenditure by main heading

The second series corresponds to expenditures categories adopted by DG Budget since 1958 and corresponds to the heading directions and activities of the European Union. We have kept the seven following categories:

1. EAGGF Guarantee Section

European Agricultural Guidance and Guarantee Fund Guarantee Section. It corresponds to the main financial instrument of the Common Agriculture Policy (CAP).

2. Structural Funds:

Cover structural operations, including operations as:

- ERDF (European Regional Development Fund)
- ESF (Economic Solidarity Fund)
- Cohesion Fund (implemented in 1993)
- FIFG (Financial Instrument for Fisheries Guidance)

3. Research

Includes expenditures on training, education, youth policy, culture, audiovisual media, various social operations which cannot be financed by the Structural Funds – in particular the ESF – and information and communication.

4. External Action

This subsection covers a range of activities involving various types of assistance and financial instruments, as well as expenditures on energy, nuclear safeguards and the environment.

5. Administration

6. Repayments and other

7. Total general budget

The total budget does not include the following expenditures:

- EDF: European Development Fund: help dedicated to developing countries.
- ESCS: European Coal and Steel Community: one of the three original European communities (with economic community) which has disappeared.
- EAEC: European Atomic Energy Community (Euratom): one of the three communities whose budget is no longer autonomous and details since 1969.

4. Robustness of the non Normality results

To test the robustness of our results and to insure that they do not follow from the definition of our series, we use several scenarios.

Table 3 - Summary statistics for the robustness tests

	Obs	Mean	St dev.	Skewness	Kurtosis	L-Kurtosis
Policy Area (2000-2006)						
Test 1	130	9.23	28.46	5.55	39.95	0.545
Test 2	150	8.11	27.64	5.12	40.44	0.558
Test 3	180	29.20	190.16	9.79	103.18	0.812
Long time-series (1967-2005)						
Test 4	312	82.87	1 069.88	17.52	308.59	0.838
Test 5	361	75.02	994.77	18.85	357.13	0.818
Test 6	444	83.26	981.78	17.31	317.24	0.839
Test 7	513	76.15	913.57	18.62	366.58	0.820

Table 4 - Normality of the robustness tests

	Obs	W	V	Pr	W'	V'	Pr
Policy Area (2000-2006)							
Test 1	130	0.44	57.26	0.000	0.43	64.05	0.000
Test 2	150	0.46	62.29	0.000	0.45	69.69	0.000
Test 3	180	0.14	116.85	0.000	0.13	127.79	0.000
Long time-series (1967-2005)							
Test 4	312	0.44	210.61	0.000	0.04	226.42	0.000
Test 5	361	0.04	240.51	0.000	0.04	258.03	0.000
Test 6	444	0.05	286.55	0.000	0.05	307.16	0.000
Test 7	513	0.05	327.40	0.000	0.04	350.97	0.000

Shapiro-Wilk (W and V) and Shapiro-Francia (W' and V')

For the short series, figure 6 and tables 3 and 4 present the distribution of changes according to three scenarios in order to test for various issues of robustness of our findings to various rival hypotheses that may affect some of our series.

Test 1 excludes all data points for the enlargement year (2004) and six additional observations within four series (energy and transport, budget and audit, research, and total) where changes were made to the definition of these categories. Test 2 excludes all data points for the enlargement year 2004. Finally Test 3 includes all data. Combined, these results demonstrate that our findings are robust and cannot be caused by the inclusion or exclusion of any particular data points or annual values.

Figure 6 - Robustness tests for series by political domains

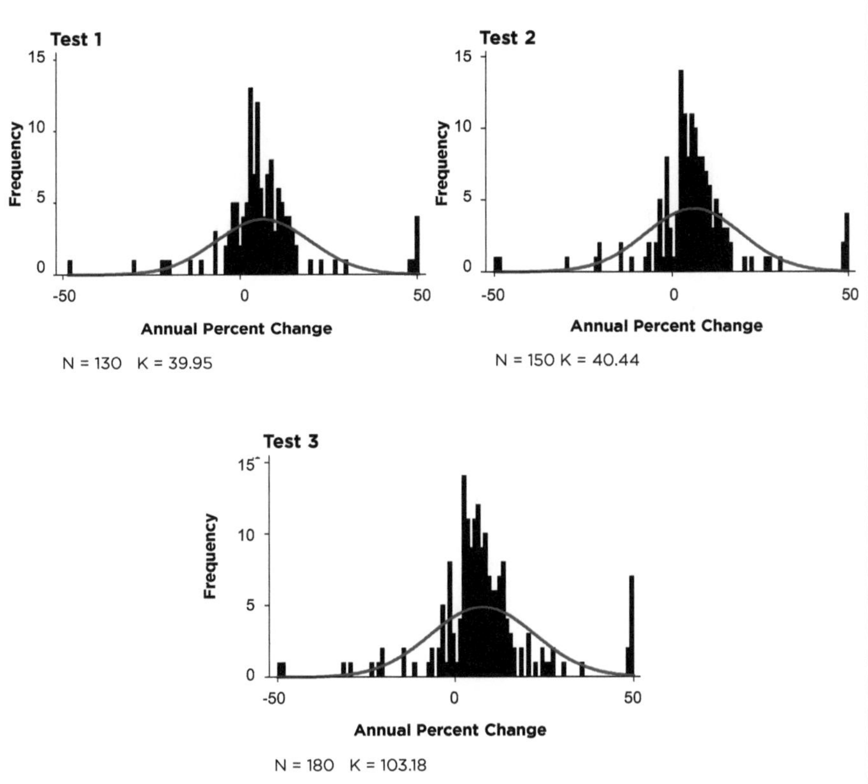

Concerning the historical series, we have retained the 1968-2005 period (and not 1958-2005) because there was not sufficiently exploitable data between 1958 and 1968. Further, rapid growth in the budget in the early years could be due to very low initial values. Figure 7 presents data according to four scenarios. Test 4 excludes enlargement years (1973, 1981, 1986, 1995 and 2004) and four subcategories ("structural funds", "total payments", "other" and "Grand total") which are the sums of other series ("structural funds", "total payments", and "Grand total") or because it is a miscellaneous series ("other"), made up of the aggregation of other budgetary categories. Such aggregations could potentially produce artifactual results. Test 5 maintains only the enlargement years. Test 6 excludes only the enlargement years but maintains the other categories excluded in Test 4. Finally Test 7 presents all data. The similarity of all these presentations again shows the robustness of our results.

Figure 7 - Robustness tests for long data series

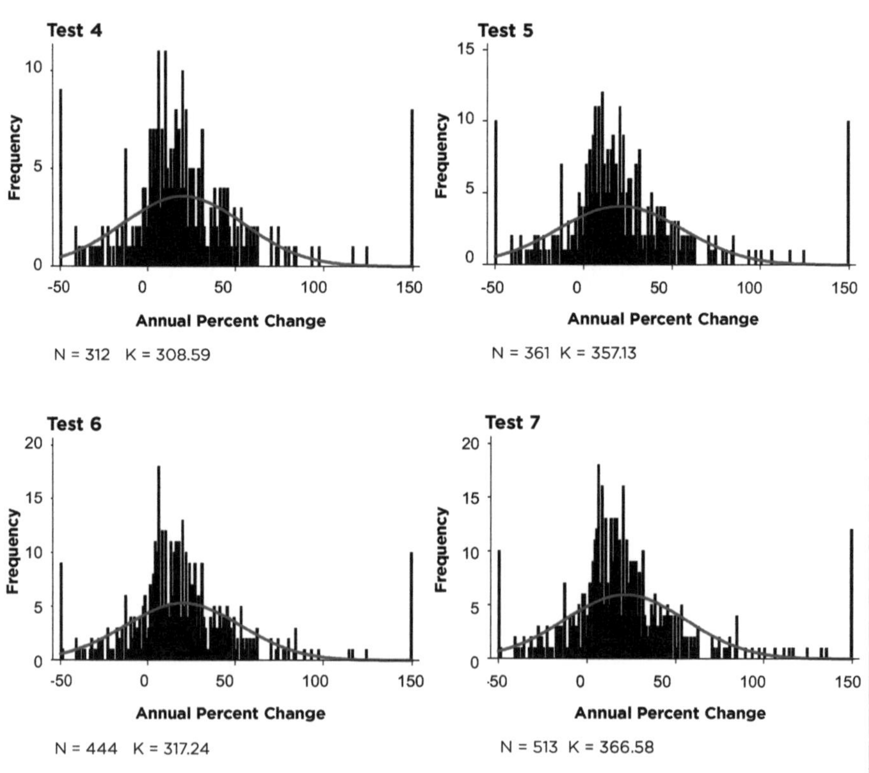

These results confirm our first results about the non normality of the distribution that are not affected by enlargement of the EU or by administrative changes in the definition of the series.

References

Alesina Alberto and Romain Wacziarg (1999), "Is Europe Going Too Far?", *Carnegie-Rochester Conference Series on Public Policy* (supplement to the *Journal of Monetary Economics*), vol. 51, n° 1, December, p. 1-42.

Baumgartner Frank R. and Bryan D. Jones (1993), *Agendas and Instability in American Politics,* Chicago, University of Chicago Press.

Baumgnartner Frank R. and Bryan D. Jones (2005), "A Model of Choice for Public Policy", *Journal of Public Administration Research and Theory,* vol. 15, n° 3, p. 325-351.

Baumgnartner Frank R., Martial Foucault and Abel François (2006), "A Punctuated Equilibrium in French Budgeting Processes", *Journal of European Public Policy,* vol. 13, n° 7, p. 1082-1097.

Breunig Christian (2011), "Reduction, Stasis, and Expansion of Budgets in Advanced Democracies", *Comparative Political Studies,* vol. 44, n° 8, p. 1060-1088

Breunig Christian and Chris Koski (2006), "Punctuated Equilibria and Budgets in the American States", *Policy Studies Journal,* vol. 34, n° 3, p. 363-379.

Breunig Christian, Chris Koski and Peter Mortensen (2010), "Les dynamiques budgétaires dans une perspective comparée", *Revue internationale de politique comparée,* vol. 16, n° 3, p. 441-464.

Enderlein Henrik, Johannes Lindner, Oscar Calvo-Gonzalez and Raymond Ritter (2005), "The EU Budget. How Much Scope for Institutionnal Reform?", *European Central Bank,* Occasional paper, n° 27.

European Commission (2002), *European Union Public Finance,* Luxembourg, Office for Official Publications of the European Communities.

Fiorito Riccardo and Tryphon Kollintzas (2004), "Public Goods, Merit Goods, and the Relation between Private and Government Consumption", *European Economic Review,* vol. 48, p. 1367-1398.

Henderson Ralph (2006), "Testing Experimental Data for Univariate Normality", *Clinica Chimica Acta,* vol. 366, n° 1, p. 112-129.

Hrvoje Simovic (2005), "The European Union Budget", *Financial Theory and Practice,* vol. 29, n° 3, p. 245-262.

Jones D. Bryan and Frank R. Baumgartner (2005), *The Politics of Attention.* Chicago, University of Chicago Press.

Jones Bryan D., Baumgartner Frank R., Breunig Christian, Wlezien Christopher, Soroka Stuart, Foucault Martial, François Abel, Green-Pedersen Christoffer, Koski Chris, John Peter, Mortensen Peter B., Varone Frédéric and Walgrave Stefaan (2009), "A General Empirical Law of Public Budgets: A Comparative Analysis", *American Journal of Political Science*, vol. 53, n° 4, p. 855–873.

Kassim Hussein and Anand Menon (2003), "The Principal-agent Approach and the Study of the European Union: Promise Unfulfilled?", *Journal of European Public Policy*, vol. 10, n° 1, p. 121–139.

Laffan Brigid and Lindner Johannes (2005) [5th ed.], "The EU budget", *in* **Mark A. Pollack, William Wallace and Helen Wallace** (eds.), *Policy-Making in the European Union*, , Oxford, Oxford University Press.

Lindner Johannes (2005), *Conflict and Change in EU Budgetary Politics*, London, Routledge.

Lindblom Charles (1959), "The Science of Muddling Through", *Public Administration Review*, vol. 19, n° 2, p. 79-88.

McAtee Andrea and Lowery David (2005), "Punctuated Equilibria and State Fiscal Policy", communication, *State Politics and Policy Conference*, Michigan State University.

Mazey Sonia and Jeremy Richardson (2001), "Interest Groups and EU Policy Makin: Organizational Logic and Venue Shopping", *in* **Jeremy Richardson** (ed.), *European Union: Power and Policy-Making*, edited by, London, Routledge, Chapter 11.

Mortensen Peter (2005), "Policy Punctuations in Danish Local Budgeting", *Public Administration*, vol. 83, n° 4, p. 931-950.

Oates William E. (1999), "An Essay on Fiscal Federalism", *Journal of Economic Literature*, vol. 37, p. 1120–1149.

Pollack Mark.A. (1997), "Delegation, Agency and Agenda Setting in the European Community", *International Organization*, vol. 51, n° 1, p. 99–134.

Princen Sebastiaan (2009), *Agenda-Setting in the European Union*, Basingstoke, Palgrave.

Princen Sebastiaan (2007), "Agenda-setting in the European Union: A Theoretical Exploration and Agenda for Research", *Journal of European Public Policy*, vol. 14, n° 1, p. 21-38.

Robinson Scott E., Floun'say Caver, Meier Kenneth J. and O'Toole Laurence Jr. (2007), "Explaining Policy Punctuations: Bureaucratization and Budget Change", *American Journal of Political Science*, vol. 51, n° 1, p. 140-150.

Sapir André (2003), *An Agenda for a Growing Europe*, Oxford, Oxford University Press.

Seguiti Maria Laura (2003), "The Role of the European Union Budget in View of EU Enlargement", *Public Budgeting & Finance*, vol. 23, n° 2, p. 96-117.

Simon Herbert (1983), *Reason in Human Affairs*, Stanford, Stanford University Press.

Tanzi Vito and Ludger Schuknecht (2000), *Public Spending in the 20th Century: A Global Perspective*, New York, Cambridge University Press.

Vincent Keith (2004), "Mad Cows' and Eurocrats-Community Responses to the BSE Crisis", *European Law Journal*, vol. 10, n° 5, p. 499-517.

Wildasky Aaron (1964), *The Politics of the Budgetary Process*, Boston, Little, Brown.

Frank R. Baumgartner

Professor, University of North Carolina, Political Science Department
frankb@unc.edu

Martial Foucault

Professor, University of Montreal, Political Science Department and 2013 Visiting Professor, Sciences Po, Centre d'études européennes
martial.foucault@umontreal.ca

Abel François

Maître de conférences, EM Strasbourg - Université de Strasbourg; chercheur au LARGE et au département SES de Telecom-Paristech
abel.francois@unistra.fr

POLITIQUE EUROPÉENNE
N° 38 | 2012
Amandine Crespy
[p. 154-181]

Expliquer l'impuissance partisane dans le *policy making* européen. Social-démocratie et régulation des services publics.

Cet article s'intéresse à la faiblesse des partis politiques dans la formulation des politiques publiques au niveau européen. Il explique l'incapacité du Parti socialiste européen (PSE) à promouvoir une politique européenne des services publics permettant de les protéger des effets négatifs de la politique de concurrence de l'Union. La saillance des clivages nationaux et la volonté des décideurs dans les États membres de préserver les arrangements nationaux ont été démontrées dans de nombreux travaux. Cette étude avance deux pistes explicatives complémentaires fondées sur une approche néo-institutionnaliste à la fois historique et discursive. Le rôle structurant de la sectorisation de la gouvernance européenne, d'une part, et l'absence de cadrage discursif efficace partagé par une majorité de sociaux-démocrates, d'autre part, se sont avérés des obstacles insurmontables pour le PSE.

Explaining political parties' impotence in the EU policy making. The case of Social Democracy and the regulation of public services

This article aims deals with the weakness of political parties in the formulation of public policy at European level. It explains why the Party of European Socialists (PES) failed in promoting a regulatory policy that preserves public services from the negative effects of the EU competition policy. The salience of national cleavages and the preservation of national arrangements have been strongly established in the literature. This paper puts forward two complementary explanations rooted in a - both historical and discursive - institutionalist approach. The structuring effect of the sectorization of the EU policy making, on one hand, and the absence of an efficient and shared discursive framing, on the other hand, have been insurmountable obstacles.

Expliquer l'impuissance partisane dans le *policy making* européen
Social-démocratie et régulation des services publics

Amandine Crespy
Université Libre de Bruxelles

Les analyses de l'anatomie institutionnelle de l'Union européenne (UE) soulignent que, si elles restent omniprésentes dans de nombreuses arènes, l'influence des organisations partisanes est en réalité faible dans les institutions dotées de pouvoirs cruciaux dans l'architecture de l'Union, en particulier la Commission, le Conseil, la Banque centrale et la Cour de justice (Moschonas, 2009). La question plus spécifique du rôle des partis dans la formulation des politiques publiques n'a été envisagée que de manière indirecte à travers des études quantitatives qui ont surtout porté sur la structuration du conflit politique au Parlement européen et le rôle des groupes politiques dans les commissions parlementaires, dans la lignée des études sur les chambres américaines (Kreppel, 2002 ; Whitaker, 2005 ; Bendjaballah, 2006). Plus généralement, il a été démontré que l'influence des partis politiques sur la nature des politiques publiques dépend du type de régime et qu'il est difficile à cerner dans les démocraties consensuelles et pluralistes (Schmidt, 2006). À travers une étude du débat sur la régulation des services publics au niveau européen, ou Services d'intérêt général (SIG), cet article propose d'explorer plus avant la question du rôle des partis politiques dans le *policy making* européen. L'objectif est d'expliquer les causes de l'incapacité des sociaux-démocrates à faire émerger une politique européenne des services publics au niveau européen. Le cas des services publics semble en effet symptomatique de l'impuissance partisane dans la gouvernance européenne.

Matérialisation de la garantie par l'État d'un accès égalitaire aux services fondamentaux pour la cohésion sociale, les services publics sont l'un des symboles des États-providence européens érigés dans le cadre du compromis social-démocrate d'après-guerre. Pourtant, la nature publique de nombreux services a été remise en cause, tant par une évolution structurelle des économies européennes que par des choix politiques aux niveaux national et européen. À mesure que ces services se sont vus intégrés à la sphère du marché, à partir de la fin des années 1980, ils sont tombés sous le coup des règles de la concurrence européenne dans le Marché commun, domaine dans lequel la Commission européenne possède des compétences exclusives. Certaines règles et pratiques nationales en matière de financement public des services et de passation des marchés publics ont été remises en cause ou même sanctionnées par la Commission européenne ou la Cour de justice. Au sein de la communauté juridique comme du monde politique, ces frictions n'ont cessé de susciter des interrogations sur l'équilibre entre droit public et droit privé, conceptions économique et constitutionnelle de la citoyenneté, ou encore marché et intérêt public (Wernicke, 2009). À partir de 2000, la Commission européenne a initié un *Livre vert*, accompagné d'une consultation, puis un *Livre blanc*, sur l'opportunité de proposer une directive cadre posant des principes communs de régulation des SIG dans l'Union. De manière récurrente, elle a cependant considéré qu'il n'existait pas de soutien politique suffisant, ni parmi les députés européens, ni parmi les États membres, pour une telle initiative. Dans le même temps, elle a proposé en 2004 une directive de libéralisation horizontale de tous les services, connue comme la « directive Bolkestein », qui a nourri l'un des conflits les plus retentissants de l'histoire européenne (Crespy, 2012).

Le Parti socialiste européen (PSE) a fait pression, avec la Confédération européenne des syndicats (CES) et certains groupes d'intérêt, sur la Commission européenne pour qu'elle soumette au Parlement et au Conseil une proposition législative visant à soustraire les services publics à certaines règles relevant du droit de la concurrence. Mais aujourd'hui, après plus de dix ans de débat, ce projet est dans l'impasse. Si le nouvel article 14 du traité de Lisbonne constitue une base juridique explicite pour une législation européenne, le nouveau protocole sur les SIG met davantage l'accent sur la subsidiarité et l'autonomie des États membres. Depuis 2009, la Commission européenne s'est concentrée sur le statut des SIG dans la réforme des règles sur les aides d'État. On peut dès lors s'interroger sur les raisons de cet échec, alors que de nombreux éléments semblaient porter la revendication en faveur d'une directive cadre : un débat au niveau constitutionnel accompagné d'une évolution progressive des dispositions dans les traités, l'engagement constant sur le dossier d'un grand État membre (la France), l'activisme de la CES et de l'ensemble des lobbies d'intérêt général à Bruxelles qui ont développé une expertise spécialisée sur le rôle des SIG, les plaintes des collectivités locales contre les « ingérences » de la politique de concurrence dans la gestion des services publics locaux, une rhétorique de la cohésion sociale et de l'intérêt général largement présente, etc.

Pour élucider cette question, cet article propose une approche originale qui consiste à croiser les théories néo-institutionnalistes des politiques publiques, d'une part, et les travaux sur les partis politiques dans l'UE, d'autre part. Ces deux littératures convergent en effet sur trois types de facteurs explicatifs. Premièrement, dans une optique institutionnaliste historique (Thelen et Steinmo, 1992 ; Pierson, 1996), l'inertie politique liée à la préservation des arrangements institutionnels nationaux s'impose comme une piste explicative incontournable. Les arrangements institutionnels qui régissent l'organisation et le financement des services publics ont des racines historiques profondes qui sont étroitement liées aux différentes traditions philosophiques et juridiques nationales de l'État (Dyson, 2009). Les décideurs nationaux sont par conséquent réticents à promouvoir des changements en la matière essentiellement pour deux raisons. D'abord, dans la mesure où les services publics sont souvent des services locaux à forte dimension sociale, les transferts de compétences à l'UE sont difficiles à légitimer auprès des citoyens. Ensuite, les coûts d'ajustement à une politique européenne sont difficiles à prévoir et échoiraient nécessairement aux États-providence nationaux, ce qui favorise le *statu quo*. La prépondérance des préférences nationales est confirmée par la littérature sur les partis politiques. Même au Parlement européen où les partis politiques sont le plus visibles et influents, les perspectives nationales dominent souvent (Seiler, 2006). Les débats politiques au sein de l'assemblée ne s'adossent pas à un système de clivages clairement établi, mais les lignes de conflit au niveau européen interfèrent, de différentes manières, avec les clivages établis au niveau national (Mair, 2000 ; Bartolini, 2005 ; Roger, 2008).

Dans les travaux sur la libéralisation des industries de réseaux, différents auteurs ont montré que les États membres ont traditionnellement freiné la mise en place de politiques européennes, soit en cherchant à transposer leur modèle au niveau européen, soit en demandant des dérogations aux mesures communes, ou encore en bloquant le processus décisionnel (Schmidt, 1998 ; Eising et Jabko, 2001). En ce qui concerne la régulation des SIG, la lourde empreinte des traditions et institutions nationales a également été mise en évidence (Bauby, 2011). Elle se traduit par l'insistance, dans le nouveau protocole sur les SIG annexé au traité de Lisbonne, sur la diversité des SIG et l'autonomie des autorités nationales et régionales (Crespy, 2010b). Le poids des institutions nationales est donc un phénomène largement étudié, en particulier par le courant institutionnaliste historique.

Pour cette raison, cet article se concentrera sur deux hypothèses qui n'ont que très peu suscité l'attention des chercheurs en études européennes et n'ont jusqu'à présent pas été explorées dans les travaux portant sur les services publics. La première hypothèse met en avant le rôle structurant du processus de *policy making* au niveau européen. L'intégration européenne et l'enchevêtrement des compétences européennes et nationales ont renforcé la sectorisation des politiques publiques (Bulmer, 1983), c'est-à-dire « une forme d'institutionnalisation de la division du travail gouvernemental » (Muller, 2010, 591).

Au niveau européen, la sectorisation du *policy making* est particulièrement forte, notamment parce qu'elle doit permettre de surmonter les blocages et conflits liés à la décision collective (Peters, 1997). On peut cependant faire l'hypothèse que la sectorisation du *policy making* constitue *a contrario* un facteur favorisant l'inertie lorsqu'une question de politique publique n'est pas définie le long de lignes sectorielles, comme ce fut le cas des SIG. Or, comme l'ont montré les institutionnalistes historiques, les dispositifs de politiques publiques ont des effets de *feed-back* (Pierson, 1996) : en modifiant les équilibres dans la distribution des ressources (matérielles ou symboliques), ils affectent également les conditions de formation des alliances et de lutte politique (Skocpol, 1992, 58). Le débat sur une directive de régulation des SIG n'apparaît pas, en 2000, dans un vide politique. Au contraire, il fait suite à une décennie de libéralisation des industries de réseau par le truchement de directives sectorielles. On montrera que la sectorisation préexistante en matière de SIG a constitué par la suite un obstacle auquel s'est systématiquement heurtée la formation des préférences sur la régulation des services publics. Du fait de sa nature pluraliste, la gouvernance européenne ménage une place de choix aux acteurs sectoriels et aux intérêts spécifiques (grandes entreprises de services, agences de régulation, groupes d'intérêt spécifiques) au détriment des acteurs qui représentent des intérêts plus diffus, voire se veulent garants de l'intérêt général, tels que les partis politiques et les syndicats. Ce mode de fonctionnement sectoriel contiendrait en germe un déséquilibre au détriment de la régulation des marchés (Smith, 2006, 190). L'effet de la sectorisation est démultiplié par le fait que les euro-partis ne sont pas en mesure d'exercer les fonctions qui échoient traditionnellement aux partis politiques, notamment en termes de représentation et de participation à l'exécutif (Marsh et Norris, 1997 ; Delwit *et al.*, 2001). Ils témoignent d'une incapacité à coordonner les composantes du système politique (les assemblées parlementaires, les différentes branches de l'exécutif, les bureaucraties, les autorités locales, etc.) (Moschonas, 2009). Cela est notamment dû au fait que l'UE est un système politique à la fois fonctionnel, c'est-à-dire que des compétences lui sont attribuées pour résoudre des problèmes particuliers, et anonyme, dans lequel le consensus et la dépersonnalisation du débat politique prévalent (Magnette, 2010). Ainsi, la capacité à susciter des coalitions capables de promouvoir des politiques publiques s'en trouve d'autant plus diminuée dans un système institutionnel européen particulièrement fragmenté.

La seconde hypothèse sur laquelle s'appuie notre analyse porte sur le rôle des idées et du discours. Les services publics revêtent une dimension éminemment politique, voire idéologique. Historiquement, les dissensions idéologiques et les variantes nationales expliquent en grande partie les différences dans la capacité des sociaux-démocrates à mettre en œuvre des politiques publiques (Berman, 1998). À la fin des années 1990, douze des quinze gouvernements de l'Union étaient dirigés par des partis sociaux-démocrates. Pourtant, cette configuration n'a donné lieu à aucune impulsion significative en matière de politiques publiques. Cette « opportunité perdue » s'explique non seulement par les difficultés de coordination de l'action collective et les gains liés à la formation de grandes coalitions avec les conservateurs, mais aussi par le manque d'unité programmatique au sein de la social-démocratie européenne (Moschonas, 2005, 2009b). Au-delà des désaccords idéologiques, l'approche discursive du néo-institutionnalisme (Schmidt, 2008 ; Schmidt et Crespy, 2010) ainsi que les travaux sur le cadrage (Westby, 2000) suggèrent que l'existence d'un discours commun est un facteur crucial permettant la formation d'une coalition, et ce en dépit de référents idéologiques, culturels et identitaires divergents. Cet argument sera exploré dans deux directions. D'une part, les conceptions sur la ligne de démarcation entre l'État et le marché sont éminemment importantes lorsqu'il s'agit de redéfinir les contours des SIG. Le marché s'est imposé comme une norme très puissante pour agréger une coalition autour d'une « révolution tranquille » (Jabko, 2009) qui s'est traduite, au cours des années 1990 et 2000, par la marchandisation de nombreux SIG. D'autre part, la distribution des compétences (et particulièrement la prégnance du principe de subsidiarité) suscitera une attention particulière.

En bref, l'article démontre que la sectorisation du *policy making* et des coalitions, d'une part, et l'absence de conception idéologique et de stratégie discursive cohérentes parmi les sociaux-démocrates, d'autre part, expliquent leur incapacité à promouvoir une régulation européenne des services publics au moins autant que l'argument récurrent centré sur l'inertie due aux préférences et arrangements nationaux. L'approche théorique proposée ici consiste donc à combiner les apports de l'institutionnalisme historique, d'une part, et ceux de l'institutionnalisme discursif, de l'autre. En théorisant le rôle des idées et des discours dans des configurations institutionnelles spécifiques sous le label d'institutionnalisme discursif, Vivien Schmidt (2008, 2010a) a tenté de répondre aux écueils des approches historiques. Les auteurs s'inscrivant dans ce courant ont en effet davantage expliqué les logiques de continuité sans parvenir réellement à éclairer les facteurs du changement, souvent présentés comme un moment de jonction critique *ad hoc* et contingent ; si des travaux plus récents font une plus large place aux acteurs en explorant la nature des coalitions susceptibles de porter le changement de manière incrémentale (Mahoney et Thelen, 2010), ces auteurs ne vont pas au bout de cette démarche car ils laissent dans l'ombre les motivations, idées et discours des acteurs (Schmidt, 2010). Or, si les discours politiques efficaces peuvent catalyser le changement (Crespy, 2010a, 2012), il a été montré que l'absence d'un discours efficace peut également avoir des effets importants (Schmidt, 2007). Pour expliquer l'inertie en matières de politiques publiques, ou les facteurs de résistance au changement, il est donc nécessaire de s'appuyer sur des hypothèses traitant aussi bien des données institutionnelles souvent enracinées dans le temps long que des idées et discours mis en avant de manière dynamique et interactive par les acteurs dans le débat politique (Crespy, 2011).

L'étude se concentre sur la France et l'Allemagne, et ce pour trois raisons. D'abord, ces deux États membres sont des poids lourds au regard du processus décisionnel européen et leur position est cruciale. Ensuite, ils ont des régimes institutionnels très contrastés en matière de SIG, et représentent globalement des traditions différentes qui se retrouvent dans d'autres États membres. Enfin, les acteurs français et allemands sont ceux qui se sont le plus engagés, voire ont quasi monopolisé, le débat au niveau européen[1]. Sur le plan empirique, la démonstration est fondée sur quatre types de sources. L'argument lié à la sectorisation repose sur une analyse des contributions envoyées par les gouvernements nationaux en réponse à la consultation lancée par la Commission sur le *Livre vert* sur les SIG en 2004. Bien que ces documents soient accessibles dans les archives web de la Commission, ils ont davantage un statut de document inter-service que de communiqué public et rendent compte des positions des chancelleries de manière très directe. Les résultats d'une série de seize entretiens menés par Michel Mangenot[2]

1 Par exemple, 23 % et 17 % des contributions dans le cadre de la consultation sur le *Livre vert* étaient respectivement françaises et allemandes, suivies de 17 % de contributions émanant d'organisations européennes et 11 % pour la Belgique, 8 % pour l'Autriche et 6 % pour la Grande-Bretagne. Tous les autres États membres témoignent d'un très faible niveau de participation. *cf.* Commissariat général du Plan, *Les réponses françaises au Livre vert sur les services d'intérêt général de la Commission européenne*, mars 2004.

2 L'étude comprend notamment une série de seize entretiens avec des organisations européennes d'opérateurs (secteurs des transports ferroviaires, des postes, de l'électricité, du gaz, de l'audiovisuel), les autorités de régulation (télécoms, audiovisuels, postes), DG Concurrence, Marché intérieur, Transport et énergie de la Commission européenne, CES, Union des industries de la

dans le cadre d'une recherche sur l'européanisation des SIG sont également repris car ils éclairent particulièrement bien notre sujet. Enfin, ces éléments sont complétés par trois entretiens avec des personnages-clefs[3] du débat sur les SIG à Bruxelles permettant de fournir des éléments plus spécifiques et informels sur les interactions entre acteurs qui n'apparaissent pas par le truchement d'autres types de sources. C'est donc davantage une logique de triangulation de différents types de sources qui a prévalu sur l'exhaustivité. L'argument lié aux idées et discours est, quant à lui, validé par une analyse de discours du débat sur les SIG. Le corpus soumis à l'analyse est constitué des minutes de l'ensemble des débats parlementaires ayant eu lieu au Parlement européen sur les SIG entre 2000 et 2007 (*cf.* annexe). Du fait de sa nature plus politique que technique, l'arène parlementaire est particulièrement appropriée pour examiner les discours sur les SIG, tant le long de lignes partisanes que nationales. Soixante-trois interventions en plénière par les députés sociaux-démocrates et conservateurs[4] ont été analysées à l'aide du programme Atlas.ti. Là encore, l'exhaustivité n'était pas recherchée. L'analyse du cadrage a été opérée sur une base inductive et centrée sur les cadres considérés comme les plus significatifs, à savoir le cadrage par le marché, par l'intérêt public et par la subsidiarité[5]. Le reste de l'article analyse successivement le rôle structurant de la sectorisation du *policy making* européen puis l'impact du cadrage discursif sur les délibérations au Parlement européen.

---

communauté européenne (UNICE) (patronat), Centre européen des employeurs et entreprises (CEEP) (entreprises publiques), Bureau européen des unions de consommateurs (BEUC) (consommateurs), Comité économique et social européen.

3 Il s'agit de la consultante qui a travaillé de nombreuses années pour le Comité SSIG (Services sociaux d'intérêt général), principal groupe d'intérêt représentant les associations du secteur social ; d'un ancien haut fonctionnaire au sein de la DG Marché intérieur alors en charge du dossier SIG ; et d'un syndicaliste qui a suivi le débat sur la directive cadre au bureau d'études de la Confédération générale des services publics belge. La longueur des interventions varie entre une et six minutes en fonction du rôle des députés (rapporteurs, président de commission, etc.).

4 Afin de limiter la quantité de données, l'analyse a été circonscrite aux deux principaux groupes qui sont décisifs en matière de décision au PE.

5 Contrairement à une analyse lexicométrique, l'analyse des cadres ne consiste pas dans le recensement strict de mots individuels. Des groupes de mots sont rattachés manuellement et sur une base interprétative à une modalité de cadrage à laquelle ils se rapportent. Les occurrences des cadres sont ensuite recensées afin de permettre l'objectivation et la comparaison des cadrages dans les graphiques.

La domination de l'approche sectorielle des politiques publiques

La libéralisation sectorielle comme pratique établie

Dans le dossier des SIG, la logique sectorielle a pesé de tout son poids et entravé la formation d'une large coalition en faveur d'un texte global sur les SIG. On peut décrire un processus en trois temps par lequel un effet de cliquet verrouille la production de politiques publiques : l'approche sectorielle adoptée dans le passé (1) détermine la formulation d'intérêts sectoriels et entrave la formation d'une coalition représentant les intérêts plus diffus (2) ce qui entraîne une confirmation, voire même une accentuation de l'approche sectorielle (3) qui est incompatible avec le concept général de service public (ou SIG). La Commission européenne n'a jamais eu d'agenda concernant les services publics. À la fin des années 1980, c'est d'un point de vue industriel qu'elle promeut la fin des monopoles nationaux et l'ouverture des infrastructures à des opérateurs tiers dans le secteur des télécommunications (1988) et de l'audiovisuel (1989) ; suivent les transports (1991) et l'énergie (1996) et (1998). Toutes les directives de libéralisation contiennent ainsi des clauses de révision à échéance afin d'atteindre la libéralisation depuis les activités industrielles vers les services au grand public. De nouvelles initiatives sectorielles voient régulièrement le jour avec, par exemple, une première directive postale en 1997, qui a mené à une libéralisation totale du secteur en 2009.

Depuis 1997, la Commission mène une évaluation secteur par secteur de la mise en œuvre des politiques de libéralisation. Ces rapports transmettent une appréciation très positive des politiques menées. Bien qu'un certain nombre d'aspects problématiques aient été mis en lumière par des études indépendantes (Clifton et Diaz-Fuentes, 2010 ; Hall, 2005) et que les conditions de financement du service universel soulèvent des discussions politiques incessantes, la libéralisation des industries de réseaux n'a, jusqu'à présent, été remise en cause que par une partie minoritaire de la gauche [Gauche unitaire européenne (GUE)/Gauche verte nordique (NGL) et Verts/Alliance libre européenne (ALE)]. Lorsque la question d'une éventuelle directive cadre émerge en 2000, les autorités publiques, comme les acteurs sectoriels concernés, sont déjà engagés dans un dialogue structuré sur une base sectorielle avec la Commission européenne. La forte prégnance des spécificités relatives à chaque secteur (Bauby, 2011) va constituer un obstacle à la formation de positions sur les SIG comme question globale.

Préférences nationales pour la sectorisation, préférences sectorielles

Lors du débat sur une directive cadre, les autorités françaises comme allemandes se sont montrées favorables à la poursuite de la démarche sectorielle. Alors que les effets de la jurisprudence se font sentir de plus en plus souvent dans des secteurs sociaux et au niveau local, le maintien de l'approche sectorielle suscite le sentiment, chez les autorités nationales, de pouvoir circonscrire l'emprise européenne aux industries de réseaux et aux grandes entreprises qui pèsent dans la compétition économique. Ainsi, lors de la consultation sur le *Livre vert*, les autorités allemandes expliquent que :

> « Les réglementations communautaires spécifiques à certains secteurs ne sont envisageables que dans des secteurs d'intérêt économique général qui, en raison de leur taille et de leur connexion, ont un poids significatif à l'échelle européenne. D'éventuelles réglementations supplémentaires doivent être justifiées en détail par rapport à un contexte sectoriel et eu égard aux particularités du secteur en question. Il revient à la Communauté de justifier que le secteur concerné remplit les conditions, qu'il existe une compétence communautaire, et que les mesures proposées sont compatibles avec le principe de subsidiarité.[6] »

Le gouvernement français, quant à lui, estime également que la libéralisation sectorielle est couronnée de succès et précise qu'un cadre horizontal ne doit pas remettre en question les réglementations sectorielles[7]. Cette articulation entre règles générales et sectorielles suscite la perplexité d'un certain nombre d'acteurs. Si les autorités françaises appellent officiellement à l'adoption d'une directive cadre, les positions des différents acteurs français sur le *Livre vert* laissent apparaître une réalité beaucoup plus ambivalente. Les opérateurs historiques qui sont les poids lourds des secteurs (France Télécom, la Poste, EDF, GDF) sont « en attente d'une directive cadre communautaire »[8], mais soulignent dans le même temps :

> « L'importance de la distinction entre une régulation sectorielle et une régulation de la concurrence. Il est d'ailleurs suggéré que la régulation reste spécifique à chacun des secteurs en réseaux (électricité, gaz, poste, télécommunications, transport). Un autre élément

6 *Stellungnahme der Bundesrepublik Deutschland zum Grünbuch zu Dienstleistungen von allgemeinem Interesse der Europäischen Kommission KOM(2003)270*, septembre 2003. (traduction de l'auteur).

7 Notes des autorités françaises, *Réponses au questionnaire du Livre vert de la Commission européenne sur les services d'intérêt général.*

8 Commissariat général du Plan, *Les réponses françaises au Livre vert sur les services d'intérêt général de la Commission européenne*, mars 2004, p. 8.

> mérite également d'être souligné : la question récurrente du service universel. Les entreprises publiques (notamment Gaz de France, la Poste et France Télécom) expliquent que le service universel ne peut entrer dans une définition globale des services d'intérêt général, et soulignent la difficulté «technique" du calcul des compensations du service universel[9]. »

Dès lors, on peut se demander si une directive cadre n'est pas condamnée, par ceux même qui la souhaitent, à être une coquille vide réaffirmant des principes généraux (accessibilité, équité, prix raisonnables, transparence, etc.) déjà consensuels, sans que les moyens de les mettre en œuvre ne puissent être déterminés au niveau européen. Les entreprises privées, quant à elles, tout comme le patronat [Mouvement des entreprises de France (MEDEF)], sont opposées à l'adoption d'un cadre juridique européen. Lors de la consultation sur le *Livre vert*, ces préférences sectorielles s'opposent alors aux contributions d'associations comme la Ligue des droits de l'homme ou l'Association pour la taxation des transactions financières et pour l'action citoyenne (ATTAC), qui énoncent des positions de principe, réclament la reconnaissance du caractère fondamental de certains services et dénoncent leur marchandisation. Enfin, face à l'effet structurant des directives sectorielles, on voit l'émergence d'une revendication des acteurs du secteur social. De manière intéressante, leur position ne s'articule pas à la notion de service public, mais en faveur de la « reconnaissance des SIG à caractère social [...] et de la notion de « service universel social » et d'un statut européen des organisations de l'économie sociale »[10].

Un même constat peut être fait au niveau européen, comme le montre une étude sur l'état du débat en 2004-2005 qui fait « apparaître des logiques sectorielles structurantes, tenant à de réelles spécificités, ainsi que des logiques d'acteurs tenant à la place de chacun » (Mangenot, 2005, 155)[11]. Tandis que CES (pro-directive) et UNICE (anti-directive) s'opposent, le BEUC et le CEEP ont des positions mitigées. Les représentants de la Commission

---

9 *Ibid.*

10 *Ibid.*

11 L'étude comprend notamment une série de seize entretiens avec des organisations européennes d'opérateurs (secteurs des transports ferroviaires, des postes, de l'électricité, du gaz, de l'audiovisuel), les autorités de régulation (télécoms, audiovisuels, postes), DG Concurrence, Marché intérieur, Transport et énergie de la Commission européenne, CES, UNICE (patronat), CEEP (entreprises publiques), BEUC (consommateurs), Comité économique et social européen.

européenne, quant à eux, sont plutôt réservés et, à l'époque, en attente de l'adoption du Traité constitutionnel et des nouvelles dispositions sur les SIG. Il ressort surtout que toutes les plateformes européennes d'opérateurs et de régulateurs, dans les secteurs couverts par des directives sectorielles, « se montrent opposées à l'existence de dispositions générales, n'y voyant pas de valeur ajoutée par rapport à des règles sectorielles déjà précises et détaillées » (Mangenot, 2005, 168).

Ainsi, on observe que l'approche sectorielle, comme mode de fabrication des politiques publiques, entrave la formation des préférences sur un texte qui régulerait l'ensemble des SIG et viendrait interférer de manière horizontale avec les réglementations sectorielles existantes. Du fait des incertitudes liées à l'articulation entre réglementations sectorielles et réglementation générale, une multiplicité d'acteurs se montre soit perplexe, soit franchement opposée à l'adoption d'une directive cadre. Cet état de fait a un effet fortement dissuasif sur la Commission européenne qui, de manière générale, ne prend d'initiative que lorsqu'elle s'est assurée d'un large soutien de l'ensemble des parties intéressées.

L'abandon d'une approche globale des SIG

Les mobilisations et les débats qui ont eu lieu entre 2004 et 2006 ont entraîné deux séries de conséquences – l'une juridique, l'autre politique – qui ont convergé vers un abandon d'une approche globale des SIG. Sur le plan juridique, le texte final de la directive services a abouti à une fragmentation extrême de la catégorie SIG. On peut en effet identifier sept cas de figure dans lesquels les SIG sont soumis à différentes dispositions juridiques (van den Abeele, 2005, 28). L'article 2, définissant le champ d'application de la directive, a été allongé pour exclure un certain nombre de SIG, à la suite de demandes émanant du PE. Par 505 voix contre 131, et de manière relativement consensuelle avec les autres institutions, les soins de santé ont été sortis de la directive services. Alors que la rapporteure social-démocrate aurait voulu une exclusion globale des SSIG[12], la lutte d'influence au sein du Parlement et entre institutions a abouti à une énumération limitative excluant seulement trois types de services sociaux : aide au logement, aide à l'enfance et

12 Projet de Rapport sur la proposition de directive du Parlement européen et du Conseil relative aux services dans le marché intérieur, Commission du marché intérieur et de la protection des consommateurs, Rapporteur Evelyne Gebhardt, 25 mai 2005, PE 355.744v04, p. 11 (amendement 8) et p. 44 (amendement 55).

aux familles, aide aux personnes dans le besoin. Selon le Conseil, cela est justifié par le fait que ces services sont assurés ou supervisés directement ou indirectement par l'État (Derruine, 2007, 31). En revanche, la situation pour une série de services à caractère social (l'aide aux demandeurs d'emploi, la petite enfance, l'aide aux personnes âgées, l'éducation non-obligatoire, etc.) reste indéterminée au niveau européen et, par conséquent, a fait l'objet de traitements différents au cours du processus de transposition dans chaque État membre. Au lieu de préciser le statut des SIG, la politique de libéralisation horizontale des services a donc procédé à la dissolution de cette notion et complique l'adoption d'une directive cadre.

Ensuite, sur le plan politique, l'onde de choc provoquée par les mobilisations sociales contre la directive services a profondément marqué le microcosme politique bruxellois, pour qui « Bolkestein » fait figure d'épouvantail : « depuis Bolkestein, plus personne ne veut de directive cadre horizontale »[13] et en premier lieu la Commission. Le dossier a été jugé tellement sensible d'un point de vue politique qu'après l'adoption de la directive Services, il a été transféré de la DG pour le marché intérieur au secrétariat général de la Commission. Véritablement traumatisée par le débat de 2005, la Commission s'efforce de ne jamais plus susciter pareille controverse[14]. Dès 2006[15], avant même l'adoption définitive de la directive services, elle s'engage à clarifier le cadre juridique des SSIG pour les autorités et organismes locaux. En 2007[16], elle referme clairement le débat sur une directive cadre et confirme une approche sectorielle. En 2009, elle lance une nouvelle initiative sectorielle qui aboutit, en février 2011, à l'adoption de la directive sur les Droits des patients en matière de soins de santé transfrontaliers. Il faut souligner que les initiatives sectorielles lancées par la Commission répondent en miroir à la sectorisation de la représentation des intérêts. Suite à l'adoption de la directive services, les acteurs français du secteur social ont fondé le Collectif SSIG :

> « [L]e Collectif SSIG-FR [...] est né de cette prise de conscience désormais générale que l'affirmation incantatoire du principe de subsidiarité et du caractère non-économique des services sociaux était derrière

13 Entretien avec une lobbyiste pour le Collectif SSIG.

14 Entretien avec l'ancien directeur général pour le Marché intérieur de la Commission européenne, Cambridge (MA), juin 2011.

15 Commission européenne, « Mettre en œuvre le programme communautaire de Lisbonne. Les services sociaux d'intérêt général dans l'Union européenne », COM(2006)177, 26 avril 2006.

16 Commission européenne, « Les services d'intérêt général, y compris les services sociaux d'intérêt général: un nouvel engagement européen , COM(2007)725, 20 novembre 2007.

nous et qu'il n'y avait d'autre choix que de pénétrer collectivement la citadelle du droit communautaire pour y faire reconnaître nos spécificités[...] avec un objectif commun : la lisibilité sectorielle[17]. »

Depuis lors, le collectif mène un lobbying largement basé sur l'expertise et qui suit au jour le jour les développements des débats. Par ailleurs, la pétition pour une directive cadre de la CES n'a pas eu l'écho escompté : les signataires se concentrent essentiellement dans quelques pays, surtout la France et la Belgique[18]. Quant à la rédaction par le PSE d'une proposition de directive cadre, elle a fait l'effet d'un coup d'épée dans l'eau. L'aveu de la lobbyiste du Collectif SSIG est assez éloquent : « Après avoir travaillé pendant huit ans sur le dossier et fait du lobbying pour une directive cadre, je peux le dire, cette revendication n'a pas de sens. » Ce sentiment semble aujourd'hui être partagé par une majorité d'acteurs.

Notre première hypothèse est donc largement confirmée : la forte sectorisation du *policy making* européen a fortement structuré, depuis les années 1990, les politiques sur les SIG. Cela a rendu difficile la formation de préférences claires sur la question globale d'un texte régulant tous les SIG. La coalition aux contours flous constituée par les sociaux-démocrates, les syndicats et divers groupes d'intérêt et associations a tenté de faire valoir un intérêt diffus de l'ensemble des citoyens à disposer d'une régulation juste et efficace des SIG. Cependant, celui-ci a été mis en balance par la Commission avec les intérêts spécifiques des acteurs sectoriels (grandes entreprises et régulateurs). Par effets de cliquets successifs, la sectorisation des préférences s'est en outre renforcée avec le temps et, aujourd'hui, l'idée d'une directive cadre sur les SIG semble définitivement enterrée. Ceci étant, on ne peut présumer *a priori* de la sujétion des acteurs politiques aux logiques institutionnelles historiquement établies et structurantes ; sauf à considérer que les politiques publiques sont entièrement déterminées par des données structurelles figées, il arrive que la dynamique contingente et propre au débat politique leur permette de s'en affranchir pour porter le changement. La section suivante s'attache à expliquer pourquoi, dans la phase de délibération politique en amont d'une initiative législative européenne sur les SIG, les sociaux-démocrates ne sont pas parvenus à impulser une nouvelle dynamique en la matière. Notre seconde hypothèse porte sur les divergences idéologiques et l'absence de discours commun au sein du PSE.

17 Collectif SSIG-FR, *Les services sociaux et de santé d'intérêt général : droits fondamentaux versus marché intérieur ?*, 2006, Bruxelles, Bruylant, p. 8-9.

18 Entretien avec un représentant de la CGSP, Bruxelles, février 2008.

Un cadrage incohérent

Une tension insoluble entre marché et intérêt général

La social-démocratie connaît, depuis plusieurs décennies, une crise profonde. Selon certains spécialistes, on assisterait même à sa disparition (Lavelle, 2008). Cela s'est notamment traduit par un déclin idéologique patent. En ce qui concerne un sujet hautement symbolique comme les services publics, on peut s'attendre à ce que la dimension idéologique joue un rôle important. Dans une perspective institutionnelle discursive, il faut se pencher plus précisément sur la capacité des sociaux-démocrates européens à produire un discours cohérent et efficace dans l'espace public. L'analyse se concentre ici sur les débats en séance plénière du PE entre 2001 et 2007 (cf. annexe) et ce en raison de leur nature hybride. D'un côté, les débats parlementaires sont relayés par les médias en direction du grand public et constituent l'archétype, selon la conceptualisation établie par V. Schmidt (2006), du discours de communication reposant sur l'appel aux valeurs et aux normes. Dans le même temps, et plus particulièrement au niveau européen, ils constituent un discours de coordination, fondé sur des arguments de nature plus souvent cognitive, à l'adresse des décideurs et communautés épistémiques engagées dans la formulation de politiques publiques. L'analyse de discours réalisée à partir des minutes des débats au Parlement européen fait clairement apparaître une tension entre marché et intérêt général, comme le montre le graphique 1 sur l'importance relative des différentes modalités de cadrage utilisées par les eurodéputés lors de leur intervention en séance plénière lors des quatre débats qui ont porté sur une éventuelle directive de régulation des SIG. Cette tension dans le cadrage discursif des SIG n'est toutefois pas l'apanage du groupe PSE. Elle s'exprime également parmi les conservateurs. On observe que la relation est toutefois inverse puisque l'intérêt général est le cadre dominant dans le discours du PSE, tandis que le thème du marché domine chez les conservateurs. La thématique du modèle social européen, souvent couplée à celle de l'intérêt général, est également présente au sein des deux groupes, bien que plus saillante dans le discours des sociaux-démocrates.

Le graphique 2, qui repose également sur les interventions en séance plénière, montre que le marché, l'intérêt général et la subsidiarité sont les modalités de cadrage les plus fréquentes chez les orateurs allemands, PPE et PSE confondus, tandis que l'intérêt général est plus présent dans le discours français.

Graphique 1. Cadrage des SIG - comparaison inter-partisane

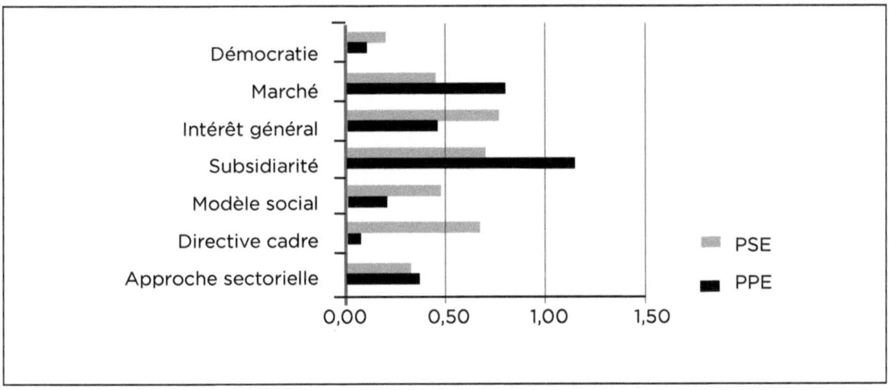

Graphique 2. Cadrage des SIG - comparaison franco-allemande[19]

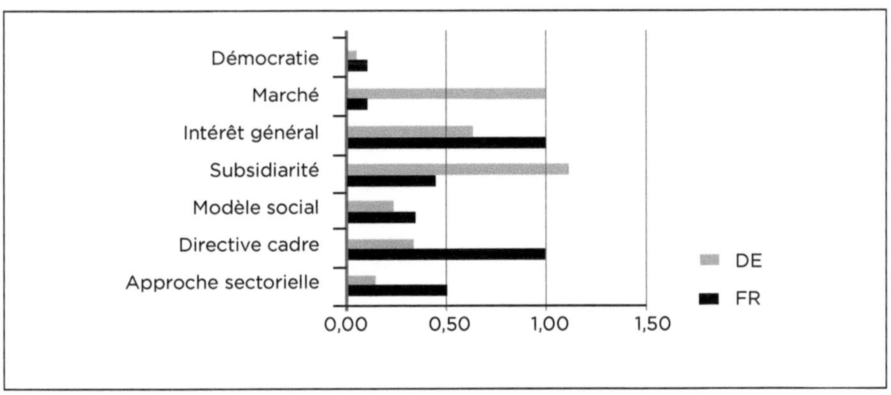

Les thématiques du marché et de l'intérêt général sont des idées normatives qui sous-tendent et légitiment les solutions de politiques publiques proposées par les acteurs politiques. À cet égard, on observe une tension entre l'adoption d'une directive cadre sur les SIG et une approche sectorielle des différents SIG. Tandis que le cadrage des conservateurs est clairement focalisé sur l'approche sectorielle, le discours social-démocrate est fondamentalement ambivalent puisque les orateurs du PSE évoquent et défendent tour à tour la nécessité d'une directive cadre et la pertinence de l'approche sectorielle. Sous l'angle national, cette ambivalence est beaucoup plus présente chez les Français.

19 Ici, on a contrôlé la variable relative au nombre respectif d'orateurs français et allemands car elle dépend d'une série d'éléments indépendants de la stratégie politique des groupes.

Au-delà de cette première description globale, ce sont surtout les dynamiques discursives et l'évolution du débat au cours du temps qui sont intéressantes. Après avoir souscrit, lors du débat sur le rapport Langen en 2001, à l'idée d'une directive cadre, les conservateurs du Parti populaire européen (PPE) changent de position pour s'y opposer fermement et de manière durable. Cette position est surtout justifiée par un discours normatif sur le marché : une directive cadre est perçue comme une potentielle entrave aux règles de la concurrence, à de futures libéralisations sectorielles, et la difficile articulation avec les règles sectorielles existantes est crainte. Le débat de 2006 sur le rapport présenté par le rapporteur social-démocrate Bernhard Rapkay constitue le moment décisif du débat sur les SIG. Le débat est particulièrement long avec une augmentation significative du nombre de députés s'exprimant en session plénière (47 en 2006 contre 28 en 2004 et 27 en 2007, groupes PPE et PSE confondus). Le débat a lieu six mois après l'adoption par le Parlement européen d'un compromis sur la directive services en première lecture. Or celle-ci a opéré de fait un déplacement vers la logique du marché en faisant de la libéralisation la règle, et du maintien de réglementations nationales l'exception. Face aux ambiguïtés des sociaux-démocrates, les conservateurs ne laissent aucun doute sur le fait que la résolution adoptée sur la directive services va à l'encontre d'une directive cadre sur les SIG[20].

Graphique 3 - Marché et intérêt général dans le cadrage des SIG - comparaison inter-partisane

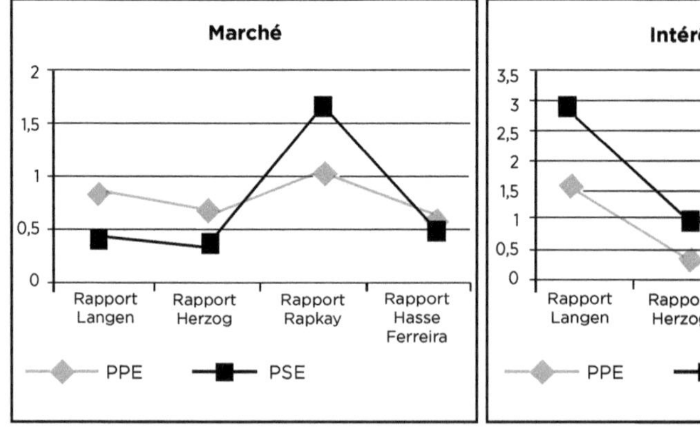

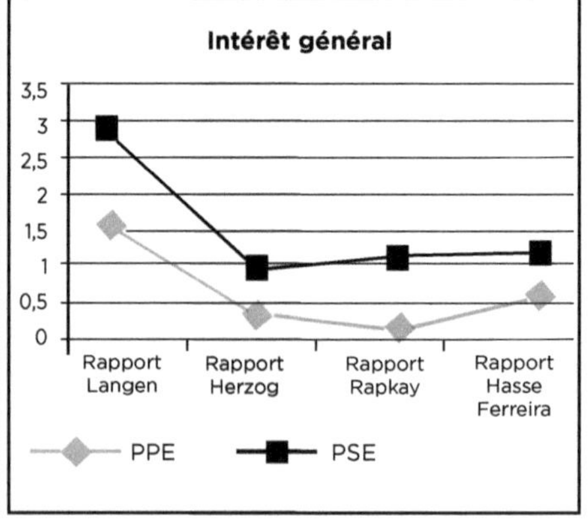

20 Jozsef Szajer (PPE), Débat sur le Livre Blanc de la Commission sur les services d'intérêt général, 16 septembre 2006 <www.europarl.eu>.

On observe un affaiblissement significatif de l'idée d'intérêt général au sein des deux groupes entre 2001 et 2006, même si ce cadre reste plus présent chez les sociaux-démocrates que chez les conservateurs. Et si, en 2007, la saillance de l'intérêt général est à nouveau renforcée, c'est que le débat général sur les SIG a largement été tranché et que le rapport Hasse Ferreira ne porte plus que sur les services sociaux. En revanche, le cadrage par le marché est nettement plus saillant en 2006. Si la présence du marché dans le discours des conservateurs croît modérément, elle se renforce dans une proportion considérable chez les élus du PSE. On observe donc une conversion spectaculaire des sociaux-démocrates au discours conservateur sur les SIG.

Tandis que le cadrage des conservateurs devient de plus en plus univoque et homogène, les sociaux-démocrates se trouvent piégés par un discours qui tente de concilier deux modalités contradictoires de cadrage, sans pouvoir donner la priorité à l'une sur l'autre. Plusieurs interventions sont caractéristiques de ce dilemme :

> « Et c'est ici que je voudrais essayer de dissiper un malentendu. Il ne s'agit pas d'avoir le marché et la concurrence d'un côté et les services d'intérêt général de l'autre. Les services d'intérêt général peuvent parfaitement être fournis par des instruments du marché dans un cadre concurrentiel[21]. »

Pourtant, d'autres députés du PSE n'hésitent pas à recourir à un cadrage beaucoup plus conflictuel :

> « Selon moi, la question des services d'intérêt économique ou non économique général est la ligne de démarcation entre les partisans d'une économie sociale de marché et les partisans d'une économie de marché néolibérale[22]. »

La tension entre marché et intérêt général est fondamentale dans la mesure où les partisans d'une économie sociale de marché prônent l'adoption d'une directive cadre comme moyen de protéger les SIG des règles de la concurrence qui affecterait la capacité des États membres de financer les missions d'intérêt général. Cependant, l'affrontement gauche-droite est perturbé par la question de la subsidiarité.

---

21 Bernard Rapkay (PSE), Débat sur le Livre vert de la Commission sur les services d'intérêt général (rapport Herzog) , 13 janvier 2004, <www.europarl.eu>.

22 Proinsias de Rossa, Débat sur le Livre vert de la Commission sur les services d'intérêt général (rapport Herzog), 13 janvier 2004. <www.europarl.eu>.

La subsidiarité : une norme dominante

Le principe de subsidiarité constitue le cadre dominant du débat politique sur les SIG. L'adoption d'une directive cadre suscite, chez de nombreux députés européens, la crainte que l'autonomie des autorités locales dans la définition, l'organisation et le financement des services publics ne soit remise en cause. Comme le montre le graphique 1, la subsidiarité est davantage invoquée par le PPE que par le PSE. Cependant, le graphique 2 montre surtout que cette modalité de cadrage est extrêmement saillante dans le discours des députés allemands en comparaison avec leurs collègues français. Or, ceux-ci sont très engagés sur la question des SIG : outre les présidents de commissions parlementaires, deux députés allemands, W. Langen (PPE) et B. Rapkay (PSE), ont été rapporteurs sur les SIG, et c'est encore une allemande, la sociale-démocrate Evelyne Gebhardt qui était en charge du rapport sur la proposition de directive services. Cela se traduit par une supériorité numérique des orateurs allemands et une domination globale du discours allemand dans les débats : tandis que, sur l'ensemble des discussions en plénière de 2001 à 2007, le rapport entre PSE et PPE est équilibré (31 contre 32 interventions), le rapport entre Français et Allemands penche clairement en faveur des derniers (19 contre 8 interventions). L'approche institutionnaliste pourrait se borner ici à mettre l'accent sur l'importance du *goodness of fit* entre institutions nationales et politiques communautaires afin d'expliquer les préférences allemandes et la saillance de la subsidiarité. Dans le contexte allemand, la question de la subsidiarité est très sensible : les députés du Bundesrat se sont constamment et vigoureusement opposés à une directive cadre européenne, de peur de voir les Länder se faire usurper leurs prérogatives importantes en matière de SIG. La valeur ajoutée de l'institutionnalisme discursif consiste cependant à étudier, au-delà des préférences fixes, la dynamique des interactions discursives pour expliquer la reconfiguration des préférences.

Comme en témoigne le graphique 4, la subsidiarité s'installe comme une préoccupation majeure au cours de la période examinée. À nouveau, on n'observe pas de polarisation inter-partisane, mais au contraire des variations similaires des discours conservateurs et sociaux-démocrates. Il faut cependant souligner qu'en chiffres absolus, la saillance du cadrage par la subsidiarité est très forte lors du débat de 2006 et ce du fait de la supériorité numérique des orateurs du PPE, d'une part, et des orateurs allemands, de l'autre.

Graphique 4.
Subsidiarité dans le cadrage des SIG - comparaison inter-partisane

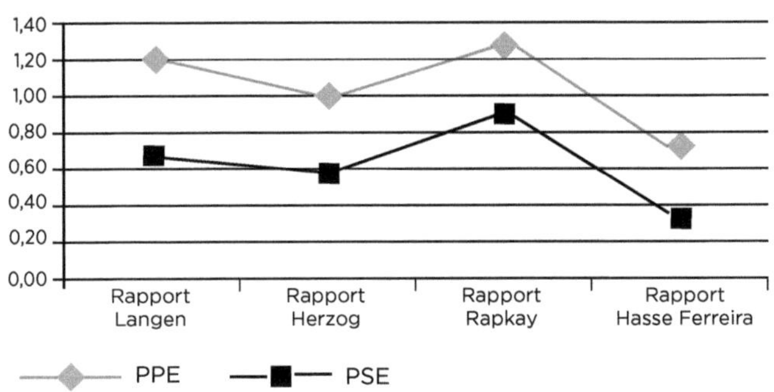

Comme on le voit sur le graphique 5, le cadrage par la subsidiarité mis en avant par le PPE et par l'ensemble des élus allemands parvient à créer un effet d'entraînement non négligeable au sein du PSE, y compris auprès des députés français, chez qui ce cadre était jusqu'alors totalement absent.

Graphique 5.
Cadrage des SIG - comparaison inter-partisane

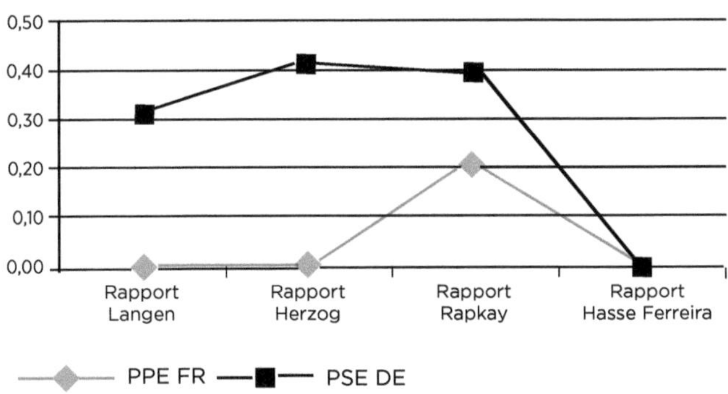

En fait, l'inefficacité du discours social-démocrate se noue autour des différentes manières d'appréhender l'articulation entre les trois termes de l'équation : marché, intérêt général, subsidiarité. Pour une majorité des conservateurs, la préservation de l'autonomie locale signifie l'absence de directive cadre européenne et donc de dérogation aux règles de la concurrence. Au sein des sociaux-démocrates, en revanche, une vision défensive et une vision offensive s'opposent. Pour les Allemands, la préservation des missions sociales liées aux SIG passe par la subsidiarité :

> « Selon nous, ce qui est important dans notre débat sur les services (...), c'est que notre stratégie doit trouver le juste équilibre entre les exigences du marché intérieur, ce que nous, sociaux-démocrates, savons et admettons, et la nécessité de protéger les citoyens en renforçant les institutions locales et régionales, les mieux placées pour maintenir le principe de subsidiarité au niveau de la prestation de services[23]. »

Pour les Français, de même que pour les Belges, si la subsidiarité est un principe important, elle ne protège pas les autorités locales contre la logique de concurrence :

> « La construction européenne doit effectivement se poursuivre dans le respect de cette diversité, mais en prenant appui sur un ensemble de valeurs communes tenant à la justice sociale, à l'égalité, à la solidarité. Nous pouvons dégager un cadre commun pour un service public européen. Celui-ci ne peut être envisagé sous l'angle de la concurrence car nous savons que les bénéfices que tire la société des services publics se comptent en termes d'éducation, de santé, de sécurité, de cohésion entre les États membres et leurs concitoyens[24]. »

Le discours des sociaux-démocrates est donc doublement ambivalent : d'une part, il témoigne d'une dynamique globale de repli sur la subsidiarité au nom de la logique sociale mais qui, en convergeant avec le discours conservateur de la subsidiarité au nom du marché, a définitivement délégitimé l'idée d'une directive cadre sur les SIG ; d'autre part, si le discours de la subsidiarité est dominant, il ne fait pas non plus l'unanimité au sein du groupe qui se voit privé de cadrage homogène et donc de stratégie discursive cohérente. Ces deux mouvements ont convergé pour faire prévaloir le *statu quo* sur l'émergence d'une politique européenne des SIG. La convergence (relative) avec le discours conservateur du marché et de la subsidiarité s'inscrit dans une trajectoire amorcée récemment par la social-démocratie allemande, qui, en prônant la stricte séparation des compétences européennes et nationales ou la renationalisation de certaines politiques, s'est rapprochée des positions démocrates chrétiennes (Egle, 2011, 37-38).

L'analyse du cadrage de la question des SIG lors des débats successifs au Parlement européen permet de confirmer la seconde hypothèse examinée dans cet article : la formation des préférences en faveur d'une directive de

---

23 Martin Schulz, Débat sur le Libre blanc de la Commission sur les services d'intérêt général (rapport Rapkay), 26 septembre 2006.

24 Françoise Castex, *Ibid.*

régulation des SIG a souffert d'un manque de cadrage cohérent reflétant des tensions idéologiques insolubles au sein de la social-démocratie, tensions qui se nouent dans la définition des rôles respectifs du marché et de la puissance publique dans la régulation des SIG. En outre, l'idée de subsidiarité, qui constitue le cadrage dominant des conservateurs allemands, s'est peu à peu imposée comme l'idée centrale du débat et l'objection majeure à l'adoption d'une directive. Cela montre donc que si un discours efficace peut être vecteur de changement, on peut également soutenir l'argument a contrario, à savoir que l'absence de dispositif idéel et discursif efficace est un handicap pour les acteurs qui cherchent à promouvoir de nouvelles politiques, en particulier s'ils font face par ailleurs à des contraintes institutionnelles majeures, comme la sectorisation du *policy making* dans le cas qui nous intéresse.

Conclusion

Depuis la fin des années 1980, nombre de services publics, ou services d'intérêt général, ont été progressivement libéralisés et parfois privatisés, tombant ainsi sous le coup du droit de la concurrence européen. Pour nombre d'acteurs politiques (partis, organisations syndicales, groupes d'intérêts, associations, etc), la logique de concurrence menace la fourniture équitable de services répondant à des besoins fondamentaux de la société. Depuis le milieu des années 1990, un débat s'est engagé au niveau européen sur une éventuelle re-régulation des SIG au niveau européen. En dépit du soutien de la France et d'une dynamique de reconnaissance constitutionnelle du rôle des SIG dans les traités, les sociaux-démocrates ne sont pas parvenus à imposer l'idée de la nécessité d'une initiative législative de la Commission européenne en la matière, laissant le débat en suspens. Or, avec la crise de la dette et les contraintes drastiques des finances publiques, on peut s'attendre à une accélération de la dynamique de libéralisation et de privatisation des SIG. La nature des SIG demeure ainsi un paramètre majeur de la mutation des États-providence européens.

Les approches néo-institutionnalistes des politiques publiques, couplées à la littérature sur les partis politiques, permettent de formuler deux hypothèses qui n'ont jusqu'à présent pas été traitées dans la littérature et permettent d'expliquer pourquoi le débat sur une directive cadre de régulation des SIG s'est enlisé. D'une part, l'ensemble des politiques publiques préexistantes contraignent les acteurs dans leur capacité à former des coalitions. Dans le débat qui nous intéresse, on constate que l'ensemble des politiques sectorielles mises en place depuis la fin des années 1980 entraîne une structuration sectorielle des préférences et une incertitude sur l'articulation entre législation sectorielle et législation-cadre qui défavorise les acteurs favorables à la seconde. Cette situation reflète, de manière plus générale, l'incapacité des partis politiques au niveau européen à remplir une fonction d'agrégation des intérêts, non seulement en raison de leur faiblesse organisationnelle *per se*, mais aussi en raison de l'extrême fragmentation et sectorisation de la gouvernance européenne.

D'autre part, nous avons montré que les idées, et plus spécifiquement les dynamiques discursives entre acteurs partisans, ont également contribué à l'échec des sociaux-démocrates. Tandis que les conservateurs ont rapidement, et de manière relativement unanime, justifié leur rejet d'une directive cadre par l'importance des mécanismes de marché dans la prestation des SIG et le nécessaire respect de la subsidiarité, les sociaux-démocrates n'ont pas été en mesure de produire un discours cohérent. Premièrement, ils ont progressivement adopté le cadrage par le marché et la subsidiarité, affaiblissant ainsi la pertinence d'une directive cadre ; deuxièmement, des divergences internes ont subsisté et l'approche sectorielle des services sociaux a été considérée par beaucoup comme un pis-aller. Les errements discursifs des sociaux-démocrates sur la question des SIG ne sont pas surprenants. Ils s'inscrivent dans une trajectoire de déclin idéologique de la social-démocratie ainsi que dans l'adoption, plus récente, d'une position défensive envers une Europe perçue comme une menace.

Si l'on compare le débat sur la régulation des SIG avec celui sur la libéralisation des services, il apparaît que, dans les mêmes conditions institutionnelles, la présence d'un cadrage normatif commun *via* l'idée d'Europe sociale avait permis à une large coalition de gauche de peser sur le Parlement européen et, à travers lui, sur la forme définitive du texte (Crespy, 2012). À l'inverse, dans le cas du débat sur les SIG, l'absence de stratégie discursive claire et offensive a constitué une entrave à la mobilisation de l'opinion. Elle n'a pas permis d'agréger les différentes initiatives au sein des communautés et réseaux de politiques publiques, d'une part, et n'a pas permis une visibilité du débat pour le grand public, d'autre part. Si l'examen d'autres débats (par exemple celui sur la directive postale) serait nécessaire pour renforcer cet argument, cette comparaison semble confirmer l'argument selon lequel la capacité à susciter une résonance dans l'opinion par un cadrage jouissant d'une forte légitimité sociale constitue un enjeu crucial pour que les partis politiques et leurs alliés parviennent à s'imposer face au poids des intérêts nationaux et à la fragmentation du processus décisionnel européen.

Références bibliographiques

Bartolini Stefano (2005), *Restructuring Europe,* Oxford et New York, Oxford University Press.

Bauby Pierre (2011), *L'Européanisation des services publics,* Paris, Presses de Sciences Po.

Bendjaballah Selma (2006), « Parties do Matter in Legislatures. European Parliament vs US House of Representatives », *EU Consent Working Paper,* <www.eu-consent.net/library/PhD/BENDJABALLAH.pdf>, consulté le 18 janvier 2012.

Berman Sandra (1998), *The Social Democratic Moment. Ideas and Politics in the Making of Interwar Europe,* Cambridge et Londres, Harvard University Press.

Bulmer Simon (1983), « Domestic Politics and European Community Policy-Making », *Journal of Common Market Studies,* vol. 21, n° 4, p. 349-363.

Clifton Judith et **Diaz-Fuentes Daniel** (2010), « Evaluating EU Policies on Public Services: A Citizen's Perspective », *Annals of Public and Cooperative Economics,* vol. 81, n° 2, p. 281-311.

Crespy Amandine (2010a), « When "Bolkestein" is Trapped by the French Anti-liberal Discourse: A Discursive-institutionalist Account of Preference Formation in the Realm of European Union Multi-level Politics », *Journal of European Public Policy,* vol. 17, n° 8, p. 1253-1270.

Crespy Amandine (2010b), « Une directive cadre sur les services d'intérêt général en Europe : un dossier enterré ? », *L'année sociale 2007,* janvier, p. 203-223.

Crespy Amandine (2011) « European Integration and Resistance to Institutional change: the politics of services liberalization in the European Union », *Open Forum CES Paper Series,* n° 7, Harvard University, <www.ces.fas.harvard.edu/publications/open_forum.html>.

Crespy Amandine (2012), *Qui a peur de Bolkestein ? Conflit, résistances et démocratie dans l'Union européenne,* Paris, Economica.

Delwit Pascal *et al.* (dir.) (2001), *Les Fédérations européennes de partis. Organisation et influence,* Bruxelles, Éditions de l'Université de Bruxelles.

Derruine Olivier (2007), « De la proposition Bolkestein à la directive services », *Courrier hebdomadaire du CRISP,* n° 1962-1963, p. 5-63.

Dyson Kenneth (2009), *The State Tradition in Western Europe,* Colchester, ECPR Press.

Egle Christoph (2011), « The SPD's Preferences on European Integration. Always One Step Behind? », *in* **Dionyssis Dimitrakopoulos**, *Social Democracy and European Integration: The Politics of Preference Formation,* New York, Routledge, p. 23-50.

Eising Rainer et Jabko Nicolas (2001), « Moving Targets: National Interests and Electricity Liberalization in the European Union », *Comparative Political Studies,* vol. 34, n° 7, p. 742 - 767.

Hall Peter A. (dir.) (1989), *The Political Power of Economic Ideas,* Princeton, Princeton University Press.

Kreppel Amie (2002), *The European Parliament and Supranational Party System. A Study in Institutional Development,* Cambridge, Cambridge University Press.

Lavelle Ashley (2008), *The Death of Social Democracy,* Aldershot, Ashgate.

Magnette Paul (2010), *Le Régime politique de l'Union européenne,* Paris, Presses de Science Po.

Mair Peter (2000), « The Limited Impact of Europe on National Party Systems », *West European Politics,* vol. 23, n° 4, p. 27-51.

Mangenot Michel (2005), *Public Administrations and Services of General Interest: What kind of Europeanisation?,* Maastricht, European Institute of Public Administration.

Marsh Michael et Norris Pippa (1997), « Political representation in the European Parliament », *European Journal of Political Research,* vol. 32, n° 2, p. 153-164.

Moschonas Gerassimos (2005), « The Great Programmatic and Ideological Change in Contemporary Social Democracy », *in* **Pascal Delwit** (dir.), *Social Democracy in Europe,* Bruxelles, Éditions de l'Université de Bruxelles.

Moschonas Gerassimos (2009), « Reformism in a "Conservative" System: The European Union and Social Democratic Identity », *in* **John Callaghan, Nina Fishman, BenJackson et Martin McIvor**, *Reformism in a "Conservative" System: the European Union and Social Democratic Identity,* Manchester et New York, Manchester University Press, p. 168-192.

Muller Pierre (2010) « Secteur », *in* **Laurie Boussaguet, Sophie Jacquot et Pauline Ravinet** (dir.), *Dictionnaire des politiques publiques*, Paris, Presses de Science Po, p. 591-598.

Peters Guy (1997). « Escaping the Joint-Decision Trap: Repetition and Sectoral Politics in the European Union », *West European Politics*, vol. 20, n° 2, p. 22-36.

Pierson Paul (1993), « When Effect Becomes Cause: Policy Feedback and Political Change », *World Politics*, vol. 45, n° 4, p. 595-628.

Pierson Paul (1996), « The Path to European Integration: a Historical Institutionalist Analysis », *Comparative Political Studies*, vol. 29, n° 2, p. 123-163.

Pupat Yoann (2010) « "Services publics" et "services d'intérêt général". Un processus de traduction dans la configuration européenne et ses effets sur le débat national », *Politique européenne*, n° 32, p. 151-164.

Roger Antoine (2008), « Clivages et partis politiques », *in* **Céline Belot, Paul Magnette et Sabine Saurruger**, *Science politique de l'Union européenne*, Paris, Economica, p. 197-221.

Sabatier Paul A. (1998), « The Advocacy Coalition Framework: Revisions and Eelevance for Europe », *Journal of European Public Policy*, vol. 5, n° 1, p. 98-130.

Schmidt Manfred G. (2006), « When Parties Matter: A Review of the Possibilities and Limits of Partisan Influence on Public Policy », *European Journal of Political Research*, vol. 30, n° 2, p. 155-183.

Schmidt Suzanne K. (1998), « Commission Activism: Subsuming Telecommunications and Electricity under European Competition Law », *Journal of European Public Policy*, vol. 5, n° 1, p. 169-184.

Schmidt Vivien A. (2007), « Trapped by Their Ideas: French Elites' Discourses of European Integration and Globalization », *Journal of European Public Policy*, vol. 14, n° 7, p. 992-1009.

Schmidt Vivien A. (2008), « Discursive institutionalism: The Explanatory Power of Ideas and Discourse », *Annual Review of Political Science*, vol. 11, p. 303-326.

Schmidt Vivien A. (2010). « Analyzing Ideas and Tracing Discursive Interactions in Institutional Change: From Historical Institutionalism to Discursive Institutionalism », *Open Forum CES Paper Series*, n° 3, Harvard University, <www.ces.fas.harvard.edu/publications/open_forum.html>.

Schmidt Vivien A. et Crespy Amandine (2010), « Institutionnalisme discursif », *in* **Laurie Boussaguet, Sophie Jacquot et Pauline Ravinet**, *Dictionnaire des politiques publiques,* Paris, Presses de Sciences Po, p. 350-359.

Seiler Daniel-Louis (2006), « L'Europe des partis : paradoxes, contradictions et antinomies », *Working Papers Institut de Ciencies Politiques i Socials,* n° 251.

Skocpol Theda (1992), *Protecting Soldiers and Mothers: The Political Origins of Social Policy in the United States,* New York, Belknap Press.

Smith Andy (2006), « The Government of the European Union », *in* **Pepper D. Culpepper, Peter A. Hall et Bruno Palier** (dir.), *Changing France: The Politics that Markets Make,* Basingstoke, Palgrave MacMillan, p. 179-197.

Thelen Kathleen et Steinmo Sven (1992), « Historical Institutionalism in Comparative Politics », *in* **Sven Steinmo, Kathleen Thelen et Frank Lonstreth**, *Historical Institutionalism in Comparative Politics,* Cambridge, Cambridge University Press, p. 1-32.

van den Abeele Eric (2005), « Les services d'intérêt général. État du débat européen », *Courrier hebdomadaire du CRISP,* n° 1901-1902, p. 5-72.

Wernicke Stephan (2009), « Services of General Economic Interest in European Law: Solidarity Embedded in the Economic Constitution », *in* **Johan W. van de Gronden**, *Services of General Economic Interest in European Law : Solidarity Embedded in the Economic Constitution,* The Netherlands, Kluwar law International, p. 121-137.

Westby David L. (2000), « Strategic Imperative, Ideology, and Frame », *Mobilization,* vol. 7, n° 3, p. 287-304.

Whitaker Richard (2002) « National Parties in the European Parliament. An Influence in the Committee System? », *European Union Politics,* vol. 6, n° 1, p. 5-28.

Annexe

Débats relatifs aux services d'intérêt général au Parlement européen

2001	Débat sur la communication de la Commission sur les «Services d'intérêt général en Europe»	Rapport Langen (PPE/DE)	Séance plénière du 13 janvier 2001
2004	Débat sur le Livre vert de la Commission sur les services d'intérêt général	Rapport Herzog (GUE/FR)	Séance plénière du 13 janvier 2004
2006	Débat sur le Libre blanc de la Commission sur les services d'intérêt général	Rapport Rapkay (PSE/DE)	Séance plénière du 26 septembre 2006
2007	Débat sur les services sociaux dans l'Union européenne	Rapport Hasse Ferreira (PSE/PT)	Séance plénière du 12 mars 2007

Amandine Crespy

Enseignante et chercheuse en études européennes politologiques, Centre d'étude de la vie politique (CEVIPOL)/Institut d'études européennes, Université Libre de Bruxelles

acrespy@ulb.ac.be

Chantiers
DE RECHERCHE

POLITIQUE EUROPÉENNE
N° 38 | 2012
Sébastien Michon
[p. 184-193]

Faire carrière dans les métiers de l'Europe politique : dispositions, savoirs spécifiques et types de carrière

Enquête auprès d'élèves et d'anciens élèves de masters « Politiques européennes »

Sébastien Michon
CNRS, GSPE-PRISME

Des « métiers de l'Europe politique » ont accompagné le développement des institutions européennes et des groupes d'intérêt qui cherchent à influencer les décisions communautaires, l'européanisation des politiques publiques, l'apparition de sources de financement spécifiques, l'adaptation des collectivités territoriales et des États à la construction européenne (Georgakakis, 2002). Ils rassemblent des agents des institutions européennes, mais aussi les chargés de mission « projets européens », « affaires européennes » ou « Europe » de collectivités territoriales (région, mairie..), des administrations nationales, des cabinets de consulting, des entreprises, des fédérations professionnelles, des associations, ONGs, syndicats, ou encore des bureaux de représentation auprès des institutions européennes. Depuis la fin des années 1980, les institutions européennes, les groupes d'intérêt qui gravitent autour, les collectivités locales ou encore les services des États, recrutent des spécialistes des questions européennes afin de mettre en forme les problèmes publics, concourir à l'élaboration de décisions, créer ou maintenir des liens entre ou avec les institutions. Ce programme de recherche « Faire carrière dans les métiers de l'Europe politique » vise à affiner la connaissance des nombreux diplômés qui s'orientent vers ces métiers d'encadrement, aux statuts variables (stages, contrats à durée déterminée ou indéterminée), dans le secteur public ou privé et dans des lieux différents (à Bruxelles ou au national).

Ouvrir la boîte noire des accès aux métiers de l'Europe politique

Plusieurs études donnent des pistes stimulantes pour analyser les carrières dans les métiers de l'Europe politique (Page, 1997 ; Schnabel, 1998 ; Georgakakis, 2002, 2012 ; Michel, 2006 ; Wagner, 2007 ; Haller, 2008 ; Pasquier et Weisbein, 2009 ; Michel et Robert, 2010 ; Robert et Vauchez, 2010 ; de Lassalle, 2010). Cependant, aucune ne présente une approche globale sur ceux qui investissent les métiers de l'Europe politique, en particulier sur les « vocations » à ce type d'orientations scolaires et professionnelles, sur les savoirs spécifiques à ces carrières et leurs processus d'acquisition, enfin sur la construction des trajectoires professionnelles et la circulation entre les positions.

En donnant des éléments de connaissance sur les dispositions favorables à une carrière dans les métiers de l'Europe (capitaux linguistiques, cosmopolitisme, socialisation précoce à l'Europe), l'enquête de Virginie Schnabel (1998) auprès des élèves du Collège d'Europe à Bruges est pionnière. Néanmoins, focalisée sur une institution de formation, elle ne rend pas compte de la pluralité des accès aux métiers de l'Europe politique. La structuration d'un espace de formation sur les questions européennes a été évoquée (Georgakakis et Dulong, 1998 ; Smith, 2003), beaucoup moins sa composition, les ressources valorisées et acquises en son sein, et les positions auxquelles il donne accès. Quels sont les mécanismes de sélection et de cooptation des professionnels de l'Europe politique ? Sont-ils, comme les élèves des grandes écoles françaises (Bourdieu, 1989 ; Eymeri-Douzans, 2001), pour partie sélectionnés sur leur capacité à correspondre à un moule ? Forment-ils des généralistes ou des spécialistes ? Par quoi se différencient ceux qui font carrière à Bruxelles des professionnels de l'Europe au national ?

De même, peu de travaux appréhendent les savoirs spécifiques aux métiers de l'Europe (connaissances, savoir-faire, savoir-être) (Robert et Vauchez, 2010), particulièrement leurs processus d'acquisition au cours de la formation et de la carrière. Quelques éléments sont néanmoins disponibles ici ou là. L'étude de la réforme des concours de la fonction publique européenne par exemple met en évidence la promotion de « *skills* » et de compétences gestionnaires au détriment des savoirs, des éléments de culture générale européenne, voire de connaissances du contexte de mise en œuvre des politiques européennes, de leurs contraintes ou de leurs acteurs clefs (Georgakakis, 2010a). Les études anthropologiques sur les hauts fonctionnaires, qui évoquent d'autres aspects des savoir-être, dessinent les contours d'une culture européenne (Abélès et Bellier, 1996 ; Shore, 1999), faite d'expériences, d'un style de vie et d'un langage commun, de traits distinctifs relatifs à l'activité professionnelle : la flexibilité des habitudes de travail, l'hybridation entre les cultures et les modèles administratifs nationaux, ou un rapport au temps marqué par le primat de l'avenir et de la construction émergente (Abélès, 1998). On peut ajouter une forme d'apolitisme souvent revendiquée, à commencer par la Commission européenne qui se présente comme une institution qui fait de la politique « sans en avoir l'air » (Robert, 2001). Au cours de leur formation et de leurs activités professionnelles, les acteurs européens ont intégré « une capacité à "taire" ou évacuer la dimension politique de leur action » (Baisnée et Smith, 2006, 342). Cependant, la problématique des effets de la socialisation européenne des acteurs de la construction européenne (Checkel, 2005 ; Michel et Robert, 2010) est plus discutée au niveau des élites politiques et administratives – les eurodéputés (Scarrow et Franklin, 1999 ; Scully, 2005 ; Navarro, 2007 ; Beauvallet et Michon, 2010), les eurofonctionnaires (Abélès et Bellier, 1996 ; Ban, 2010 ; Georgakakis, 2010b ; Shore, 2010) – que des auxiliaires de l'Europe. Force est de constater que les données sur les savoirs spécifiques des professionnels de l'Europe politique et leurs processus d'acquisition, sur les variations selon le type et le lieu d'activité entre ceux qui travaillent à Bruxelles et ceux en poste au national, mais aussi entre ceux qui œuvrent au sein du secteur public et ceux qui évoluent dans le secteur privé, sont lacunaires.

Enfin, en dehors de quelques enquêtes sur des populations circonscrites (Michon, 2008 ; Courty et Michel, 2012), les étapes scolaires et professionnelles successives, les circuits préférentiels et les logiques de circulation entre les postes – notamment en début de carrière – n'ont guère été explorés. Quels sont les types de carrières ? Diffèrent-ils selon le genre ? Certaines étapes sont-elles décisives ? Les ressources développées au cours de la carrière sont-elles conditionnées par le parcours scolaire ? Les liens et les circulations entre les différents niveaux de l'action publique ne vont pas non plus de soi. L'entame d'une carrière au national ou au local constitue-t-elle un frein à son européanisation ? Le retour au national ou au local est-il fréquent après avoir commencé une carrière à Bruxelles ? À quel moment se fait-il ? L'expérience bruxelloise est-elle alors mise en valeur ? (Joana et Smith, 2002). C'est en se situant au croisement de la sociologie des dispositions (Bourdieu, 1994 ; Lahire, 1998), des théories de la socialisation (Dubar, 2004 ; Darmon, 2006), de la sociologie des professions (Demazière et Gadéa, 2009 ; Champy, 2011) et du travail politique (Demazedière et Le Lidec, 2008), ainsi que de la sociologie politique de l'Union européenne (Georgakakis, 2008, 2012), que l'on peut apporter des éléments de réponse à ces questions essentielles à la compréhension de l'émergence des métiers de l'Europe politique et des formations qui y mènent.

La socialisation par les formations et les expériences professionnelles : enquêter auprès d'élèves et d'anciens élèves de formations spécialisées

Mon programme de recherche a pour but d'étudier les processus et les lieux d'acquisition et d'inculcation de dispositions et savoirs spécifiques qui permettent de faire carrière dans les métiers de l'Europe politique à partir d'une entrée par les élèves et les anciens élèves de formations spécialisées (masters « Politiques européennes », « Affaires européennes », « Métiers de l'Europe », « Études européennes », etc.). La contribution attendue à la sociologie des métiers de l'Europe politique est triple.

Premièrement, révéler, par l'identification des caractéristiques sociales, scolaires, internationales et politiques de ceux qui s'y destinent, les logiques sociales des trajectoires qui conduisent à ces métiers, permettant d'éclairer la question de la standardisation de ces parcours et les variations entre eux.

Deuxièmement, appréhender les processus d'acquisition des savoirs spécifiques (connaissances, savoir-faire, savoir-être, ethos) à une carrière dans les métiers de l'Europe au cours de la formation et des étapes professionnelles.

Troisièmement, construire une catégorisation des types de carrière selon les dispositions favorables, les savoirs spécifiques et leurs processus d'acquisition, donnant la possibilité de renseigner les logiques de circulation de jeunes élites transnationales et l'éventuelle imperméabilité entre les emplois à Bruxelles et ceux au national.

Les objectifs du programme impliquent de disposer de données de plusieurs types. Le recueil de données quantitatives a pour objectif de situer le profil et le parcours des candidats aux métiers de l'Europe, mettre en évidence les dispositions favorables, les pratiques et savoirs spécifiques, et mener des comparaisons suivant les parcours. Depuis 2010, un premier questionnaire a été proposé à des élèves de différents masters spécialisés par l'intermédiaire d'enseignants, d'associations des élèves ou d'élèves ; un deuxième aux anciens élèves de plusieurs de ces formations, le plus souvent par l'intermédiaire des réseaux d'anciens élèves. Les deux questionnaires comportent une soixantaine de questions sur les expériences internationales, le parcours scolaire, le rapport à la politique et les caractéristiques sociodémographiques ; des éléments sur les étapes de leur parcours professionnel complètent les questions adressées aux anciens élèves. La passation en ligne permet de réduire les coûts de diffusion.

Les informations disponibles dans diverses études, mon enquête sur les assistants parlementaires au Parlement européen (Michon, 2008), et plusieurs contraintes liées à la faisabilité du recueil de données – connaissance d'informateurs (enseignants et anciens élèves), susceptibles de faciliter l'accès aux responsables de formation et aux élèves, compétences linguistiques (français-anglais) –, ont guidé la construction d'un échantillon de formations spécialisées inscrites dans les disciplines de science politique ou de droit communautaire. Cet échantillon a été élaboré afin de vérifier des hypothèses construites sur des relations; la représentativité n'est donc pas indispensable. En souhaitant questionner l'espace des formations, il rassemble des élèves des formations les plus prestigieuses en Europe (Collège d'Europe) et d'autres issus de formations qui le sont moins. Enfin, si l'un des objectifs est d'interroger des élèves issus de formations dans plusieurs pays, situer les diplômes au sein des espaces des études supérieures des pays répond également à un autre objectif essentiel. Disposer de nombreux élèves des masters Politiques européennes en France donne ainsi la possibilité d'effectuer des comparaisons plus précises par rapport aux étudiants pris d'une manière générale (population étudiante en France) ou de manière plus particulière (étudiants en master; élèves de grandes écoles...). L'échantillon embrasse ainsi d'une manière large les masters Politiques européennes en France et une partie des diplômes les plus prestigieux en Europe. Au final, les élèves interrogés sont scolarisés dans quatre pays: Belgique (Université libre de Bruxelles, Collège d'Europe à Bruges); France (Instituts d'études politiques de Bordeaux, Grenoble, Lille, Paris, Rennes, Strasbourg, Universités d'Aix-Marseille, de Lille 2 et Paris 3); Pologne (Collège d'Europe à Natolin, double diplôme entre l'Université Jagellonne de Cracovie et l'IEP de Strasbourg); et Suisse (Institut européen de l'Université de Genève).

Plus de 1 000 personnes ont d'ores et déjà répondu; quelques centaines de réponses sont encore attendues. Une fois réalisées les opérations de nettoyage et de codage des données, différents types d'analyses seront menées: formalisation d'un espace des élèves au moyen d'analyses des correspondances multiples (Bourdieu, 1989); élaboration d'une typologie des individus à partir d'une classification ascendante hiérarchique; observation des enchaînements entre les étapes des carrières scolaires et professionnelles grâce à des analyses de séquences (Abbott, 1995). En complément, la réalisation de plusieurs dizaines d'entretiens auprès d'élèves et d'anciens élèves des masters étudiés doit permettre de préciser les cadres socialisateurs pertinents et la succession des étapes. Sont également rassemblées des informations sur les masters spécialisés: ancienneté, étude des programmes (Georgakakis et Smith, 2004), caractéristiques des enseignants, processus de sélection des candidats.

Références bibliographiques

Abbott Andrew (1995), « Sequence analysis », *Annual Review of Sociology*, vol. 21, p. 93-113.

Abélès Marc (1998), « Homo communautarus », *in* **Kastoryano Riva** (dir.), *Quelle identité pour l'Europe ? Le multiculturalisme à l'épreuve*, Paris, Presses de Sciences Po, p. 27-45.

Abélès Marc et Bellier Irène (1996), « La Commission européenne : du compromis culturel à la culture politique du compromis », *Revue française de science politique*, vol. 46, p. 431-456.

Baisnée Olivier et Smith Andy (2006), « Pour une sociologie de l'"apolitique" : acteurs, interactions et représentations au cœur du gouvernement de l'Union européenne », *in* **Antonin Cohen, Bernard Lacroix et Philippe Riutort** (dir.), *Les Formes de l'activité politique. Éléments d'analyse sociologique xviiie-xxe siècle*, Paris, PUF, p. 335-354.

Ban Carolyn (2010), « Intégrer la "Maison européenne" : l'arrivée des directeurs issus des nouveaux États membres au sein de la commission », *Revue française d'administration publique*, n° 133, p. 27-43.

Beauvallet Willy et Michon Sébastien (2010), « La socialisation à l'Europe des élus européens. Acquisition et activation de dispositions à l'européanisation », *in* **Hélène Michel et Cécile Robert** (dir.), *La Fabrique des « Européens ». Processus de socialisation et construction européenne*, Strasbourg, Presses universitaires de Strasbourg, p. 197-230.

Bourdieu Pierre (1989), *La Noblesse d'État. Grandes écoles et esprit de corps*, Paris, Les Éditions de Minuit.

Bourdieu Pierre (1994), *Raisons pratiques : Sur la théorie de l'action*, Paris, Seuil.

Champy Florent (2011), *Nouvelle théorie sociologique des professions*, Paris, PUF.

Checkel Jeffrey T. (coord.) (2005), « International Institutions and Socialization in Europe », *International Organization*, vol. 59, n° 4, p. 801-826.

Courty Guillaume et Michel Hélène (2012), « Groupes d'intérêt et lobbyistes dans l'espace politique européen : des permanents de l'eurocratie », *in* **Didier Georgakakis** (dir.), *Le Champ de l'eurocratie*, Paris, Economica, p. 213-239.

Darmon Muriel (2006), *La Socialisation*, Paris, Nathan.

Demazière Didier et Gadéa Charles (dir.) (2009), *Sociologie des groupes professionnels. Acquis récents, nouveaux défis*, Paris, La Découverte.

Demazière Didier et Le Lidec Patrick (coord.) (2008), « La politique, un objet pour la sociologie du travail », *Sociologie du travail*, vol. 50, n° 2, p. 169-183.

Dubar Claude (2004), *La Socialisation*, Paris, Armand Colin.

Eymeri Jean-Michel (2001), *La Fabrique des énarques*, Paris, Economica.

Georgakakis Didier (dir.) (2002), *Les Métiers de l'Europe politique, acteurs et professionnalisation de l'Union européenne*, Strasbourg, Presses universitaires de Strasbourg.

Georgakakis Didier (2008), « La sociologie historique et politique de l'Union européenne : un point de vue d'ensemble et quelques contre points », *Politique européenne*, n° 25, p. 53-85.

Georgakakis Didier (2010a), « *Do skills kill?* Les enjeux de la requalification de la compétence des eurofonctionnaires », *Revue française d'administration publique*, n° 133, p. 61-80.

Georgakakis Didier (2010b), « Comment les institutions (européennes) socialisent. Quelques hypothèses sur les fondements sociaux de la fabrique des euro-fonctionnaires », *in* **Hélène Michel et Cécile Robert**, *La Fabrique des "Européens". Processus de socialisation et construction européenne*, Strasbourg, Presses universitaires de Strasbourg, p. 129-167.

Georgakakis Didier (dir.) (2012), *Le Champ de l'eurocratie*, Paris, Economica.

Georgakakis Didier et Dulong Delphine (coord.) (1998), « L'Europe en formation(s) », *Politix*, n° 43, p. 1-191.

Georgakakis Didier et Smith Andy (coord.) (2004), « Enseigner l'Europe », *Politique européenne*, n° 14. p. 1-213.

Haller Max (2008), *European Integration as an Elite Process. The Failure of a Dream?*, New York-Londres, Routledge.

Joana Jean et Smith Andy (2002), « Cultures nationales et institutions communautaires : les cabinets des commissaires européens », *Revue internationale de politique comparée*, vol. 9, p. 371-390.

Lahire Bernard (1998), *L'Homme pluriel*, Paris, Nathan.

Lassalle Marine de (2010), « Multilevel Governance in Practice, Actors and Institutional Competition Shaping EU Regional Policy in France », *French Politics*, vol. 8, p. 226-247.

Michel Hélène (dir.) (2006), *Lobbyistes et lobbying de l'Union européenne. Trajectoires, formations et pratiques des représentants d'intérêts*, Strasbourg, Presses universitaires de Strasbourg.

Michel Hélène et Robert Cécile (dir.) (2010), *La Fabrique des « Européens ». Processus de socialisation et construction européenne*, Strasbourg, Presses universitaires de Strasbourg.

Michon Sébastien (2008), « Assistant parlementaire au Parlement européen : un tremplin pour une carrière européenne », *Sociologie du travail*, vol. 50, n° 2, p. 169-183.

Navarro Julien (2009), *Les Députés européens et leur rôle. Sociologie des pratiques parlementaires*, Bruxelles, Éditions de l'Université de Bruxelles.

Page Edward (1997), *People who run Europe*, Londres, Oxford Press.

Pasquier Romain et Weisbein Julien (2009), « L'Europe au quotidien », *in* **Antonin Cohen, Bernard Lacroix et Philippe Riutort** (dir.), *Nouveau manuel de science politique*, Paris, La Découverte, p. 651-664.

Robert Cécile (2001), « La Commission européenne dans son rapport au politique : pourquoi et comment faire de la politique sans en avoir l'air ? », *Pôle Sud*, n° 15, p. 61-76.

Robert Cécile et Vauchez Antoine (2010), « L'Académie européenne. Savoirs, experts et savants dans le gouvernement de l'Europe », *Politix*, vol. 23, p. 9-34.

Scarrow Susan et Franklin Mark (1999), « Making Europeans? The Socializing Power of the European Parliament », *in* **Richard S. Katz et Bernhard Wessels** (dir.), *The European Parliament, the National Parliaments, and European Integration*, Oxford, Oxford University Press, p. 45-60.

Scully Roger (2005), *Becoming Europeans? Attitudes, Behaviour and Socialization in the European Parliament*, Oxford, Oxford University Press.

Schnabel Virginie (1998), « Élites européennes en formation. Les étudiants du "Collège de Bruges" et les études », *Politix*, n° 43, p. 33-52.

Shore Chris (1999), *Building Europe*, Londres, Routledge.

Shore Chris (2010), « La socialisation de l'administration de l'Union européenne. Une approche anthropologique des phénomènes d'européanisation et de supranationalisme », *in* **Hélène Michel et Cécile Robert**, *La Fabrique des « Européens ». Processus de socialisation et construction européenne*, Strasbourg, Presses universitaires de Strasbourg, p. 169-196.

Smith Michael L. (2003), « Creating a New Space: UK European Studies Programmes at the Crossroads », *Journal of Contemporary European Studies*, vol. 11, p. 21-34.

Wagner Anne-Catherine (2007), *Les Classes sociales dans la mondialisation*, Paris, La Découverte.

Sebastien Michon
Chargé de recherche au CNRS, Groupe de sociologie politique européenne (PRISME-GSPE)
Sebastien.Michon@misha.fr

Lectures
CROISÉES

POLITIQUE EUROPÉENNE
N° 38 | 2012
Christophe Bouillaud
[p. 196-207]

De l'européanisation en trompe-l'œil des partis politiques en Europe

Denis-Louis Seiler, *Clivages et familles politiques en Europe*, Bruxelles, Éditions de l'Université de Bruxelles, 2011, 318 pages.

Matthieu Petithomme (dir.), *L'Européanisation de la compétition politique nationale. Adaptations et résistances en perspective comparée*, Grenoble, Presses universitaires de Grenoble, 2011, 379 pages.

Paul Lewis et Radoslaw Markowski, *Europeanising Party Politics? Comparative Perspectives on Central and Eastern Europe*, Manchester, Manchester University Press, 2011, 256 pages.

Christophe Bouillaud
Institut détudes politiques de Grenoble

La crise économique et institutionnelle que traverse l'Union européenne depuis 2008 a ramené sur le devant de la scène la perspective fédérale. En effet, pour garantir la pérennité de la zone Euro, et au-delà de l'ensemble du projet européen, il semble désormais devenir urgent d'en arriver à une union politique, tout au moins entre les pays qui ont en partage l'Euro. Selon la majorité des économistes qui se sont exprimés sur le sujet, il ne peut y avoir d'union monétaire durable sans une union politique, autrement dit à terme sans un État fédéral. On rétablirait ainsi à coup sûr la confiance dans la monnaie fiduciaire émise par la banque centrale européenne. Or, à en juger à l'aune de toutes les fédérations que l'on a pu connaître depuis les débuts de la démocratisation au XIXe siècle, celles-ci font reposer leur vie politique sur l'existence d'un ou plusieurs partis fédéraux. Comme le montrent les cas des États-Unis, de la Confédération helvétique, du Mexique, de l'Union indienne, du Brésil, etc., ces partis fédéraux peuvent différer du tout au tout dans leur organisation nationale, peuvent être éventuellement concurrencés par des partis régionaux, reposent souvent sur des mécanismes dissemblables de mobilisation des électeurs selon les États fédérés – la description par Valdimer Orlando Key du fonctionnement du Parti démocrate dans les anciens États confédérés des États-Unis est restée célèbre en science politique[1] –, mais ils ont tous en partage un objectif qui les définit : le contrôle des institutions politiques du centre fédéral et le maintien de l'intégrité territoriale de la fédération.

Qu'en est-il de ce point de vue dans l'Union européenne ? En apparence, la situation semble similaire : les partis nationaux regroupés dans le Parti populaire européen (PPE), le Parti socialiste européen (PSE), le Parti européen des libéraux, démocrates et réformateurs (ELDR), dominent depuis les années 1950 les institutions du triangle communautaire (Conseil européen, Commission européenne, Parlement européen). Les partis associés dans le Parti vert européen (PVE), dans le Parti de la gauche européenne (PGE), et dans quelques autres partis européens de moindre importance, prétendent eux aussi participer durablement au gouvernement de l'Europe. L'UE comme toute fédération aurait donc elle aussi ses partis fédéraux.

Par ailleurs, les rapports de force entre le PPE, le PSE et l'ELDR et la configuration des institutions européennes les obligent, comme dans la Confédération helvétique, à partager le pouvoir. Ainsi toutes les Commissions européennes qui se sont succédées ont présenté une composition partisane pluraliste, fonction des équilibres atteints entre ces trois partis. Ces derniers résultent, d'une part, du nombre de gouvernements nationaux détenus par chaque parti au moment de la nomination de la Commission en question, et, d'autre part, du résultat des élections européennes dans le cas d'une Commission nommée dans la foulée de ces dernières. Pour certains auteurs[2], réitérant dans la sphère scientifique les prétentions de ces partis européens eux-mêmes, la cause est donc entendue : l'Union européenne dispose d'ores et déjà de partis fédéraux. Les ouvrages dont il va être ici question s'inscrivent dans une perspective rigoureusement inverse. Il n'existe pour eux en Europe que des partis nationaux.

---

1 *Cf.* Valdimer Orlando Key, *Southern politics in State and Nation*, New York, Knopf, 1949.

2 En particulier, Simon Hix et Christopher Lord, *cf.* par exemple S. Hix et C. Lord, *Political Parties in the European Union*, Londres, Macmillan, 1997.

Cette lecture critique réunit le dernier ouvrage en date de Daniel-Louis Seiler, *Clivages et familles politiques en Europe* (dorénavant CliFaPoEu) et deux ouvrages collectifs, l'un dirigé par Matthieu Petithomme, *L'Européanisation de la compétition politique nationale. Adaptations et résistances en perspective comparée* (dorénavant EuCoPoNa), l'autre dirigé par Paul Lewis et Radoslaw Markowski, *Europeanising Party Politics? Comparative perspectives on Central and Eastern Europe* (dorénavant EuPaPol). L'ouvrage collectif en français couvre l'ensemble de la sphère européenne, y compris les cas de pays candidats à l'adhésion (Croatie, Serbie, Monténégro, Turquie) ou liés par de nombreux accords avec l'Union européenne (Suisse), alors que celui en anglais ne traite que des pays de l'ex-Europe soviétisée devenus membres de l'UE en 2004 et 2007. S'agissant d'ouvrages collectifs, le lecteur ne s'étonnera pas d'y trouver des chapitres plus ou moins aboutis. Celui en langue anglaise propose ainsi un chapitre où les sources des données empiriques utilisées ne sont pas précisées. Celui en langue française souffre de quelques chapitres déjà largement dépassés par les événements au moment de leur parution (un chapitre est daté de décembre 2007). Cependant, comme on le verra plus avant, la plupart des contributions ici réunies s'avèrent fort pertinentes. Pour sa part, l'ouvrage de D.-L. Seiler apporte son éclairage singulier sur la question de l'européanisation des partis. En effet, il reprend et met à jour des articles ou chapitres déjà parus auparavant sous la plume de l'auteur, traitant de l'état présent des différentes « familles politiques » européennes (libéraux, sociaux-démocrates, démocrates-chrétiens, conservateurs, régionalistes, écologistes, populistes). Ces chapitres thématiques s'articulent avec une synthèse, inspirée de la théorie des clivages de Stein Rokkan, portant sur l'objet « parti » dans l'Europe contemporaine.

Comme nous l'avons dit plus haut, pour tous les auteurs présents dans les trois ouvrages, il va de soi que tous les partis qu'ils étudient restent d'essence nationale, et que les « partis européens » ne sont que des « tigres de papier ». Le plus explicite à ce propos est sans aucun doute D.-L. Seiler, s'appuyant sur sa connaissance de la littérature disponible, de l'histoire européenne et sur sa longue expérience de chercheur. Pour lui, parler de « partis européens » représente une forfaiture intellectuelle. « Ces objets juridiques singuliers (au sens où ils sont définis dans les traités européens) ne satisfont à aucun des critères que la science politique a définis, depuis plus d'un siècle, pour construire le concept de “parti politique”. [...] Les politistes qui acceptent de les considérer comme des partis jettent, de ce fait, à la poubelle Lowell, Bryce, Ostrogorsky, Michels, Max Weber ou Duverger, c'est-à-dire l'essentiel du discours que la science politique consacre au phénomène partisan. » (CliFaPoEu p. 281-282). Bien qu'aucun autre auteur des deux autres ouvrages ne s'exprime avec une telle vigueur sur ce point, force est de constater que personne n'a jugé bon de consacrer une étude à ces « partis européens ». Cela signale une première limite au terme même d'européanisation : il n'existe tout simplement pas dans l'UE de cas où un parti national serait créé, géré, ou même mis sous tutelle, par le centre partisan européen correspondant. La hiérarchie, même minimale, entre un centre et des périphéries est inexistante – contrairement à la situation qui peut exister dans un État fédéral, ou, à plus forte raison, dans un État unitaire – pour ne pas même parler de celle qui exista il n'y a pas si longtemps sur le territoire européen dans le cadre de l'Internationalisme communiste. Parler du PPE, du PSE ou de l'ELDR comme d'un centre constitue de fait un abus de langage. Comme on le verra, la seule influence de cette centralité supposée sur la vie partisane nationale passe par un processus de labellisation de certains partis nationaux préexistants, et, de fait, cette labellisation reste essentiellement l'œuvre des Fondations politiques liés aux grands partis politiques allemands.

Ainsi, pour les différents auteurs regroupés dans ces trois ouvrages, les seuls objets qui aient une existence faisant avancer l'Histoire sont les partis nationaux, et, comme la science politique classique l'enseigne, leur raison d'être, tout au moins pour les plus significatifs d'entre eux, demeure la conquête et l'exercice, seul ou en coalition avec d'autres, du pouvoir étatique national. Du coup, les questionnements se trouvent inversés par rapport à ceux qui font mine de croire que le PPE et le PSE constituent des équivalents fonctionnels du Parti républicain et du Parti démocrate aux États-Unis. Les auteurs s'interrogent ici sur le degré d' « européanisation » des partis politiques nationaux, et, plus généralement, des systèmes politiques nationaux, dans les pays de l'Union européenne, en partant du constat qu'il n'existe pas de centre partisan pour européaniser – tout au moins pas au sens de « bolchéviser » pour un Parti communiste dans les années 1920. Qu'entend-on alors ici par européanisation ? Plutôt que d'entrer dans une discussion, déjà bien fournie en science politique, sur ce terme, et sur laquelle presque chaque auteur revient dans son chapitre, il nous semble plus judicieux de repérer les quelques questionnements partagés entre les auteurs.

Premièrement, une grande partie des auteurs s'interroge sur les effets sur les conditions de la concurrence entre partis nationaux de l'appartenance – ou de la perspective d'appartenance – d'un pays à l'Union européenne. Les partis font-ils de la politique de la même manière avec ou sans l'Union européenne en toile de fond ? Comment traitent-ils des questions européennes ? Peut-on observer du coup un rapprochement des systèmes politiques nationaux des pays de l'Union européenne ?

Deuxièmement, beaucoup d'auteurs se demandent dans quelle mesure les partis nationaux adaptent leur stratégie, leur discours, à l'insertion de leur pays dans l'Union européenne. Ils s'interrogent de fait sur la capacité – ou plutôt la volonté – des partis nationaux de faire le lien entre les électorats nationaux et les politiques publiques européennes. Certains auteurs s'interrogent sur le « sérieux » de la conversion européenne de certains partis. En particulier, dans l'est de l'Europe, les faux-semblants semblent légion. Autrement dit, l'européanisation est-elle observable au niveau d'une convergence systémique, d'un *linkage* nouveau entre les citoyens et l'Europe, et enfin implique-t-elle au fond les projets partisans, au sens de ce que veulent les membres et les dirigeants du parti au-delà des mots ?

L'ouvrage collectif dirigé par P. Lewis et R. Markowski apporte une réponse tranchée à la première interrogation. Après deux décennies de post-communisme, les pays concernés ont chacun développé des systèmes politiques spécifiques, principalement en fonction de dynamiques domestiques. Sur la base de nombreux indicateurs sur la nature de la compétition politique, Zsolt Enyedi et Fernando Casal Bértoa (EuPaPol, chap. 6, « *Patterns of party competition (1990-2006)* », p. 116-142), concluent en ce sens. Seule la volatilité électorale, plus élevée dans ces systèmes politiques qu'à l'ouest du continent, semble constituer une similitude notable. Petr Kopecky et Maria Spirova (EuPaPol, chap. 2, « *Party management and state colonisation in post-communist Europe: the European dimension* », p. 25-43) montrent que la plupart des partis de l'est du continent vivent bien plus aux crochets de leur État qu'ils n'émanent de la société, mais que les différences dans le degré de colonisation de l'État par les partis selon les pays restent elles-mêmes marquées par des trajectoires de nature toute domestique. En fait, si l'on veut trouver une convergence au niveau le plus global entre systèmes partisans de l'ancienne Europe soviétisée, c'est bien plutôt dans le négatif qu'il faut le trouver. Tous ces pays partagent l'expérience d'une répression de longue durée de l'expression publique des volontés populaires. Cette dernière explique largement l'écart de taux de participation entre l'est et l'ouest du continent (EuPaPol, chap. 4, Mitja Hafner-Fink, Danica Fink-Hafner, et Alenla Krasovec, « *Changing patterns of political participation* », p. 69-96). Ces pays partagent aussi l'expérience d'une transition économique marquée par l'abandon, plus ou moins rapide selon les pays, des protections sociales offertes par l'ancien État-Providence communiste. Selon Mikolaj Czenik (EuPaPol, chap. 5, « *Voter turnout and electoral success of pro-European parties in post-communist Europe* », p. 97-115), la forte abstention qu'on observe dans ces pays s'expliquerait par le découragement des électeurs hostiles au nouveau cours des choses face à des gouvernements poursuivant sans fléchir des politiques publiques néo-libérales. Le haut niveau d'abstention devient ainsi fonctionnel à la poursuite de l'insertion européenne de ces pays en permettant aux partis favorables à l'Europe de remporter les élections sur une base démographique réduite : « If voter turnout had not been decreasing, more citizens would have participated in elections (including opponents of accession), election results would have been different, anti-European parties would have been stronger and thus the whole process of accession would have been more complex and difficult to achieve [...] ». (p. 114) Partant du constat similaire de gouvernements poursuivant sur la moyenne durée des politiques de démantèlement de l'État-Providence et ne laissant aucune place à un débat sur cet enjeu socio-économique, Lenka Bustikova et Herbert Kitschelt (EuPaPol, chap. 7, « *The radical right and its nearby competitors: evidence from Eastern Europe* », p. 143-178) soulignent l'espace ainsi ouvert à une mobilisation partisane sur des enjeux identitaires ou nationalistes. Ils montrent que l'on aboutit toutefois à des systèmes partisans structurés différemment : en effet, dans certains pays, les partis de la droite traditionnelle ont réussi à préempter ces thèmes identitaires au détriment de leurs concurrents d'extrême droite, dans d'autres non. La conclusion générale de l'ouvrage par R. Markowski (EuPaPol, « *Conclusion* », p. 236-247) souligne la convergence des auteurs des différentes contributions sur l'importance première des facteurs domestiques, et indique que, si similarité il y a entre systèmes partisans sous le coup de l'européanisation, cette dernière tient surtout à des *facteurs indirects de contexte* qui sont en plus difficiles à démêler des effets de la géopolitique et de la mondialisation en général.

S'appuyant plutôt sur des monographies ou des comparaisons entre deux ou trois pays que sur des études transversales, l'ouvrage collectif dirigé par M. Petithomme, aboutit à une conclusion fort similaire. Ici, la question n'est cependant jamais vraiment posée sous l'angle global d'une convergence des systèmes politiques. Elle apparaît sans doute d'emblée trop irréaliste pour avoir la dignité d'un objet d'étude. Les différents auteurs travaillent en conséquence en recherchant des parallélismes partiels. Isabelle Guinaudeau et Simon Persico (EuCoPoNa, chap. III, « *L'UE dans la compétition électorale en Allemagne, en France et au Royaume-Uni (1989-2009) : un enjeu consensuel, "propriétal" ou positionnel ?* », p. 73-95), en s'intéressant à la saillance des enjeux – au pluriel – associés à l'Europe dans les programmes des partis politiques des trois pays sur une vingtaine d'années, concluent que chaque système politique reste bien plus marqué par ses idiosyncrasies que par un quelconque grand clivage partagé entre partis pro- et anti-européens. « Ainsi, les clivages traditionnels et les enjeux qui les composent ne sont pas affectés par l'intrusion des enjeux relatifs à l'intégration européenne, et l'européanisation des systèmes politiques nationaux n'altère la compétition domestique qu'à la marge. » (EuCoPoNa, p. 94). Toutes les études de cas nationaux vont dans un sens similaire. La thèse de Peter Mair, exprimée au début de la décennie 2000[3], d'une absorption des enjeux européens dans les règles habituelles du jeu politique national semble rester valable. Le seul contre-exemple qu'offre cet ouvrage n'est autre que celui du système partisan suisse (EuCoPoNa, chap. XI, Hervé Rayner et Andrea Pilotti, *« L'européanisation d'un système de partis en dehors de l'Union européenne : le cas suisse 1990-2010 »*, p. 267-285). La perspective de l'adhésion de la Confédération helvétique à l'Union européenne y a enclenché une restructuration profonde du système partisan autour d'un clivage pro- et anti-adhésion, recoupant largement l'opposition entre tous les autres partis et la seule Union démocratique du Centre (UDC). Le cas turc (EuCoPoNa, chap. XIII, Umit Yazmaci, « L'impact de l'UE sur le système partisan turc », p. 305-325) montre au contraire qu'il ne faut pas confondre l'importance discursive de l'enjeu européen depuis 1999 sur la scène politique turque avec la réalité des clivages entre les divers partis et groupes d'intérêt (dont l'armée turque). Parmi les cas serbe, monténégrin et croate (EuCoPoNa, chap. XII, D. Fink-Hafner, *« L'européanisation et la mécanique des systèmes partisans : une comparaison entre la Croatie, la Serbie et le Monténégro »*, p. 287-303), seul celui de la Serbie semble laisser présager une situation « à la Suisse ». Le chapitre, rédigé en décembre 2007 (p. 293), ne prend pas en compte les développements les plus récents, mais la remontée récente des partis les plus nationalistes lors des dernières élections serbes semble indiquer que l'opposition à l'UE pourrait durablement y structurer le système partisan.

Les conclusions générales des deux précédents ouvrages seront sans doute bien peu surprenantes pour D.-L. Seiler. Dans son livre, on retrouve la subtilité de l'approche post-rokkanienne de l'auteur : d'une part, il insiste sur l'existence d'une grammaire des clivages politiques qui permet de déchiffrer l'ensemble des configurations partisanes connues en Europe ; d'autre part, il souligne que, du fait de la multiplicité des combinaisons historiques possibles, chaque espace politique national demeure un cas singulier. Ainsi, en prenant l'exemple de l'année 2005 (CliFaPoEu, *« L'Europe des partis : espoirs et désillusions »*, p. 281-318), il montre à quel point les élections dans les différents pays européens concernés cette année-là ne peuvent se comprendre qu'en fonction d'idiosyncrasies nationales. S'il existe bel et bien des enjeux partagés qui traversent les systèmes partisans européens (celui

3 *Cf.* Peter Mair, « The Limited Impact of Europe on National Party System », *West European Politics*, vol. 23, n°4, 2000, p. 27-51.

de la place à faire au néo-libéralisme en particulier en matière de politique économique et sociale), la supposée logique des « partis européens », ou même des « familles politiques européennes », qui rapprocherait les offres électorales des partis appartenant à ces mêmes organisations, ou simplement de la même « famille », se trouve impuissante à rendre compte des choix effectifs des uns et des autres: seul le national compte vraiment. Plus généralement, si les partis politiques nationaux devaient se reclasser dans des organisations partisanes européennes correspondant à leur position réelle sur les enjeux à traiter au niveau européen, ces dernières ne ressembleraient pas vraiment dans leur périmètre aux actuels PPE, PSE, ELDR, etc. Les liens entre partis nationaux, issus de l'histoire des Internationales socialiste, communiste, démocrate-chrétienne, libérale, ne correspondent pas selon D. L. Seiler à la logique des enjeux européens. Celle-ci devrait selon lui opposer les partis sur deux axes : celui du degré de néo-libéralisme acceptable ; celui du degré de centralisation/décentralisation souhaitable.

Si l'on ne peut observer une convergence des systèmes partisans entre États européens, peut-on au moins observer une convergence des stratégies partisanes dans le sens d'une adaptation à l'Europe ? Comme plusieurs communications de l'ouvrage dirigé par M. Petithomme le mettent en lumière, on se trouve en fait moins en face d'une adaptation à l'Europe – au sens où cette dernière occuperait désormais le centre des discours partisans, ou mieux encore, des projets partisans – que d'une adaptation au sens de « faire avec ». Les partis, tout particulièrement s'ils sont au gouvernement ou proches de l'être, semblent chercher surtout à ne pas se déchirer en interne sur les enjeux européens, et à ne pas perdre ainsi leurs électeurs. M. Petithomme (EuCoPoNa, chap. VII, « *Contenir le "géant endormi" ? Les partis pro-européens d'opposition et leurs stratégies de confinement du clivage européen : une comparaison entre le RPR et le Fine Gael* », p. 163-187) montre, au-delà des contextes nationaux différents, la similitude des stratégies des dirigeants des RPR français et Fine Gael irlandais afin d'éviter que l'attention de leurs militants et électeurs respectifs ne se focalise sur l'Europe. Guillaume Duseigneur (EuCoPoNa, chap. V. « *"En parler sans se déchirer" : une analyse de la saisie de l'Union européenne au sein des partis politiques suédois* », p. 125-145) illustre avec beaucoup de finesse comment les directions des partis suédois s'efforcent de contenir l'émergence d'un débat militant sur l'Europe. Cette stratégie, qui passe quelque peu paradoxalement par des débats bien encadrés sur cette dernière, vise à limiter la perception par la base militante de sa complète mise à l'écart en matière d'affaires européennes. Ainsi, y compris dans un pays scandinave fier du supposé fonctionnement démocratique de ses partis nationaux, G. Duseigneur observe à la faveur de l'intégration européenne un renforcement de ce que Roberto

Michels avait appelé en son temps la « loi d'airain de l'oligarchie ». Comme l'illustre l'exemple du parti écologiste suédois, il faut ajouter à cette montée en puissance des élites à la faveur des affaires européennes, techniques, lointaines, dépolitisées, une tendance de ces dernières à se rallier à l'Union européenne pour pouvoir accéder au pouvoir national de leur pays. Les Verts suédois ont en effet organisé en 2008 un référendum auprès de leurs militants pour abandonner la clause du programme du parti qui demandait que la Suède quitte l'Union européenne. Cette clause avait été invoquée par les sociaux-démocrates suédois en 2006 comme le motif de leur refus de s'allier avec les écologistes.

Par ailleurs, si la plupart des partis nationaux parlent désormais d'Europe ou d'enjeux européens pendant les campagnes électorales, la majorité des auteurs s'accordent pour souligner que la conjoncture nationale reste le premier mobile de ces discours, et que les positions des partis sur les enjeux européens peuvent bouger considérablement au cours du temps. Emmanuelle Reungoat (EuCoPoNa, chap. II, « *L'européanisation dans le texte : la place et le traitement de l'Europe dans les euromanifestes des partis français (1979-2009)* », p. 47-71) indique ainsi qu'il faut attendre 1999 pour que les programmes des partis français lors des élections européennes soient majoritairement consacrés aux enjeux européens, et que, même après cette date, les propositions concrètes ne représentent qu'autour de 10 % en moyenne des propositions avancées par les partis en lice. Cependant, E. Reungoat souligne que plus aucun parti, même le FN, le PCF ou l'extrême gauche, ne remet en 2009 en cause l'Europe en soi, et que tous les partis proposent désormais leur propre version de l'UE souhaitable.

À l'encontre de cette prise en compte de l'Europe dans les discours partisans que constatent certains auteurs – qui traduirait de plus une prise en compte réelle de l'Europe dans les projets partisans si l'on suppose que ces derniers sont en lien avec les objectifs réellement poursuivis par les partis –, d'autres contributeurs avancent plutôt sur la piste d'une européanisation de façade, en particulier en ce qui concerne les pays de l'est de l'Europe. Les partis y parlent certes Europe, mais continuent à suivre leurs idiosyncrasies nationales. Les « partis européens », les diverses conditionnalités européennes – sur la corruption ou la neutralité de l'État par exemple –, et surtout les fondations liées aux grands partis allemands, ont bel et bien inspiré les discours des partis est-européens. Geoffrey Pridham (EuPaPol, chap. 3, « *Political parties and their consolidation in post-communist new democracies: indirect and direct impacts from EU enlargement* », p. 44-68) montre que l'obligation pour les partis nationaux de s'insérer dans les partis européens dans la perspective de l'adhésion a eu des effets, tout au moins discursifs, sur ces derniers. Toutefois, la base militante ou l'ancrage social – quand ils existent –, de ces partis, n'en ont pas été modifiés. Concrètement, ce n'est évidemment pas simplement en adoptant un discours social-démocrate convenu, ou en envoyant une partie de ses élites dirigeantes fréquenter les sphères bruxelloises qu'un ex-parti communiste récupère la trajectoire socio-historique qui mène à un parti social-démocrate de l'ouest du continent. Robert Ladrech (EuPaPol, chap. 9. « *(Shallow) Europeanisation and the party system instability in post-communist states: how changing constraints undermine the development of stable partisan linkages* », p. 218-235) indique pour sa part que tous les partis de cette région de l'Europe se sont mis à la veille de l'accession de leur pays à l'Union européenne à tenir un discours conforme aux attentes de Bruxelles. Cette mise en conformité, parfois brutale, a pu désorienter les électeurs, pas nécessairement aussi convaincus par ailleurs que les élites partisanes de la bonté des demandes bruxelloises à leur égard. Cependant, avec l'adhésion désormais acquise, les élites partisanes retrouvent la liberté de parler à leur électorat un langage plus apte à le séduire. Tania Gosselin, Odette Tomescu-Hatto et Marina Popescu (EuCoPoNa, chap. IX, « *Influence de l'UE et compétition partisane nationale: la lutte contre la corruption comme enjeu de l'européanisation du système des partis en Roumanie* », p. 221-241) montrent ainsi à quel point la lutte contre la corruption dont Bruxelles fait tant de cas reste une pure façade en Roumanie, car « Aucun parti n'étant en position de réaliser de nouveaux gains électoraux en favorisant le travail des institutions anticorruption, les acteurs politiques n'ont pas eu intérêt à ce jour à s'approprier l'enjeu au-delà du discours. » (p. 241) En clair, il est absurde de demander aux actuels partis roumains, qui ne sont en réalité des coteries affairistes aux succès électoraux largement fondés sur le clientélisme généralisé, d'abolir les bases de ce dernier. L'évolution de la situation politique roumaine au cours de l'année 2012 n'a fait que confirmer ce diagnostic. De même, Petia Gueorguieva et M. Petithomme (EuCoPoNa, chap. X, « *Une européanisation de façade? Les mutations du système partisan bulgare dans le contexte de l'adhésion à l'UE* », p. 243-263) montrent à quel point les partis bulgares, tout en se proclamant européens y compris dans le nom adopté par l'un des plus importants d'entre eux, n'ont qu'une attitude purement instrumentale à l'égard de l'espace européen. Le discours européen ne change rien à leur manière, habituelle selon auteurs, de faire (mal) les politiques publiques.

Cette instrumentalisation de l'intégration européenne par les partis, largement détachée d'un engagement européen au sens où l'auraient souhaité les participants de la Conférence de La Haye de 1948, ne se limite sans doute pas à l'est de l'Europe. Katy Hayward et Jonathan Fallon (EuCoPoNa, chap. X, « *L'européanisation conditionnelle de l'Irlande : le rôle de Fianna Fail* », p. 147-161) indiquent que le principal parti irlandais jusqu'à il y a peu, le Fianna Fail, principal promoteur de l'insertion de l'Irlande dans la Communauté européenne, puis dans l'Union européenne, a toujours présenté à ses électeurs et à ses militants cette dernière comme une *opportunité nationale pour l'Irlande*, et n'a jamais souhaité aller au-delà de ce pragmatisme de boutiquier.

Au total, le tableau dressé par ces trois ouvrages est fort sombre si l'on y cherche les prémisses d'un futur système partisan unifié au niveau de l'Union européenne, capable d'organiser une démocratie à cette échelle.

D. L. Seiler suppose que, pour avoir une démocratie au niveau fédéral, avec des partis remplissant les fonctions attribuées généralement aux partis (sélection du personnel dirigeant, agrégation des préférences populaires, légitimation des choix en matière de politiques publiques, exercice de la responsabilité du personnel dirigeant), il faudrait disjoindre partis fédéraux – encore entièrement à créer selon lui et à ne pas confondre, ni avec les actuels partis européens, ni les familles politiques européennes – et partis nationaux. Pour l'heure, aucun début de réalisation d'un tel dessein ne nous est perceptible. Inversement, si l'on suppose que l'Union européenne n'a pas besoin d'un système partisan unifié, la remarquable capacité des partis politiques à s'européaniser sans vraiment déranger leurs habitudes et celles de leurs mandants garantit l'imperméabilité de l'Union européenne envers les impulsions populaires qui pourraient éventuellement troubler sa marche.

En effet, on pourrait inverser la perspective : presque tous les partis nationaux évoqués dans les trois ouvrages tendent à afficher un tropisme (pro-) européen ; vu de la fin des années 2000, les partis qui s'opposaient frontalement à l'UE tendent à décliner électoralement, ou bien à se rallier à la vulgate européenne, ne serait-ce que par réalisme, pragmatisme ou instrumentalisation ; tous, mais plus particulièrement les partis de gouvernement ou qui aspirent à l'être, développent par ailleurs des stratégies ou des tactiques qui visent à éviter qu'un enjeu européen ne soit l'occasion d'une mobilisation de tout ou partie de leur base militante. Comme le note M. Petithomme dans la conclusion de l'ouvrage qu'il a dirigé (« *L'européanisation de la compétition politique nationale, entre adaptations et résistances* », p. 327-349), à force de mettre sur la touche en matière européenne leurs militants, les élites proeuropéennes des partis risquent pourtant de se les aliéner, et, sur ce sujet plus que sur d'autres, les partis politiques nationaux n'apportent guère en terme de lien entre les citoyens et l'Europe.

De fait, au sortir de la lecture de ces trois ouvrages, on sort persuadé que le temps d'une véritable « *accountability* » du niveau européen, *via* les partis politiques nationaux ou via des partis politiques européens encore à créer, n'est pas venu, et qu'au contraire, les élites des partis nationaux ont désormais fort bien compris tout l'attrait pour eux de l'intégration européenne actuelle qui leur offre plus d'autonomie vis-à-vis de leurs militants et de leurs électeurs. L'européanisation des partis existe donc bel et bien en ce sens, mais elle semble surtout signifier l'atonie de la fonction de médiation des partis sur les grandes politiques publiques qui concernent les citoyens européens.

Enfin, on s'interrogera du coup à la lumière de ces partis si prompts à accepter l'UE, pourvu de pouvoir l'instrumentaliser à leur profit, sur la crédibilité du retour en grâce de la perspective fédéraliste.

Christophe Bouillaud

Professeur de science politique, Institut d'études politiques de Grenoble, membre de Pacte (UMR 5194)

christophe.bouillaud@iep-grenoble.fr

Lectures
CRITIQUES

POLITIQUE EUROPÉENNE
N° 38 | 2012
Michel Mangenot
[p. 210-216]

Luuk van Middelaar, *Le Passage à l'Europe. Histoire d'un commencement*, Paris, Gallimard [coll. « Bibliothèque des idées »], 2012, 479 pages (traduit du néerlandais par Daniel Cunin et Olivier Vanwersch-Cot), prix du Livre européen 2012 (catégorie Essais).

Michel Mangenot
Université de Strasbourg

Nous sommes en présence d'un grand livre sur l'Europe. Un grand livre car il est à contresens de la littérature académique sur la construction européenne depuis vingt ans. Un grand livre car il est inclassable et fondamentalement atypique, empruntant à la fois à l'histoire et à la philosophie mais traitant d'un objet de science politique : la genèse d'un ordre politique. Au-delà d'un propos rafraichissant et souvent ironique – qui fait penser à Alan Milward[1] se gaussant du culte des Pères (ou Saints) de l'Europe –, Luuk van Middelaar propose une conceptualisation très riche d'une question majeure et pourtant délaissée : l'appartenance des États à la Communauté puis à l'Union. Pour cela, il distingue trois sphères : externe, interne et surtout intermédiaire. Cette « trilogie », si l'on peut dire, permet de sortir définitivement de la dichotomie qui a (trop) longtemps sclérosé les études européennes entre fonctionnalisme et intergouvernementalisme, formant deux points de vue irréconciliables sur l'Europe.

Certes, on pourra rétorquer à juste titre que cette contestation de l'opposition stérile entre courants d'analyse ou écoles de pensée qui renvoie largement à une querelle idéologique, n'est pas nouvelle. Plusieurs courants (comme le constructivisme à l'échelle internationale ou la sociologie des acteurs dans une perspective plus française) ont tenté de la dépasser. Mais ce qui est salutaire dans ce cas est le renversement de perspective : alors que la zone grise entre les États et Bruxelles restait un trou noir de l'analyse, depuis le concept

1 Alan Milward, « The Lives and Teachings of the European Saints », In *The European Rescue of the Nation-State*, Los Angeles, University of California Press, 1992.

2 Wolfgang Wessels « An Ever Closer Fusion? A Dynamic Macropolitical View on Integration Processes », *Journal of Common Market Studies*, vol. 35, n° 2, 1997, p. 267-299.

de fusion de Wolfgang Wessels[2], elle devient ici l'objet central. Alors que les études européennes, en autonomisant un sous-objet sur l'européanisation, ont contribué finalement à creuser le fossé entre d'un côté les États (ou les espaces nationaux) et de l'autre Bruxelles (comme le territoire des institutions européennes ou de « l'européen » plus généralement), on dispose ici d'une analyse du point de jonction, essentielle à la compréhension de l'édifice.

L'intérêt (et l'originalité) de l'ouvrage provient du parcours singulier de son auteur. Néerlandais, L. van Middelaar a fait une thèse de philosophie à l'Université d'Amsterdam dont il a tiré un ouvrage en 2009. Mais selon la 4ème de couverture, il est depuis janvier 2010 « la plume du premier président du Conseil européen ». La formule doit être corrigée par « premier président *stable* du Conseil européen ». En clair, il est membre du cabinet d'Herman Van Rompuy[3]. Aussi ce n'est pas un ouvrage purement académique : il rejette par exemple le jargon – rendant l'ouvrage très agréable à lire – et les innombrables notes de bas de pages. Il entend ainsi se distinguer des manuels sur les institutions européennes par un exercice de style assez réjouissant, sans tomber dans le pamphlet[4].

Si l'auteur est bien devenu « *insider* » après son ouvrage en néerlandais, le propos n'est pas basé sur cette expérience mais est le fruit d'une longue réflexion entamée sur les bancs de l'EHESS. La version française est ainsi une mise à jour de son travail inaugural, remis en perspective au regard de l'entrée en vigueur du traité de Lisbonne qui eut pour conséquence l'arrivée de son auteur au cabinet du premier président permanent du Conseil européen.

D'un ton volontiers critique et décalé, Luuk van Middelaar ne conte pas une chanson de geste institutionnelle à destination de son héros et nouveau chef – Herman Van Rompuy – à la différence d'autres intellectuels, devenus, comme lui, conseillers du Prince, comme le vénérable Dusan Sidjanski auprès du président de la Commission, José Manuel Barroso.

À l'image du triangle institutionnel européen ou d'une nouvelle forme de Trinité, l'ensemble de l'ouvrage est découpé en trois temps : trois parties, trois sphères, trois discours et trois stratégies. Le prologue revient tout d'abord sur la délimitation des trois sphères, que l'on peut synthétiser de la façon suivante :

3 Sur les multiples formes de la présidence du Conseil ou des présidences des Conseils, nous renvoyons le lecteur au n° 35 de cette revue, *Présider l'Union européenne*, que nous avons dirigé avec Ana Mar Fernández Pasarín.

4 Comme peu de temps auparavant et toujours chez Gallimard, *Le doux monstre de Bruxelles ou l'Europe sous tutelle*, de Hans Magnus Enzensberger, Paris, NRF, 2011, 80 pages.

Les trois sphères			
	Externe	**Intermédiaire**	**Interne**
Nature	Concert des nations	« Cercle des membres »	Institutions communautaires
Légitimité	Diplomatique	Co-responsabilité d'une entreprise commune	Traité
Mode	Marchandages	Échanges	Procédures

Mais il faut tout de suite préciser que la sphère intermédiaire n'est pas simplement ce qui est « entre » la vieille sphère diplomatique des États et la nouvelle sphère bruxelloise des bureaux lancée par Jean Monnet. Elle est une sphère invisible presque interstitielle : celle liée à la participation des chefs d'État ou de gouvernement, des ministres et fonctionnaires, à la « table », celle des « membres ». Bien avant l'heure dans *The Uniting of Europe*, Ernst Haas en avait eu l'intuition, voyant dans le pourtant bien faible Conseil de ministres (et non pas des ministres) un puissant vecteur de socialisation, à défaut de convergence. Désormais, c'est le Conseil européen qui est « l'expression institutionnelle la plus haute » de la sphère intermédiaire (p. 55). À la différence des deux autres sphères, qui ont chacune leurs éternels thuriféraires, la sphère intermédiaire n'est pas portée politiquement et n'avait jusqu'ici que des éléments épars d'analyse. Il lui manquait sa théorisation : c'est chose faite. Il est fort à parier qu'elle ne trouvera pas de porte-parole politique, à moins de considérer que la discrétion d'H. Van Rompuy en soit plus tard le témoin. En effet, il apparaît bien difficile de l'incarner. Car il est politiquement plus commode de se penser comme le gardien du temple de la souveraineté étatique ou le porteur de l'intérêt général (et de l'orthodoxie) communautaire. Les propos où l'auteur renvoie dos à dos les héros de ces deux sphères sont savoureux et on ne peut s'empêcher d'y déceler une analogie avec la double trilogie de Star Wars et ses deux faces de la (même) « force » ! C'est en effet l'usage de la force qui en détermine la nature. Pour symboliser cette sphère intermédiaire sortie des limbes, l'auteur file l'heureuse métaphore de la *naissance du purgatoire* de Jacques Le Goff [5]. La comparaison est particulièrement heuristique, tant ce « troisième lieu » est le fruit de représentations croisées et fluctuantes de l'enfer (intergouvernemental) et du paradis (communautaire, ou inversement). Comme J. Le Goff qui nous proposait une nouvelle géographie de l'autre monde, L. van Middelaar réinvente le territoire du pouvoir européen.

5 Jacques Le Goff, *La Naissance du purgatoire*, Paris, Gallimard, 1981.

Dans ce long prologue, l'auteur éclaire également le moment de basculement du projet européen, en 1973, au sommet de Copenhague. Avant, le mot magique était « la paix » : il fallait abolir les Nations et briser la souveraineté des États. Les ressortissants étaient des « citoyens du monde apatrides ». Après 1973, le projet européen endosse également un rêve de puissance : il s'agit désormais de fondre les Nations et de rassembler la puissance des États. Ses ressortissants deviennent des Européens, fiers de leur identité.

La première partie est un survol de l'histoire institutionnelle européenne depuis 1950, un peu comme Andrew Moravcsik dans *The Choice of Europe*[6], mais à la différence près qu'une seconde lecture, chronologico-thématique, suit. L'histoire fournit en effet à l'auteur plusieurs clés d'interprétation du processus européen et non une vision unidimensionnelle comme chez le pape de l'intergouvernementalisme libéral. Ce premier temps, de la déclaration Schuman (de 1950) au « moment constitutionnel » (de 2002-2005), s'interroge sur la nature du dessein (et du dessin) institutionnel européen. Des analyses fines réinscrivent les États dans leur place singulière : ils ne sont pas « les maîtres du Traité » comme on le dit trop souvent, mais sont *ensemble* « *le* maître du Traité » (p. 165). Des comparaisons enrichissent le propos, comme la naissance des États-Unis et le bond politico-juridique de l'unanimité à la majorité entre 1787 et 1791, sans chercher néanmoins à établir une comparaison historique globale entre la formation de l'État américain et l'unification européenne (p. 140). De ce point de vue, la situation apparaît inverse : « alors qu'en 1787, à Philadelphia, un seul État défendait l'unanimité (le Maryland), dans l'Europe de 2004, seul un État plaida en faveur de la majorité (le petit Luxembourg). » (p. 159). Par moments, la focale change et l'on entre dans le récit plus micro d'événements, comme par exemple le Conseil européen de Milan en 1984 et son « putsch » causé par la demande de passer pour la première fois au vote par Craxi, président (tournant) du Conseil.

La deuxième partie revient sur les vicissitudes de l'histoire en confrontant le projet européen aux « caprices de la fortune ». Cette réinscription de la contingence est salutaire. C'est en effet la crise qui fait vivre la Communauté puis l'Union. Elle permet de saisir les conditions d'invention de la sphère intermédiaire, avec la naissance en 1974-1975 du Conseil européen, quand le cercle s'émancipe de ses membres. En 1991, c'est la transformation partielle de la sphère intermédiaire en Union qui se joue lors du lundi noir (30 septembre) qui marqua la défaite des partisans de l'extension de la

6 Andrew Moravcsik, *The Choice of Europe*, Ithaca, Cornell University Press, 1998.

sphère interne, en l'occurrence ici la présidence néerlandaise du Conseil, les Pays-Bas étant à cette époque un bastion de l'orthodoxie communautaire. Celle-ci voulut en effet revenir en arrière dans les négociations et « fondre la politique étrangère dans le moule communautaire » (p. 295). La bronca des chancelleries (à l'exception de la Belgique) fut sans appel. Le cercle devient l'Union. L'auteur distingue en effet trois discours, que l'on peut recomposer ainsi : paux champs disciplinaires. Au niveau institutionnel, chacun de ces discours est porté par un élément du fameux *triangle*. On pourrait ajouter que ce triangle est élargi à un quatrième côté avec le Conseil européen, élevé au rang d'institution par le traité de Lisbonne.

Les trois discours			
	Europe des États	**Europe des citoyens**	**Europe des bureaux**
Rapport au temps	Passé	Avenir	Présent
Dimension	Politics	Polity	Policy
Instrument	Pouvoir du prince	Esprit citoyen	Lettre administrative
Idéal-type institutionnel	Conseil	Parlement	Commission
Logique disciplinaire	Coopération (histoire et relations inter)	Construction (droit)	Intégration (éco., sociologie et science politique)
Figure(s) tutélaire(s)	Roi de Bohême	Victor Hugo	Monnet Hallstein
Auteurs de référence	Hoffmann Milward Moravcsik	Weiler Habermas	Haas Majone Scharpf

L'originalité de la construction européenne est de mêler ces trois dimensions qui constituent finalement autant d'idéaux-types et permettent des interprétations divergentes selon les princi-

Dans la troisième partie, l'auteur achève sa démonstration par une comparaison entre trois stratégies en matière de relations avec le public. Là encore, ces trois stratégies sont à l'œuvre au gré des transformations européennes et se cristallisent toutes dans les années 1970, véritable laboratoire ou « nébuleuse réformatrice », selon la formule de C. Topalov[7] :

7 Christian Topalov (dir.), *Laboratoires du nouveau siècle. La nébuleuse réformatrice et ses réseaux en France (1880-1914)*, Paris, Éditions de l'EHESS, 1999.

Les trois stratégies			
	Allemande	**Romaine**	**Grecque**
Mot d'ordre	« Notre peuple »	« Notre intérêt »	« Notre affaire »
Finalité	Forger une identité culturelle et historique	Obtenir des avantages du système	Évaluer nos représentants
Objectif	Devenir un	Du « pain et des jeux »	Le public dispose d'une voix
Instrument	Décerner des prix	Octroyer des subventions	Organiser des élections
Événements	Déclaration de Copenhague (1973)	Rapport Tindemans (1975)	Décision d'élire le Parlement au suffrage universel direct (1974)

On comprend mieux alors les inflexions de certaines politiques européennes, comme la politique culturelle. Le tournant s'opère entre 1973 (sommet de Copenhague) et 1993 (critères de Copenhague). Si l'objectif initial de cette action culturelle était d'œuvrer à une culture unique (par la dimension européenne de l'enseignement), en vingt ans, on est passé à un objectif radicalement différent de diversité culturelle (par l'échange et la reconnaissance). La finalité de construction d'une « nation unique » est devenue le développement des liens entre les peuples des États membres. Le produit de ce tournant ou de cette incertitude est une symbolique vide, illustrée par exemple par le drapeau européen.

Luuk Van Middelaar revient ensuite sur le double rôle des leaders politiques nationaux. Considérons un chef d'État ou de gouvernement : comme chef de gouvernement, il représente son pays en Europe, mais comme membre du Conseil européen, il représente l'Europe dans son pays. C'est le cas aujourd'hui d'Angela Merkel, qui en rentrant en Allemagne doit assumer la responsabilité du résultat : « Au nom de l'Union, *nous* avons pris telle décision ». Dans cette perspective, le *Folketing* devient une « excellente institution européenne » (p. 446) car il flotte au-dessus de la table de négociation à chaque fois que le gouvernement danois y siège. Ce mécanisme est assez puissant, avec un « pouvoir croissant du cercle au complet sur les membres individuels » (p. 448), comme si le cercle constituait une force autonome, indépendamment de l'attraction irrésistible des deux autres sphères. Tous les acteurs nationaux sont désormais concernés : les ministres depuis 1952, les chefs de gouvernement depuis 1974 mais également, dans une moindre mesure, les parlements nationaux depuis 2009. C'est bien à une émancipation de la sphère intermédiaire à laquelle on assiste.

Étant donné l'éclectisme de son auteur, l'ouvrage, foisonnant, apparaîtra assez déconcertant pour nombre d'européanistes. Les spécialistes de la sphère interne seront agacés par la qualification de celle-ci « d'usine à mots » (p. 66). On peut avoir une crainte sur sa réception dans le champ académique : entre l'histoire, la philosophie mais aussi au final la science politique, il court le risque de ne satisfaire aucune de ces disciplines et de rester inaudible. Seule sa version anglaise, en préparation, permettra de le savoir. Félicitons-nous au passage de l'audace de l'auteur (et/ou de l'éditeur) d'avoir privilégié en terme chronologique la version française à l'édition anglaise..

Affichant de telles ambitions et suscitant autant d'attentes, l'ouvrage, enfin, aurait pu être plus précis d'un point de vue méthodologique : on se demande parfois quelles sont les règles d'administration de la preuve. Un index aurait été utile. Un choix moins parcimonieux de travaux universitaires, pourtant désormais importants sur plusieurs cas empiriques traités, aurait donné davantage de force à la démonstration. On note des erreurs comme sur les juridictions : le Conseil d'État n'ayant rendu les armes qu'en 1989. L'absence de recours aux archives et même la méfiance revendiquée contre l'usage de celles-ci[8] sont dommageables. Les archives auraient permis en effet de descendre davantage dans les « soutes » et de tester le soubassement organisationnel des sphères, et singulièrement de la sphère intermédiaire : en l'état, on ne fait qu'entrouvrir la boîte noire de celle-ci. Les interactions entre les sphères mériteraient d'être davantage creusées. Mais ce *Passage à l'Europe* dessine bien un nouveau cadre de compréhension de l'ordre politique européen et inspirera de nombreux travaux. Sur cette base, on peut construire ou reconstruire une analyse organisationnelle de l'Europe, moins désincarnée.

8 « En tentant de cerner l'histoire du commencement européen, je me suis, autrement dit, senti peu d'affinités avec les biographes ou les historiens qui attentent impatiemment l'ouverture d'archives prometteuses dans l'espoir de traiter un sujet précis de façon définitive » (p. 471).

Michel Mangenot

Maître de conférences à l'Université de Strasbourg, membre du laboratoire SAGE (UMR 7363), Sociétés, Acteurs et Gouvernement en Europe

Michel.Mangenot@misha.fr

POLITIQUE EUROPÉENNE
N° 38 | 2012
Amandine Crespy
[p. 218-221]

George Ross, *The European Union and its Crises: Through the Eyes of the Brussels' Elite*, Londres, Palgrave, 2011, 224 pages.

Amandine Crespy
Université Libre de Bruxelles

The European Union and its crises est un livre pour l'avenir, un document précieux offert par George Ross à ses successeurs qui dans dix, vingt ou trente ans chercheront à comprendre comment l'Union européenne s'est embourbée de manière dramatique dans des dilemmes qui ne cessèrent de s'exacerber depuis la fin de la Guerre froide et la plongèrent dans une crise systémique au début du XXIe siècle. Observateur connu et reconnu de la vie politique de l'Union, G. Ross a mené, entre l'automne 2005 et le printemps 2007, quatre-vingt-quatre entretiens approfondis avec les députés, responsables politiques et hauts fonctionnaires qui, ces vingt dernières années, ont pensé et fait l'Europe. Loin de l'effervescence quotidienne des « affaires européennes », il a sondé en profondeur le monde politique européen à Bruxelles en recueillant les analyses et les sentiments de personnalités souvent pessimistes au moment où l'avenir de l'Union n'a jamais semblé aussi incertain. À travers ces témoignages, il reconstitue de manière magistrale une fresque à la fois historique et actuelle des difficultés systémiques auxquelles l'Union européenne doit faire face.

La notion de crise est terriblement galvaudée, car omniprésente dans les discours politiques et médiatiques. Dès le début de l'ouvrage (chapitre 1), G. Ross décompose de manière analytique les différents aspects de la crise européenne, thèmes autour desquels les propos des élites interrogées sont articulés dans les différents chapitres : manque d'adaptation à l'économie globalisée (chapitre 2), dynamique d'élargissement (chapitre 3), désengagement des États membres (chapitre 4), réformes des institutions de l'Union (chapitre 5) et difficile légitimation de l'Union auprès des citoyens (chapitre 6). Après avoir abordé les changements structurels de l'environnement de l'UE (chapitre 7), l'auteur propose un « résumé analytique » des éléments mis en avant par les personnes interrogées (chapitre 8). Enfin, le dernier chapitre (9) constitue une ouverture sur la crise financière de 2008 et la crise de la dette qui frappèrent l'Union de manière inattendue et poussèrent G. Ross à réaliser une nouvelle série de dix entretiens. Fondamentalement, le livre met à jour les problèmes structurels de l'Union, les vieux malentendus sur lesquels a reposé, bon an mal an, la dynamique d'intégration, davantage que des moments de crise charnières qui auraient mené à des modifications profondes du système. Cela permet de replacer la crise qui secoue actuellement l'Union dans une perspective historique et de comprendre comment des problèmes de nature différente ont convergé vers l'état de survie critique dans lequel se trouve aujourd'hui sinon l'Union européenne du moins la zone Euro.

Tandis que la stagnation économique, les élargissements ou les questions institutionnelles sont des thèmes classiques dans la littérature sur le processus d'intégration, la défection des États membres envers la cause européenne est bien moins souvent abordée. Nombre d'interlocuteurs de G. Ross évoquent en effet un épuisement des motifs historiques incitant les États membres – à commencer par les « grands » États – à coopérer. Cela s'explique par le fait que les leaders nationaux ne voient plus dans l'Union la solution aux problèmes d'aujourd'hui tels que le chômage ou le conflit au Moyen-Orient ou le changement climatique. L'auteur émet lui-même l'hypothèse intéressante selon laquelle, « lorsque les crises eurent lieu, ce fut parce que les États membres avaient cessé de coopérer » (p. 61). Si l'on pense à la faible implication des États membres pour faire accoucher la stratégie de Lisbonne de résultats tangibles, on comprend mieux l'incapacité à apporter une réponse commune à l'instabilité causée par la dérégulation financière et l'accumulation de dettes publiques et privées. Il est intéressant de noter que l'ouvrage récent de Chris Bickerton théorise au contraire la transformation des États-nations en États membres[1], des entités politiques dont les dirigeants ont renoncé à la légitimité démocratique fondée sur la souveraineté du peuple au profit de la logique exécutive de gouvernance dans un contexte multiniveaux. Affaiblissement de l'Union par les États et/ou affaiblissement des États par l'Union : la confrontation de ces deux perspectives met en lumière le paradoxe au cœur de la crise européenne. Tandis que l'interdépendance entre les États membres s'est constamment accrue – à la fois sur le plan économique et sur le plan de la gouvernance –, leur volonté de chercher des solutions communes s'est, elle, considérablement affaiblie. Le déficit de

1 Bickerton Chris, *European Integration: from Nation States to Member States*, Oxford, Oxford University Press, 2013.

légitimité dénoncé par C. Bickerton est également le fil conducteur de l'ouvrage de G. Ross. Bien qu'un chapitre y soit entièrement consacré, la légitimation problématique de l'Union auprès des électorats nationaux est un thème horizontal qui traverse l'ensemble de l'ouvrage tant il est omniprésent dans les propos des responsables politiques interrogés. Incapacité à répondre aux défis posés par la globalisation de l'économie, élargissements successifs et complexification institutionnelle sont autant d'éléments qui ont, selon eux, alimenté la défiance des citoyens envers l'Union et peu à peu miné les fondements de l'édifice européen.

S'il figurera sans doute longtemps en bonne place sur les étagères des bibliothèques universitaires, *The European Union and its crises* pourra décevoir à certains égards le lecteur d'aujourd'hui. Le très riche matériau empirique récolté par un chercheur expérimenté et disposant de réseaux incomparables à Bruxelles est trop souvent livré de manière quasi brute au lecteur. La typologie des crises proposée en début d'ouvrage, par exemple, permet clairement d'articuler de grands thèmes mais elle aurait pu être utilisée comme un cadre théorique élaboré permettant d'analyser plus finement la quantité formidable de données récoltées. D'une part, les réflexions formulées par les artisans de l'Europe n'apportent que peu – voire pas – d'éléments spécialement originaux ou percutants par rapport aux arguments en présence depuis plusieurs années dans le débat public. À ce titre, elles décevront l'observateur attentif de la vie politique européenne. Comme le souligne l'auteur, les élites ont fait preuve d'une myopie certaine en évoquant systématiquement l'Euro lorsqu'ils furent interrogés sur les plus grands succès de l'intégration quelque mois avant que n'éclate la crise financière et budgétaire. Ainsi, les derniers chapitres qui évoquent ces développements récents apparaissent relativement déconnectés des chapitres qui précèdent.

D'autre part, aucun dispositif analytique et méthodologique spécifique n'est mis en place pour analyser le discours recueilli. On regrette en particulier l'absence de distinction entre différents groupes de personnes interrogées. L'auteur indique parfois qu'une opinion est majoritaire ou donne même des indications plus précises[2] de manière sporadique sans que cela ne soit soustendu par une démarche quantitative. Si l'on comprend qu'il était essentiel de conserver l'anonymat des répondants, il aurait sans doute été possible d'opérer une analyse différenciée en fonction de la fonction, du parcours, de l'origine, de l'institution d'appartenance,

2 P. 74, l'auteur indique par exemple que « deux tiers des répondants sont convaincus que les problèmes institutionnels furent une cause importante des difficultés de l'Union ».

etc. des personnes interrogées. Cela aurait apporté une dimension sociologique qui aurait pu être confrontée avec, par exemple, les travaux menés par les chercheurs strasbourgeois sur la sociologie des élites européennes[3]. Une autre direction aurait pu être celle d'une analyse de discours approfondie focalisée sur les concepts, la rhétorique et les présupposés implicites dans le discours des élites bruxelloises.

Au final, le livre de George Ross a le mérite de mettre en lumière l'ambiguïté d'un discours - mêlant logique idéologique et logique d'intérêt - qui semble se dessiner à l'issue de cette enquête approfondie auprès des élites européennes. D'un côté, elles jettent rétrospectivement un regard critique sur l'approche fonctionnelle promue par Jacques Delors, reconnaissent pleinement le lourd déficit de légitimité démocratique de l'Union et en craignent vivement les conséquences. De l'autre, elles ne peuvent se départir de l'idée que la spécificité du modèle communautaire réside dans la recherche d'un consensus guidé par l'intérêt général et que ce modèle doit rester isolé et indemne des maux de la politique telle qu'on la connaît dans le cadre national.

3 Voir par exemple : Georgakakis, Didier (dir.), *Le Champ de l'eurocratie. Une sociologie politique du personnel de l'UE*, Paris, Economica, 2012.

Amandine Crespy
Enseignante et chercheuse en études européennes politologiques, Centre d'étude de la vie politique (CEVIPOL)/Institut d'études européennes, Université Libre de Bruxelles
acrespy@ulb.ac.be

Numéros parus :

- n° 1, avril 2000 : *La recherche en science politique et l'Union européenne*
- n° 2, septembre 2000 : *Construction européenne et politiques sociales*
- n° 3, janvier 2001 : *L'élargissement de l'Union européenne*
- n° 4, printemps 2001 : *Mobilisations et clivages socio-politiques en Europe*
- n° 5, automne 2001 : *La Commission européenne*
- n° 6, hiver 2002 : *Les partis politiques britanniques et l'intégration européenne*
- n° 7, printemps 2002 : *Les groupes d'intérêt et l'Europe*
- n° 8, automne 2002 : *La défense en Europe*
- n° 9, hiver 2003 : *Les parlementarismes européens*
- n° 10, Printemps 2003 : *L'Euro*
- n° 11, automne 2003 : *Administrer l'union européenne*
- n° 12, Hiver 2004 : *L'Europe au Microscope du Local*
- n° 13, Printemps 2004 : *Réformer l'Europe: La Convention européenne*
- n° 14, automne 2004 : *Enseigner L'Europe*
- n° 15, Hiver 2005 : *L'élargissement de l'UE – les nouveaux membres*
- n° 16, Printemps 2005 : *Européaniser les partis politiques*
- n° 17, automne 2005 : *À la recherche de la politique étrangère européenne*
- n° 18, Hiver 2006 : *La socio-histoire de l'intégration européenne*
- n° 19, Printemps 2006 : *Le patriotisme constitutionnel*
- n° 20, Automne 2006 : *Genre et action publique en Europe*
- n° 21, Hiver 2007 : *L'Europe du chômage*
- n° 22, Printemps 2007 : *Sécurité extérieure de l'UE*
- n° 23, Automne 2007 : *Sécurité intérieure de l'UE*
- n° 24, Hiver 2008 : *Dieu loin de Bruxelles*
- n° 25, Printemps 2008 : *Les approches sociologiques*
- n° 26, Automne 2008 : *Amours et désamours entre européens*
- n° 27, Hiver 2009 : *Les syndicats à l'épreuve de l'Europe*
- n° 28, Printemps 2009 : *Les élections au Parlement européen*
- n° 29, automne 2009 : *L'Europe au miroir de la Turquie*
- n° 30, 2010 : *L'identité européenne, entre science politique et science-fiction*
- n° 31, 2010 : *Les effets de l'européanisation des politiques d'immigration*
- n° 32, 2010 : *Les groupes d'experts dans le gouvernement de l'UE*
- n° 33, 2011 : *L'intégration européenne par l'environnement. Le cas français*
- n° 34, 2011 : *Promouvoir l'Europe en actes*
- n° 35, 2011 : *Présider l'Union européenne*
- n° 36, 2012 : *L'espace européen du football*
- n° 37, 2012 : *D'une « mémoire européenne » à l'européanisation de la « mémoire »*

Prochain numéro :

- n° 39, 2013 : *L'Union européenne, le nouvel équilibre des puissances*

Abonnements
L'Harmattan
Édition-Diffusion
7, rue de l'École Polytechnique
F-75005 Paris
Tel : (+ 33 1) 40 46 79 14
Fax : (+ 33 1) 43 29 86 20
harmat@worldnet.fr

Prix de l'abonnement :
Particuliers
France : 1 an (3 numéros) 36,50 €
Étranger : 1 an (3 numéros) 41,20 €

Étudiants
1 an (3 numéros) 33,55 €

L'HARMATTAN, ITALIA
Via Degli Artisti 15; 10124 Torino

L'HARMATTAN HONGRIE
Könyvesbolt ; Kossuth L. u. 14-16
1053 Budapest

ESPACE L'HARMATTAN KINSHASA
Faculté des Sciences sociales,
politiques et administratives
BP243, KIN XI
Université de Kinshasa

L'HARMATTAN CONGO
67, av. E. P. Lumumba
Bât. – Congo Pharmacie (Bib. Nat.)
BP2874 Brazzaville
harmattan.congo@yahoo.fr

L'HARMATTAN GUINÉE
Almamya Rue KA 028, en face du restaurant Le Cèdre
OKB agency BP 3470 Conakry
(00224) 60 20 85 08
harmattanguinee@yahoo.fr

L'HARMATTAN CAMEROUN
BP 11486
Face à la SNI, immeuble Don Bosco
Yaoundé
(00237) 99 76 61 66
harmattancam@yahoo.fr

L'HARMATTAN CÔTE D'IVOIRE
Résidence Karl / cité des arts
Abidjan-Cocody 03 BP 1588 Abidjan 03
(00225) 05 77 87 31
etien_nda@yahoo.fr

L'HARMATTAN MAURITANIE
Espace El Kettab du livre francophone
N° 472 avenue du Palais des Congrès
BP 316 Nouakchott
(00222) 63 25 980

L'HARMATTAN SÉNÉGAL
« Villa Rose », rue de Diourbel X G, Point E
BP 45034 Dakar FANN
(00221) 33 825 98 58 / 77 242 25 08
senharmattan@gmail.com

L'HARMATTAN TOGO
1771, Bd du 13 janvier
BP 414 Lomé
Tél : 00 228 2201792
gerry@taama.net

Achevé d'imprimer par Corlet Numérique - 14110 Condé-sur-Noireau
N° d'Imprimeur : 95271 - Dépôt légal : février 2013 - *Imprimé en France*